Os filhos da África em Portugal

Antropologia, multiculturalidade e educação

Coleção Cultura Negra e Identidades

Série PPCor

Neusa Maria Mendes de Gusmão

Os filhos da África em Portugal

Antropologia, multiculturalidade e educação

Copyright © 2005 by Os autores

Coordenação do PPCor: *Pablo Gentili, Renato Emerson dos Santos, Raquel César, Renato Ferreira e Osmundo Pinho*
Coordenação do Laboratório de Políticas Públicas: *Emir Sader*
Projeto gráfico da capa: *Jairo Alvarenga Fonseca*
Imagem da capa: *Maira Mendes de Gusmão*
Coordenadora da coleção: *Nilma Lino Gomes*
Coordenadora editorial: *Rejane Dias*
Editoração eletrônica: *Waldênia Alvarenga Santos Ataíde*
Revisão: *Rodrigo Pires Paula*

2005

Todos os direitos reservados pela Autêntica Editora.
Nenhuma parte desta publicação poderá ser reproduzida, seja por meios mecânicos, eletrônicos, seja via cópia xerográfica sem a autorização prévia da editora.

Autêntica Editora
Belo Horizonte
Rua São Bartolomeu, 160 – Nova Floresta
31140-290 – Belo Horizonte – MG
Tel: (55 31) 3423 3022 – TELEVENDAS: 0800 2831322
www.autenticaeditora.com.br
e-mail: autentica@autenticaeditora.com.br

São Paulo
Rua Visconde de Ouro Preto, 227 – Consolação
01.303.600 – São Paulo/SP – Tel.: (55 11) 3151 2272

       Gusmão, Neusa Maria Mendes de
G982f   Os filhos da África em Portugal – antropologia, multiculturalidade e educação /Neusa Maria Mendes de Gusmão.
       — Belo Horizonte: Autêntica, 2005.
       320p. (Cultura negra e identidades)
       ISBN 85-7526-169-X
       1.Antropologia social. 2.Educação. I. Título. II.Série.
                                        CDU 572.028

Dedico este livro àqueles que me inspiraram
nos caminhos da Antropologia da Educação

Em Portugal
Prof. Dr. Raúl Iturra

No Brasil
Prof. Dr. Carlos Rodrigues Brandão
Profa. Dra. Aracy Lopes da Silva
(*in memorian*)

*Aos meus pais – Sebastião (in memorian)
– Cloris – pela dignidade,
respeito, doação e permanente apoio pelo
ensino de que a vida é uma escolha pessoal
e intransferível.*

Aos meus filhos, Luis Felipe, Maíra e Yara,
porque neles eu continuarei a existir.

Nossa vida na vida do outro, minha genealogia.

Gerações envolvidas em diferentes esferas da vida, gerações a verem mudar o tempo esculpido, mas fundamentalmente guardado em princípios que ficam e são partilhados da memória da vida.

ITURRA, Raul. Esculpir o tempo. In: ITURRA, Raul. *O saber sexual das crianças. Desejo-te porque te amo.* Porto: Afrontamento/ A.J.G./A.R.D.G., 2000, p.13

SUMÁRIO

PREFÁCIO À EDIÇÃO BRASILEIRA 9

INTRODUÇÃO 15
Diante da diversidade: colonizados e imigrantes 26

ANTROPOLOGIA E EDUCAÇÃO. IMIGRAÇÃO E IDENTIDADE ... 35
Antropologia: imagens do outro 37
Antropologia e educação: a conflitualidade em questão 45
A imigração africana para Portugal: a diferença em questão 55
Imigrante e estrangeiro: identidade e racismo 57
De legados culturais e herança africana 73
Identidades cruzadas, identidades rompidas: o caso português ... 80

A SOCIEDADE MULTICULTURAL:
ENTRE IGUAIS E DIFERENTES 87
Colonização e "identidade portuguesa": o caso dos PALOP 93
Espaços d'África na metrópole lisboeta 101
Lisboa: espaços e sujeitos sociais 103
A periferia de Lisboa e seus bairros 113
A vida nos bairros africanos 124
Quatro bairros e um debate 127

QUINTA GRANDE: UM BAIRRO AFRICANO EM LISBOA............ 135
Breve história da Quinta Grande.................................... 141
A Quinta Grande e as entidades parceiras...................... 149
Crianças e jovens entre as amizades e o conflito............ 157
Escola primária EB1 n.º 66 da Charneca......................... 177

INFÂNCIA E JUVENTUDE: VIVÊNCIAS E REPRESENTAÇÕES...... 185
Escola, experiência e cultura... 186
A Escola... 201
O Bairro... 206
O Negro e o Branco.. 210

POLÍTICAS MULTICULTURAIS: IGUALDADE E VIOLÊNCIA...... 221
Políticas de habitação: o fim de um bairro..................... 224
O realojamento da Quinta Grande: modernizando o exílio?...... 227
O Plano Especial de Realojamento – PER...................... 229
Histórias que se contam.. 233
Políticas educacionais: escola e multiculturalidade......... 239
Da política à prática: a realidade e seu desafio............... 245
A escola e o bairro social: laboratórios?........................ 253
A escola como laboratório... 256
O bairro social e os jovens: uma problemática em polaroid........ 264
A violência que gera violência....................................... 269

(IN)CONCLUSÃO: DE FRONTEIRAS ÉTNICAS, EDUCAÇÃO
E ANTROPOLOGIA... 277

REFERÊNCIAS BIBLIOGRÁFICAS....................................... 301

AUTORA... 313

PREFÁCIO À EDIÇÃO BRASILEIRA

O presente prefácio à edição brasileira resulta de tudo que vi, ouvi, li e pesquisei a respeito de bairros degradados, bairros negros de imigrantes dos PALOP em Portugal, relatado originalmente em uma tese de Livre-Docência em Antropologia da Educação, defendida na UNICAMP, em 2003.[1] Resulta, ainda, das falas de meus argüidores nesse ritual acadêmico de defesa da tese e que agora se faz livro e chega ao leitor, numa nova travessia e após uma primeira edição em Portugal.[2]

A edição nacional se faz como versão reduzida com cortes e sem imagens (quadros, tabelas, desenhos e fotos), as quais podem ser encontradas nessas fontes primeiras. Mas, por que editar, nessas condições, a presente obra? Se o que nela se discute fala de terras além mar, qual o seu interesse no caso do Brasil? Penso, antes de tudo, que a atualidade de seu tema e a abrangência de seu conteúdo são hoje parte de uma realidade globalizada que transcende as fronteiras de países e nações e, acredito ainda, que tem por mérito o fato de ser uma discussão no campo da *antropologia da educação*. Como

---

[1] GUSMÃO, Neusa Maria Mendes de. Os Filhos da África em Portugal. Antropologia, multiculturalidade e educação. Tese de Livre-Docência, defendida junto a Faculdade de Educação da UNICAMP na disciplina Antropologia da Educação que compõe a Área Cultura e Educação. Março de 2003.

[2] GUSMÃO, Neusa Maria Mendes de. Os Filhos da África em Portugal. Antropologia, multiculturalidade e educação. ICS – Imprensa de Ciências Sociais – Instituto de Ciências Sociais da Universidade de Lisboa, 2004.

afirmou Carlos Rodrigues Brandão, um de meus argüidores na banca da Livre-Docência:

> Começando pelo primeiro ponto, podemos dizer que vivemos um mundo de exclusões. Não é preciso ir ao Campinho,[3] às favelas de Portugal ou de minha terra, ao Rio de Janeiro para ver e viver esse espaço de exclusão. Eu diria que vivemos um mundo de exclusão. Há um sistema de exclusão cotidiano. Muitas vezes pensamos que os excluídos, os negros postos à margem, estão lá longe e que é preciso ir até eles, mas eles estão no nosso absoluto cotidiano, no dia-a-dia das nossas vidas. O segundo ponto é que na Antropologia brasileira, até hoje, somos poucos os que falam em educação. Somos sete ou oito e, para os que não são do ramo, pode-se dizer que existem mais dissertações de mestrado e teses de doutorado sobre escolas de samba do que sobre escolas. Aqui o mérito desse trabalho de Neusa Gusmão, o trabalho de agora.

Dizer da importância do tema, da abordagem e de seus significados, tem a ver com o desejo dessa autora em compartilhar, com o público leitor, as muitas descobertas de um estudo como esse que se soma à experiência dos estudos realizados no Brasil a respeito das populações negras brasileiras e, assim, aprofundar o olhar sobre a diáspora africana no mundo e a violência de uma ordem social que se caracteriza pela exclusão. Duas matérias recentes publicadas na Folha de São Paulo são ilustrativas do significado dessa problemática e de seu alcance.

A primeira matéria,[4] apresenta uma entrevista do antropólogo Gilberto Velho a respeito da violência como prática cultuada por jovens e, que esta se faz de modo gratuito nas grandes cidades brasileiras.

---

[3] O argüidor Carlos Rodrigues Brandão faz aqui uma referência ao trabalho de doutorado da autora junto ao bairro rural negro de Campinho da Independência que se encontra publicada em *Terra de Pretos, terra de mulheres. Terra, mulher e raça num bairro rural negro*. Brasília/DF.: MINC/Fundação Cultural Palmares, 1995/1996 e que foi defendida como tese, sob orientação do Prof. Dr. Kabengele Munanga, com o título: *A cultura política no campo. Uma luta, muitas lutas*. Programa de Pós-Graduação em Ciências Sociais, Depto de Antropologia, USP, 1990.

[4] VELHO, Gilberto. *Entrevista da 2ª*. Antropólogo diz que violência é mais cultuada entre jovens. Matéria de Fabiana Cimieri. *Folha de São Paulo*, p. A 14, segunda feira, 20/10/2004.

Diz, ainda, que a maioria desses jovens são de famílias pobres que "não têm interesse em ter uma vida semelhante à do pai, um pintor de paredes que nunca ganhou dinheiro e morreu tuberculoso aos 43 anos, ou à do avô, que era pedreiro, explorado no trabalho e, mesmo assim, não conseguia pagar suas contas". A semelhança desse contexto, encontrada também entre jovens de origem africana em Portugal, expõe a fragilidade da ordem constituinte e a dificuldade de respostas institucionais por parte das políticas sociais e inclusivas.

Assim, no momento da travessia de Portugal para o Brasil, o livro, que ora se publica e que se faz obra ao alcance de muitos para leitura e crítica, busca alcançar o leitor e com ele estabelecer um diálogo cruzado e fecundo. É, assim, que a segunda matéria reforça o sentido do debate presente nesta obra e nos coloca diante da perplexidade de muitas perguntas que estão a exigir outros investimentos no tocante a conhecer, aprender e partilhar caminhos em busca de uma sociedade, efetivamente, intercultural.

A Folha de São Paulo, noticiou em dezembro de 2004,[5] a violência de gangues de origem étnica multirracial que saem das periferias pobres de Paris para tomar de assalto os Champs Elysées, bairro de classe média e alta e ponto turístico famoso. Diz a matéria: "São jovens de origem árabe, negra, do leste europeu e turca, além de alguns de origem francesa". O que fazem: atacam-se uns aos outros e afirmam que o fazem por terem ódio de gangues que vêm de outros subúrbios e de outros conjuntos habitacionais. Basta um olhar, um insulto para tudo acontecer. Apesar das gangues serem em tudo semelhantes, pela mistura racial, pobreza, e habitarem conjuntos habitacionais criados por meio das políticas sociais destinadas a eles, não se vêem como iguais, se estranham e "se odeiam mutuamente".

Quando terminei minha tese, agora livro, sobre crianças e jovens da Quinta Grande, um bairro africano da periferia de Lisboa que foi erradicado por meio de uma política social de realojamento, dando origem ao bairro social (conjuntos habitacionais destinados a pobres, imigrantes, brancos e negros), apontei para a violência das políticas públicas gestadas a partir da idéia de "gueto", atribuída aos bairros degradados

---

[5] *Folha de São Paulo*. Violência de gangues suburbanas de Paris chega a Champs Elysées. Caderno Mundo – Especial, p. A 3, [s.d.].

ocupados por imigrantes e seus filhos. Naquele momento, como revelam os capítulos deste livro, indaguei se a realidade do realojamento não reeditava o pior desses bairros e numa dimensão em que a modernização do exílio do chamado "outro" faria explodir uma violência estúpida e desmedida sobre o mundo português e/ou europeu mas que também não está distante da realidade das grandes cidades brasileiras.

A matéria da *Folha de São Paulo* termina afirmando que a França não tem conseguido absorver os imigrantes na sociedade mais ampla e, o que acontece entre os jovens em Paris decorre de "uma política de impedir o surgimento do tipo de gueto monorracial visto nos centros urbanos pobres do Reino Unido e dos EUA", o que explica o caráter multirracial e o ódio em nome do conjunto habitacional de cada uma das gangues.

Tal contexto é o mesmo aqui considerado e revela o olhar cego do poder instituído sobre a dimensão social dos bairros pobres e periféricos das grandes cidades, ou seja, sua composição, a rede de solidariedade que sustenta o cotidiano dos sujeitos desprovidos de um lugar próprio, a solidariedade interna para além das diferenças e dos conflitos, o sentimento de pertença, identidade e defesa para os que não encontram, ali onde estão, um sinal de esperança. O fato, em Lisboa, Paris, São Paulo, Rio de Janeiro, era e é, ao meu ver, uma violência institucionalizada que joga a todos e, principalmente, aos jovens, num mundo de descrença e desilusão que desemboca num universo de destruição.

Portugal como a França e muitos outros países e nações desconhecem as razões históricas dos processos migratórios de hoje, que originam a esses grupos numa configuração social e cultural e que em nada lembram ou têm a ver com os "guetos" americanos ou ingleses que inspiram suas políticas sociais, pensadas como educativas e multiculturais. Educação intercultural? Seria ela possível, num mundo como o nosso, globalizado e centrado na reprodução do capital? Num mundo em que a educação foi transformada em tão somente ensino, geral, abstrata, negadora da experiência, da subjetividade, da troca e do diálogo como elementos significativos da aprendizagem?

Como explicar que crianças e jovens de origem africana em Lisboa, passados quatro anos do fim da Quinta Grande e da ida para o bairro social, quando perguntados sobre o novo bairro, respondam prontamente: "Que bairro?! O bairro não mais existe!", numa referência clara ao bairro africano de antes do realojamento. Como explicar, pergunta-me a professora de ensino básico (correspondente as primeiras séries do ensino fundamental no Brasil), que crianças, que saíram da Quinta Grande muito pequenas e que só conheceram o bairro social onde hoje moram, desenhem como local de moradia a Quinta Grande e assinem seus trabalhos escolares com a assinatura que identificava os grafiteiros da Quinta Grande?

O bairro africano da Quinta Grande permanece na memória e no imaginário dos sujeitos, faz parte da *Mente Cultural*, que os forma como sujeitos que são – uma mente ou mentalidade que comporta a história, a vivência de cada um e de todos, porém que não é reconhecida pelo poder instituído, pela escola e, nesta medida, impossibilita a troca e o diálogo inerente a uma sociedade de aprendizagem. Com isso, crianças e jovens de origem africana, filhos de imigrantes dos PALOP em Portugal, tal como seus país e avós, continuam a ser um "outro" que inquieta e incomoda a sociedade portuguesa. Continuam, assim, sem lugar e necessitam confrontar o mundo português para afirmarem que existem e que aí estão. Suas atitudes, violentas ou não, parecem dizer desse fato e, como o faço neste livro, denunciam a violência que atinge imigrantes e seus filhos, vistos como "resíduos sociais", "estranhos" e diferentes. Denunciam com seus atos, falas e gestos a impossibilidade das políticas de inclusão de natureza multicultural, centradas apenas nas diferenças étnicas e raciais. Denunciam a violência que gera outras violências. É disto que este livro fala. Convido o leitor a olhar para seu conteúdo e se colocar, como aqui o fiz, num aprendizado, do e com o "outro", pois como afirmou Carlos Rodrigues Brandão, em minha banca,

> *Em Antropologia, se diz que toda etnografia é uma biografia e quanto mais longe a gente vai é para melhor compreender a si mesmo. Ir muito longe para compreender a nossa cidade, a nossa gente, foi o que fez Neusa Gusmão.*

De minha parte afirmo que não se trata apenas de pensar a educação como uma questão de cultura política, de pensar a educação como cidadania, processo popular como nos velhos tempos de revolução, Paulo Freire e educação. Trata-se de afirmar que há uma Antropologia da Educação sendo feita no Brasil e esta é a minha contribuição.

Neusa Maria Mendes Gusmão

INTRODUÇÃO

É próprio de uma pesquisa ser indefinida.
Nomeá-la e defini-la é fechar o ciclo: o que resta?
Um modo finito e já perempto da cultura, alguma coisa
como uma marca de sabão, noutros termos, uma idéia.

(SARTRE, 1967)

O presente trabalho consiste em desdobramento de experiências anteriores de pesquisa, resultado do fato de que, iniciado o caminho muitos anos atrás, nunca mais fechei o ciclo que me fez pesquisadora de realidades raciais diversas, sempre no campo e pelo olhar da Antropologia.[1] Tenho, portanto, firmado o compromisso de buscar em cada trabalho algumas respostas possíveis de explicação de um tema e de sua problemática.

Trata-se, como diz Sartre, de não findar como uma marca de sabão, mas de tomar uma idéia, percorrê-la e se deixar percorrer por um movimento de indagações e de busca por respostas, nem sempre definidas, mas abertas para o acontecimento. Aberta a novas possibilidades. Estar aberta ao acontecimento levou-me, como pesquisadora, à ousadia de cruzar mares e lançar um olhar atlântico sobre a

---

[1] GUSMÃO, Neusa M. M.. *Campinho da Independência: um caso de proletarização caiçara*. Dissertação de mestrado de Antropologia, PUC/SP,1979, e Terra de Pretos, Terra de Mulheres. Terra, mulher e raça num bairro rural negro, Brasília, MINC/Fundação Cultural Palmares, 1996. Tese de Doutorado, diversas pesquisas, livro, capítulos de livros e artigos.

realidade negra e africana em Portugal, motivada por debates calorosos, ouvidos com atenção durante o II Encontro Luso-Afro-Brasileiro de Ciências Sociais, que aconteceu em Lisboa, em 1994. A partir desse evento acalentei a chance de dar forma e efetivamente realizar tal empreitada, fato que veio a acontecer somente em 1997, com o projeto de pesquisa "Famílias luso-africanas em Portugal (1960-1990)",[2] que se desdobra hoje em estudos de trajetórias biográficas de jovens africanos de segunda geração – os chamados luso-africanos,[3] em Portugal e africanos de língua portuguesa no Brasil.[4]

Desse caminhar, apresento aqui minhas reflexões com relação à questão negra em Portugal, privilegiando imigrantes africanos dos PALOP (Países Africanos de Língua Oficial Portuguesa)[5] e seus filhos no espaço da sociedade portuguesa e, em particular, na cidade de Lisboa.

Olhar para a realidade dos negros africanos em Portugal, além de possibilitar a continuidade de percurso de minhas investigações anteriores,[6] teve por incentivo serem os fatos observados parte de um processo recente, "em acontecimento", como costumo dizer. Com isso, as possibilidades de explicação dos fatos, como uma "arte em construção", desafiam a imaginação e a criatividade do investigador na construção de explicações possíveis. Ainda que apenas o tempo histórico possa vir a dizer do alcance e dos limites de determinadas afirmações com relação ao mundo real e concreto, o estar "em acontecimento"

---

[2] Projeto integrado *"Portugueses em São Paulo, africanos em Portugal: representações e vivências familiares (séc. xx)"*, coordenação geral de Alice Beatriz da S. G. Lang, 1997-2000, NAP/CERU-USP/CNPq.

[3] Projeto *Biografias de luso-africanos: trajetórias em metrópole lisbonense*, que, com outros projetos, constitui o projeto integrado *Biografias de imigrantes: trajetórias em diferentes contextos*, coord. pela Dra. Zeila Fabri Demartini, 2000-2004, junto ao NAP/CERU-USP, com apoio do CNPq.

[4] Projeto *Luso-africanos em Campinas e São Paulo: imigração, cultura e educação*, sob minha coordenação e que dá continuidade aos demais projetos desenvolvidos junto ao NAP/CERU, apoio CNPq (período 2005/2008).

[5] Nomeadamente Angola, Cabo Verde, Guiné-Bissau, Moçambique e São Tomé e Príncipe.

[6] Três estudos anteriores sobre a mulher negra (1990-1993); infância negra no meio rural e urbano (1993-1995) e famílias negras em São Paulo (1995-1997) somam-se às pesquisas já mencionadas.

foi a motivação que me levou além-mar e diz respeito ao inverso vivido como pesquisadora da questão negra no Brasil.

Em 1993, João José dos Reis afirmava que, no Brasil, os trabalhos sobre a questão negra que privilegiavam relações e desigualdades sociais eram pouco contemplados, já que os estudos se preocupavam mais com o tema da escravidão e abolição. No entanto, hoje, em Portugal, esse parece ser um campo em franco desenvolvimento, em razão da presença estrangeira, que vem mudando a face do mundo português, como atestam os trabalhos de Tinhorão (1988), Saint-Maurice e Pires (1989), Machado (1991, 1992, 1994, 1998 e 1999), Rocha-Trindade (1993, 1997), Baganha (1999), entre outros, e também no Brasil, em razão da retomada da questão negra por meio de uma política social compensatória que engendra processos de etnicização da realidade nacional, como afirma S. Costa (2001).

Analisar os caminhos de inserção social, econômica e cultural dos africanos-portugueses, ou luso-africanos,[7] em um contexto receptor – Portugal –, supostamente uma realidade a que se pertence, constitui o nexo do que aqui se apresenta. Uma proposta como esta exige ter presentes as dificuldades que resultam do fato de que, além de distantes de um contexto de origem – a África –, muitos africanos migrantes são portadores de nacionalidade portuguesa, enquanto outros, nascidos em Portugal, não são reconhecidos como portugueses ou como nacionais.

O interesse nas questões suscitadas por esse contexto resulta dos estudos anteriores em que o processo de reflexão esteve centrado em um segmento específico da sociedade brasileira, com foco privilegiado no encontro de identidades étnicas singulares – crianças,

---

[7] O termo *luso-africano* é usado para designar o setor da população que vive em Portugal e que nasceu nas ex-colônias africanas de domínio português e, portanto, possui a nacionalidade portuguesa, como também designa os imigrantes africanos que vieram para trabalhar em Portugal a partir dos anos 60 e não mais regressaram (MACHADO, 1994). Entre esses, a maioria não possui nacionalidade portuguesa e, em particular, os imigrantes chegados ou nascidos em Portugal após os anos 80. Várias designações e categorias ocupam hoje o debate acadêmico em torno dos descendentes desses imigrantes (v. MACHADO, 1999; CONTADOR, 2001; e VALLA, 2001). Neste trabalho uso o termo *luso-africanos* introduzindo e contextualizando as diferentes categorias e o debate que suscitam no corpo do próprio texto.

homens e mulheres negros – remetidas ao espaço da família e da sociedade. Em todos os casos, estavam em jogo as formas de existência pouco conhecidas que resultaram da experiência histórica da escravidão no Brasil e que se instituíram frente à inserção dos contingentes negros num contexto de intensa transformação social.

Discutiam-se, no interior desses trabalhos, as possibilidades de que mecanismos particulares de constituição da identidade social, individual e coletiva informavam e orientavam as tentativas de explicação de realidades, nas quais o segmento negro se fazia presente.

A proposta de agora pretendeu, sempre que possível, considerar os mesmos aspectos e elementos já estudados entre negros brasileiros, quais sejam a infância, a família e as relações de gênero, voltados para o segmento étnico representado pela presença africana em Portugal. Este desafio colocou como possibilidade entender a presença negra em solo português e ousar uma comparação, ainda que relativa e parcial, com o caso brasileiro. Todavia, sempre ficava a pergunta: porquê em solo português?

Os muitos trabalhos e publicações que tenho desenvolvido com a população negra brasileira apontam para a origem desses grupos em termos de uma realidade dupla e ambígua: ser brasileiro sendo negro e como tal fazer parte de um contingente chamado (politicamente hoje) de afro-brasileiros. Por sua vez, são os negros brasileiros vistos, tanto quanto se vêem, como brasileiros diferentes de outros brasileiros, o que hoje conduz a uma intensa luta do segmento negro para se ver reconhecido em sua singularidade.[8] A questão da diferença, no Brasil ou em Portugal, institui um contexto de alteridade que revela a dificuldade de os negros constituírem-se como sujeitos sociais de direitos e que, em última instância, coloca em debate a possibilidade de realidades efetivamente democráticas.

---

[8] De importância fundamental, o trabalho de Sérgio da Costa, professor da Universidade de Berlim e da UFSC, que discute os processos de etnicização da sociedade brasileira com o concurso do Estado (v. Sergio Costa, "A mestiçagem e seus contrários – etnicidade e nacionalidade no Brasil contemporâneo", in *Tempo Social, Rev. de Sociologia da USP*, vol. 13, n.º 1, maio de 2001). Discussão essa que começa a tomar corpo em Portugal (v. Maria I. Baganha et. al., *Is an Ethnclass Emergency in Europe? The Portuguese Case*, Lisboa, Fundação Luso-Americana para o Desenvolvimento, 2000).

O luso-africano em Portugal encontra-se exposto à dupla e ambígua condição de ser e não ser português, com a agravante de que essa pertença a um mundo de origem diferente do mundo no qual se vive é muito recente – segunda metade do século XX, tornando-se significativo pensar o caso português "em acontecimento". Após tantas incursões no universo do negro brasileiro e tantas dificuldades, mapeadas através do tempo e de muitas gerações quanto ao que é ser brasileiro e negro, a realidade atual dos africanos-portugueses ou dos luso-africanos em Portugal traz à luz outras problemáticas que são, por si só, um desafio bastante complexo. Está em questão a condição duplamente subalterna, como diz Ianni (1988), que os leva (aos negros em geral) a porem-se diante de si mesmos e do branco, seja ele brasileiro, português ou de outras nacionalidades. Neste sentido, pode-se inferir que as relações entre grupos sociais diversos são quase sempre antagônicas no âmbito do sistema global, além de se constituírem como parte de uma dinâmica cultural não homogênea marcada por confrontos e conflitos que perpassam o mundo infantil e adulto, tanto quanto perpassam a visão de mundo de homens e mulheres.

Ser português e africano em terras portuguesas, sendo diferente e igual, sem, no entanto, ser alvo de direitos como o outro, supostamente igual a si mesmo perante as regras do Estado português e frente ao próprio cotidiano, suscita a pergunta: o que caracteriza o modo de ser português? Qual a identidade portuguesa de imigração? Em particular, a identidade de imigrantes africanos oriundos de países de expressão portuguesa? Qual a realidade identitária de seus filhos, os novos luso-africanos,[9] nascidos em Portugal?

Trata-se, portanto, da tentativa de descoberta de outros caminhos, mediante "trilhas" que se impuseram diante do pesquisador e constituíram o espaço de fundo do que aqui se apresenta, ou seja, verdadeiros caminhos entre o ver, ouvir e escrever (OLIVEIRA, 1986), que de ocultos se tornaram explícitos e obrigatórios, quando já se estava na estrada e cujo confronto exigiu um optar constante para

---

[9] Novos *luso-africanos* – categoria criada por Fernando Luís Machado (1994) como forma de superar os limites da designação "segunda geração". Mantenho nesse trabalho a referência genérica de *luso-africanos* e seus filhos ou simplesmente luso-africanos. O debate das diferentes categorias insere-se no corpo do trabalho.

poder chegar ao campo e aos sujeitos, para poder chegar a uma compreensão possível do que foi proposto, tendo de rever caminhos e procedimentos. O próprio contexto e sua dinâmica intensa obrigaram constantemente a rever o olhar, seu ponto de partida, mediante o inteiramente novo que reorientava as questões feitas e movia o próprio caminhar da pesquisa. O desafio de pesquisar fora do lugar onde se vive, acrescido dos custos e das dificuldades próprias dos processos em constituição e em movimento, estabeleceu o impasse central, representado pelo *tempo,* e este como um algoz sem qualquer condescendência.[10]

Nesse transitar entre a proposição da pesquisa e a realidade de campo, os objetivos concretizaram-se nos seguintes termos: estabelecer interpelações do campo étnico com o campo das relações sociais mais amplas enquanto ele mesmo e com outros campos em termos de classe social, época e contextos; buscar compreender as representações e a dinâmica de diferentes grupos de africanos e de portugueses no interior de uma cultura nacional portuguesa.

O que aqui se discute diz respeito à reprodução social do sujeito negro na diáspora, à relação entre o "eu" e o "outro" que sua presença suscita em solo português e, finalmente, às desigualdades do meio social e à questão identitária. A análise privilegia as populações mais novas – crianças e jovens – e alcança, tangencialmente, as populações mais velhas.

Duas questões: a da identidade em geral e a identidade étnica em particular envolvem a infância e a juventude e permitem pensar as injunções do universo como um todo. Entra em jogo pelo olhar da criança e do jovem – que cruza o olhar da pesquisadora – a vida vivida e suas múltiplas determinações. De fundamental importância, a criança define-se aqui como aquela que representa um momento singular da vida coletiva, posto que participa de todas as esferas constitutivas da vida de seu grupo e recebe dele as informações do mundo no qual está inserida. Considera-se que é no universo infantil que a

---

[10] Concordo com Vanilda Paiva (s.f.) de que o tempo da pesquisa é diferente do tempo da política, que não considera o tempo necessário para viabilizar a pesquisa, processá-la e digerir os dados e, aqui, embora os apoios do CNPq tenham sido fundamentais, as duas idas a campo se fizeram com pouquíssimos recursos e sérias restrições, exigindo desta pesquisadora o uso intensivo e criador daquilo que Wrigth Mills chamou de imaginação sociológica.

ideologia se revela em termos de limites e alcance, atuando aí na formação do imaginário e na orientação de uma concepção de mundo.

Por outro lado, as relações sociais, ao serem vividas, revelam a ambigüidade do social e se fazem presentes nas formas de representação por elas – crianças – produzidas.

Por sua vez, segundo Pais (1993), o jovem deve ser compreendido como aquele que vivencia uma fase da vida que, para além da idade, experimenta diversos modos de ser, fruto das demandas sociais por mobilidade geracional, reprodução cultural e social. O jovem encontra-se imerso no cruzamento entre identidade e mudança; assim, diz o autor,

> os jovens têm tido, designadamente ao longo das últimas décadas, um papel importante no que respeita à mudança social, por se revelarem um elo importante na cadeia da reprodução cultural e social [...] A juventude constitui-se, de certa maneira, como um laboratório ou cenário de mudança das estruturas sociais (p. 35).

Neste sentido, como alguém que vive a transição para um momento novo, desejado e temido, por aquilo que vê e compreende na vivência com seus pares, o jovem é alguém que experimenta o mundo social e tece em relação a ele sonhos, desejos, expectativas e valores.

Ao eleger crianças e jovens africanos e luso-africanos como sujeitos do olhar, esse livro assumiu, como tema central, a condição étnica decorrente da origem e da cor. A mesma razão tornou significativo o desvendar das estratégias de sobrevivência dos indivíduos e grupos frente a crises, dificuldades e rupturas que vivenciam como grupo ou como membro de um grupo particular, no interior do qual os mecanismos de convivência étnica e racial são elaborados e transformados pelo contato e confronto com a sociedade nacional em que se inserem.

Nestes termos, tornou-se possível comparar e contrapor realidades diversas, de modo que diferentes vivências e representações pudessem encaminhar compreensões mais amplas de contextos historicamente constituídos. No caso do negro brasileiro e no caso do negro português, há diferenças históricas; porém, não são elas inteiramente indiferentes ou opostas. Nesse sentido, acredita-se que há entre elas aspectos próprios de uma trajetória comum, composta por elementos semelhantes e propiciadores tanto das diferenças como das semelhanças, em que, no dizer de Oliveira (1976), constroem os sujeitos sua própria identidade. Mas, no caso português, em que condições a identidade é possível?

A indagação conduziu a que se pensasse a reprodução social do sujeito negro no tempo e no espaço, considerando a vontade de permanecer ou de tornar-se pessoa, considerando que sua luta se dá no universo da diferença e da alteridade, portanto, na relação entre o "eu" e o "outro". As desigualdades do meio social e o projeto de uma maior participação e reconhecimento exigem pensar e repensar os mecanismos de formação do sujeito negro e os caminhos pelos quais tem construído uma perspectiva de si. Considera ainda que os caminhos de integração e participação na sociedade não são lineares ou únicos para nenhum dos envolvidos, sejam estes os sujeitos sociais ou a sociedade em que estão inseridos.

O desafio consistiu, portanto, em entender se entre os próprios negros as manifestações são homogêneas ou não e quanto a condição espacial altera a percepção da raça como elemento formador de uma identidade e da visão de mundo entre negros "estrangeiros", já que o confronto com a sociedade inclusiva, seja no âmbito da família, da escola, do trabalho, do lazer e outros, supõe que sejam criados mecanismos de adaptação social, os quais esbarram em resistências e conflitos tanto para os primeiros luso-africanos como para as gerações mais novas – os luso-africanos nascidos em Portugal, cuja identidade está em formação.

A identidade étnica, entendida como o processo pelo qual um grupo se identifica e é identificado pela sociedade inclusiva, diz respeito a "uma dialética viva entre o 'eu' e o 'outro'" (Carvalho, 1982, p. 16). O diálogo supõe, por sua vez, uma relação com o "outro" do próprio grupo, um igual, neste caso as gerações mais velhas, e também com o "outro" diferente de si, o português de Portugal, com ou sem origem africana.

O ajuste social, tal como o conflito, resulta dos sujeitos em presença e revela a leitura do social por referenciais particulares e também mais gerais que são introduzidos em um universo em mudança, criando-se perspectivas e alterando as visões de mundo.

Avaliar e comparar a imagem que a criança e o jovem de origem africana fazem de si mesmos, ao vivenciarem processos de mudança social e cultural do meio em que estão inseridos, exigiu, também, avaliar as formas de representação existentes na dinâmica da vida adulta e no tecido social expressos pelos *mass media,* imprensa escrita e outros canais.

A presença africana e luso-africana em Portugal, por sua complexidade, era impeditiva de um tratamento metodológico generalizante. Com isso, o mapeamento da questão seguiu dos aspectos gerais, relativamente analisados, e penetrou nas muitas especificidades dos processos de vivência dos imigrantes africanos em Portugal, de modo a perceber os contornos que marcam suas especificidades e diferenças frente aos demais segmentos presentes em solo português. A percepção de tais contornos, ao mesmo tempo em que permitiu delimitar a problemática em jogo, mostrou claramente que sua compreensão só seria possível com o mergulho do pesquisador no contexto a ser pesquisado e, portanto, no campo, vale dizer, num espaço físico e social específico. Elegeu-se então a *escola* como *locus* das vivências da *infância* e da *juventude* e, ao mesmo tempo, buscaram-se apoios em instituições que, ligadas a esses segmentos e espaço, nos permitissem compreender o *bairro* como realidade a eles interligada.[11] A escola aparece, assim, como *locus* privilegiado de acesso e composição da população investigada e, ao mesmo tempo, é uma das agências fundamentais de formação que atuam na socialização e definição de sujeitos sociais, concretamente definidos:

> Vindas de diversos contextos culturais e étnicos, as crianças (com apenas 6 anos) chegam à escola, tomando contato com um *admirável mundo novo*. Outras culturas, outros valores, outros métodos de ensinar, que em alguns casos assemelham àqueles que conheciam por familiares ou amigos, mas na maioria das situações são totalmente diferentes. Para quase todos os filhos de imigrantes, a escola é, pois, a primeira instituição do país de acolhimento com a qual contatam dias a fio durante vários anos e, conseqüentemente, tem um papel central nas *histórias de vida* que esses jovens vão escrever e nas suas atitudes e representações acerca de Portugal, do mundo, de si próprios, etc. Meio de socialização e aculturação por excelência, a escola permite que estes jovens, durante parte de seu dia,

---

[11] A intermediação no acesso à compreensão do bairro deve-se ao fato de serem esses espaços marcados por relações de desconfiança para com estranhos e também por serem muitas vezes espaços marcados por relações de violência, como é comum nas favelas brasileiras e, de igual modo, nos bairros de lata (favelas) de Lisboa.

deixem as suas comunidades e conheçam pessoas com identidades muito distintas, derivadas de contextos de vivências que não são os seus, funcionando assim como poderoso fator de integração multicultural (ABRANTES, [s. d.], p. 12-13).

Não por acaso, como deixa entrever a fala de Abrantes, um dos vários programas governamentais destinados à integração dos filhos de imigrantes, ainda que não de modo exclusivo, foi o programa de multiculturalidade e educação nas escolas portuguesas, oficialmente estabelecido através do Secretariado Coordenador dos Programas de Educação Multicultural – o SCOPREM – já em 1991 e posteriormente denominado "Entreculturas". Contudo, é bom lembrar que a integração é apenas uma das faces da moeda, já que

> o sistema de ensino tende a selecionar uns e excluir/deslegitimar outros, o que faz com que certos grupos sociais desfavorecidos continuem a sentir a escola obrigatória não como um direito, mas tão-só como um dever (ABRANTES, [s. d.], p. 13).

É com tais preocupações em mente e levada pelas mãos de Humberto Martins, um sociólogo, e por seu trabalho num bairro de lata,[12] o Bairro da Quinta Grande, na Charneca "do Lumiar", e sua escola primária, a EB1 n.º 66, que bairro e escola se fizeram espaço de reflexão do presente trabalho.

A escola de ensino básico[13] ou primário EB1 n.º 66, da Charneca "do Lumiar", em Lisboa, foi uma das escolas-piloto na segunda fase – 1995-1996/1996-1997 – do projeto de educação intercultural, o *Entreculturas*.

---

[12] Bairro de lata é a designação que se dá para áreas de moradia sem infra-estrutura e com casas de papelão e lata, geralmente construídas em áreas de ocupação, tais como as favelas brasileiras. Seus ocupantes são os migrantes pobres das áreas rurais portuguesas e imigrantes de várias nacionalidades, em maioria africanos; por essa razão são também chamados de bairros africanos ou "Aldeias d'África". A freguesia da Charneca "do Lumiar" conta com inúmeros bairros africanos, entre eles a Quinta Grande, objeto dessa reflexão. Foi na Quinta Grande que o trabalho de Humberto Martins foi desenvolvido (v. Humberto M. do S. Martins, *Ami Cunhá Cumpadri Pitécu: Uma Etnografia da Linguagem e da Cultura Juvenil Luso-Africana em Dois Contextos Suburbanos de Lisboa*, Instituto de Ciências Sociais da Universidade de Lisboa, 1997).

[13] O sistema educativo português está organizado em ensino básico – 1.º, 2.º e 3.º ciclos –, ensino secundário e ensino superior. O ensino pré-escolar, ou jardim-de-infância, faz parte do 1.º ciclo do ensino básico.

A EB1 n.º 66 é uma escola que conta com um significativo número de alunos africanos e luso-africanos moradores da Quinta Grande. É importante frisar que a escola de ensino básico ou primário EB1 n.º 66, da Charneca "do Lumiar", recebe crianças negras de origem africana de pelo menos três bairros africanos próximos – Quinta do Louro, Quinta da Pailepa e, em particular, da Quinta Grande, localidade em que o ISU – Instituto de Solidariedade e Cooperação Universitária, uma ONG, desenvolve atividades de cooperação com as famílias africanas imigrantes dos PALOP. O ISU atua no espaço da escola com as crianças do 1.º ciclo, através da ATL – Atividades de Tempos Livres, entre as quais está o Apoio Escolar.[14] Por outro lado, o ISU desenvolve atividades com grupos de jovens da Quinta Grande através do projeto "Integração social de jovens de minorias étnicas", apoiado pela União Européia e pelo Ministério do Trabalho e da Solidariedade português.

Em razão do tempo limitado de estada em campo – cerca de seis meses, divididos em dois momentos e de outros momentos interpolados, entre 1998 e 2001 –, e de outros fatores que nas duas etapas foram impeditivos do acesso mais profundo ao bairro, o ISU se fez de suma importância e foi definitivo no abrir das portas da escola e, dentro dela, no acesso às crianças e aos jovens do bairro que aí se reuniam com seu chamado "Grupo Jovem". A relação assim intermediada permitiu observações no espaço do bairro, alguma participação em atividades da comunidade, mas não permitiu adentrar no universo das famílias. Dois foram os motivos: em 1998, devido aos conflitos no interior do bairro; em 2001, em razão do realojamento dos moradores em áreas de Habitação Social[15] e, concomitantemente, da destruição física

---

[14] O Apoio Escolar é um espaço de atividades diversas que visam o reforço da aprendizagem, a promoção da auto-estima e valorização pessoal das crianças luso-africanas e outras, frente à diversidade cultural dos bairros com população de origem africana. O ISU – Instituto de Solidariedade e Cooperação Universitária, uma ONG de universitários é o responsável pelo Apoio, e a escola básica de 1.º ciclo EB1 n.º 66 cede o espaço para que as atividades sejam desenvolvidas com alunos do curso regular.

[15] Os bairros de Habitação Social são conhecidos como bairros sociais, designação que se dá aos bairros de realojamento dos moradores dos bairros de lata construídos dentro do Programa Especial de Realojamento – o PER –, de responsabilidade do governo português, com a ajuda da UE, e destinado à erradicação dos bairros precários de Lisboa.

e social do Bairro da Quinta Grande. Isto significa que o espaço de referência deste trabalho, a Quinta Grande e sua gente, encontra-se referido a dois momentos particulares, o primeiro, da origem até Maio de 2001, quando o bairro ainda existia, e o segundo, de Maio a Outubro de 2001, quando o bairro não mais existe e se torna referencial de memória na vida de seus moradores, agora realojados no bairro social.

Assim, as famílias imigrantes se tornaram elementos coadjuvantes deste cenário de investigação e, embora não seja o tempo todo uma realidade palpável e visível, sua importância não é menor. No jogo de se mostrar e se esconder permitido pelos dados secundários e por uma precária observação local, a família negra imigrante se revela em seu papel de suporte entre sujeitos imigrados na terra de acolhimento, no interior do bairro e como mediadora entre o indivíduo e a sociedade. O realojamento, porém, torna-se um fator que acentua a questão do conflito no seio da família e da vizinhança e em oposição à vida no bairro e às relações que aí se processavam. Aponta também para um novo contexto transformador das relações entre sujeitos e destas com a sociedade portuguesa, instaurando um novo enigma quanto aos processos de inserção dos imigrantes africanos, seus filhos e descendentes em Portugal, particularmente em Lisboa.

Diante da diversidade:
colonizados e imigrantes

Trabalhar com a diversidade social de ex-colonizados e de ex-colonizadores coloca em questão a vida vivida como experiência objetiva e subjetiva, social e política, bem como os mecanismos de conformação de um imaginário social, ambos compreendidos desde sempre como realidades construídas por homens determinados em situações igualmente determinadas. Foi a fala de um imigrante guineense que abriu as portas desse debate quando afirmou que, ao emigrar para Portugal no início dos anos de 1990 do século XX, pensava com imensa naturalidade que estava a seguir para sua terra, posto que era português (ainda que não tivesse a nacionalidade portuguesa) e como tal se sentia. Foi a realidade da sociedade portuguesa que o levou a descobrir-se, primeiro como imigrante e, depois, como africano,[16] recuperando aí o valor de sua cultura própria – um balanta – e descobrindo o sentimento de nacionalidade correspondente ao seu lugar de origem, como tal, um guineense. Da mesma forma, um jovem negro, de nacionalidade portuguesa e filho de imigrante angolano, que viveu toda a sua vida em Portugal, com muita convicção, afirma sentir-se mais africano do que português e ter imenso desejo de conhecer a África e Angola. Estas e muitas outras falas despertaram em mim, como pesquisadora, os enigmas de um fato contemporâneo e atual: a emigração africana dos PALOP para Portugal após o 25 de abril de 1974 e, de modo particular, as relações com a sociedade de acolhimento.

O ponto de partida dessa proposta foi então buscar as razões do "sentir-se português" e descobrir-se "africano e negro", ou o seu contrário, ser português e sentir-se "africano", tendo como cenário conjuntural a imigração. Assim, este trabalho não discute a imigração, mas a considera como espaço de construção de uma referência dupla que envolve africanos dos PALOP e portugueses brancos e negros em Portugal. Busca desvendar os processos sociais de construção da mentalidade ou mente cultural de portugueses e de africanos, tal como definida por Vieira (1995b) e Iturra (1990).

Os processos de inserção e de integração daqueles que, em maioria, são chamados "estrangeiros" – os imigrantes dos PALOP em Portugal – são aqui discutidos desde uma perspectiva que toma como ator principal o mundo português criado pela expansão portuguesa do passado e o mundo português, do presente, vale dizer, como país membro da União Européia – UE – e parte integrante de uma ordem mundial globalizada e moderna. Busca-se apreender e compreender esse universo no tempo e em algumas de suas características mais específicas, ou seja, em termos das relações sociais que envolvem uma memória histórica, assim como envolvem também uma dimensão imaginária em que a alteridade dos sujeitos se alterna enquanto um "eu" e um "nós" comum.

Mais do que olhar esse "outro", o imigrante, trata-se de olhar a sociedade portuguesa, para de dentro dela apreender esse "outro",

---

[16] A categoria africano remete-se aqui ao sentido de categoria continental e genérica que será discutida a par de outras categorias de referência mais à frente neste trabalho.

que sendo imigrante e africano, é um negro, mas é também um "mesmo" em razão da história comum, partilhada entre portugueses e africanos dos PALOP, sujeitos de uma relação, a um só tempo, de iguais e diferentes – ironia de um mundo globalizado que no presente tem por lema "todos iguais, todos diferentes".[17]

Ao tomar por princípio que a história dos homens é feita num jogo de imagens, expressas num espelho de muitos ângulos, em que a diversidade se mostra em muitos de seus significados e que permanentemente nos desafia, assume-se aqui o fato de que a relação entre o "eu" e o "outro" é sempre conflitiva e marcada por instâncias diferenciadas de poder. Relembrando Pierre Clastres (1982), esse poder é sempre de "duplo semblante", ou seja, um poder e uma submissão que impedem a eclosão de relações de liberdade entre iguais. No centro desse debate, encontramos a questão que freqüentemente marca a inquietude moderna: é possível a convivência entre diferentes? Como conviver com as diferenças e estabelecer relações de eqüidade entre sujeitos considerados diferentes? Seria efetivamente possível ser igual quando se é diferente?

Nesse pano de fundo, destaca-se o papel da *educação* e a concepção da União Européia de que a Europa de hoje é *um espaço educativo*. Qual o significado disso para um mundo cujas fronteiras, abertas pelo movimento da economia, cada vez mais tendem a construir outras barreiras para limitarem a presença daqueles que, tidos por diferentes em termos culturais e mesmo físicos, se tornam, a um só tempo, necessários e indesejáveis?[18]

Não se trata de fazer aqui uma história das idéias educativas, mas de identificar processos, valores e práticas que, envolvendo sujeitos diversos, revelam o cruzamento de dois momentos da história portuguesa – o período que compreende basicamente dos anos 1930 aos anos 1970 do século XX e o momento atual, compreendido entre

---

[17] Lema da campanha contra o racismo e a xenofobia, lançado em 1995 pelo Conselho da Europa (UE), em reunião em Estrasburgo.

[18] É importante notar que as diferenças se constituem também em termos econômicos, tal como denotam as políticas públicas, sobretudo da educação, postas em prática por organismos internacionais – Banco Mundial, por exemplo –, ainda que se esteja tratando de um contexto europeu.

os anos 90 e o ano de 2000. O primeiro período contempla a formação educativa básica dos imigrantes mais velhos, ainda em África e em acordo com um processo educativo que tinha por centro o mundo português e imperial e, portanto, um momento em que o "eu" e o "outro" eram um mesmo; o segundo período contempla as gerações posteriores desses mesmos sujeitos, nascidas em Portugal, ou dos que chegaram ainda pequenos – africanos, luso-africanos e novos luso-africanos –, vivendo lá a maior parte de suas vidas e que ao final dos anos 1990 constituíam a população em idade educativa presente nas escolas portuguesas. Uma escola que, em acordo com o presente europeu e seu lema, postula a existência de uma educação intercultural, como caminho de uma convivência e tolerância entre diferentes.[19] Ou seja, um momento em que o mesmo do período colonial encontra-se, de novo, cindido entre um "eu" e um "outro" e que a sociedade moderna, democrática e liberal, postula como diferente, porém, com direitos iguais aos de todo e qualquer cidadão.

Está em jogo nesses dois períodos, o africano e o português, bem como o conjunto de idéias e doutrinas do sistema educativo que os forma e enforma como sujeitos sociais, a partir do mundo colonial e no mundo atual, tendo em vista os valores *a priori* com que se definem o campo educacional e a prática educativa, compreendidos como partes que integram o campo político e as relações de poder e de dominação.

Como afirma Serra (1998, p. 32),

> o ensino primário, para muitas crianças e durante muito tempo, a primeira e única experiência de transmissão-aquisição de natureza escolar, constitui uma privilegiada instância de construção das consciências individuais, base sobre a qual um conjunto de experiências da mesma natureza pode ser desenvolvida.

Aqui, torna-se possível relacionar o passado e o presente como complementares e opostos, compreendendo o imigrante adulto que se vê como português a partir da ideação e da ação educativa do 3.º Império (Salazar e as colónias ultramarinas) e, ao mesmo tempo, compreendendo como se processa a educação dos filhos de imigrantes no seio da UE, nomeadamente no Portugal dos anos 90,

---

[19] As questões do interculturalismo, multiculturalismo e tolerância serão tratadas no âmbito deste trabalho.

para então avaliar em seus próprios termos a realidade concreta, vista como: o cotidiano desses grupos, a cultura que lhes é própria, as formas de representação assim construídas e, finalmente, colocar em questão as experiências individuais e coletivas de sujeitos concretos, entendendo estas como "uma maneira de construir o mundo [enquanto] atividade que estrutura o caráter fluido da vida" (DUBET, 1996, p. 95).

Sobretudo, entende-se que a experiência é socialmente construída e, tal como a postula E. P. Thompson (1981), constitui uma exploração aberta do mundo e de nós mesmos, envolvendo a cultura que portamos e as realidades concretas que vivemos, não só como fatos, mas como idéias, pensamentos, procedimentos, que se expressam também como sentimentos e com os quais lidamos no universo da cultura.

O que apresentamos como resultado desse empreendimento considera a questão do espaço urbano, das metrópoles e das nações, a questão do pertencimento e da memória. Com esse interesse, olhou-se para a história do presente e do passado, fazendo emergir identidades singulares entre crianças e jovens negros africanos e luso-africanos. Olhou-se para a África e para Portugal, mapeando os movimentos de continuidades e descontinuidades de suas relações, o jogo de interesses e de poder, postos em ação por um mundo que se globaliza e enfrenta contraditoriamente sua própria história.

O que os dados parecem confirmar é que o retrato da presença africana em Portugal, apreendida pela contextualização das falas, pelas experiências convergentes e divergentes entre sujeitos, seja pela identidade (o que há de comum), seja pela diferença (o que separa os sujeitos), expõe um mundo complexo e conflitivo em que a dimensão humana e a questão da diversidade sócio-cultural desafiam direitos e expõem os limites de um espaço político em permanente tensão.

Os capítulos que se seguem evidenciam os caminhos trilhados e, resumidamente, apresentam os seguintes conteúdos.

"Antropologia e educação. Imigração e identidade" – capítulo I –, introduz os temas centrais em debate no presente trabalho, lembrando a questão da diversidade e da alteridade como base da ciência antropológica e do trabalho do antropólogo, ele próprio sujeito reflexo das realidades de que trata. O que há de antigo e de novo nesses processos, em particular no que tange à Antropologia e às relações de Portugal com o mundo além-mar, suas ex-colônias que compõem os PALOP – Angola, Moçambique, Guiné-Bissau, Cabo Verde, São Tomé e Príncipe –, suscita o mover-se no mundo entre culturas e discutir as possibilidades de existência de várias formas de organização social no interior de uma mesma sociedade ou em sociedades diferentes. Se a Antropologia tem aí uma tradição como ciência, esse não parece ser o caso da Educação, sempre voltada para a sociedade de que faz parte e entendendo essa a partir de padrões tidos como universais.

O capítulo II ao tratar da "Sociedade Multicultural: entre iguais e diferentes", fala de um contexto situado e historicamente produzido, no qual rompe-se com a idéia de que Portugal e África (os PALOP) sejam países irmãos e coloca em questão uma "identidade portuguesa" transatlântica do passado – as colônias ultramarinas – e a identidade portuguesa do presente, voltada para a Europa e seu centro. Com os processos migratórios dos PALOP, contradições e conflitos emergem no processo de modernização da sociedade portuguesa, posto que os africanos são necessários, mas não desejados como sujeitos do mundo português. A emigração, porém, transmuta-se em imigração não temporária, mas permanente e, aqui, eclodem os processos de discriminação, racismo e xenofobia, que ao questionarem a propalada homogeneidade de Portugal, questionam as identidades cruzadas construídas ao longo da história e as transforma em identidades rompidas no tempo presente. Com isso, na cidade de Lisboa, a presença das chamadas "Aldeias d'África" revela a ocupação dos espaços por diferentes grupos de populações migrantes, particularmente os migrantes dos PALOP. Revela também as configurações geográficas e sociais, bem como as condições de existência marcadas por relações de conflito, marginalidade e exclusão.

Na análise do capítulo III, *Quinta Grande: um bairro africano em Lisboa*, destaca o bairro como espaço singular de vivências africanas, luso-africanas e portuguesas. O bairro e os sujeitos que aí vivem e constroem a vida são parte de um esforço etnográfico de observação e investigação, bem como também o são as entidades parceiras – associações, ONGs, Igreja, escola e outras – que atuam no interior do bairro, visando a integração dos imigrantes à sociedade portuguesa. Vistos como espaços educativos, o bairro e suas entidades revelam um mundo de sociabilidade, entreajuda e conflitos. A escola se faz *locus* de um processo que, do mesmo modo que o bairro e suas entidades, é também um espaço de vivências e de trânsitos de diferentes sujeitos negros, brancos, africanos, ciganos, portugueses e indianos [...] A escola, tal como o bairro, revela as contradições próprias do mundo português, colocando em questão as muitas faces da nação portuguesa. Nesse sentido, a *educação* e a *escola* são parte do grande nó no qual se encontram emaranhados muitos dos problemas sociais que afetam aos migrantes de modo geral e, principalmente, aos moradores dos bairros pobres, entre eles, as crianças e os jovens.

No capítulo IV, "Infância e juventude: vivências e representações", consideram-se principalmente as crianças e os jovens africanos e os luso-africanos como sujeitos feitos "estrangeiros" de si mesmos e da nação portuguesa, desterritorializados e portadores de identidades múltiplas, que são o retrato mais acabado de uma ordem que se globaliza e que os nega. A natureza dos processos educativos se apresenta aqui, pelo imaginário e pela representação de crianças luso-africanas que estudam no 1.º ciclo, por meio de duas atividades, uma realizada no cotidiano escolar mediante desenhos e redações temáticas feitas em sala de aula, outra realizada como parte das atividades multiculturais da escola, durante a chamada Semana do Mundo. Dos desenhos e textos obtidos resulta uma gama de dados e de informações que explicitam os mecanismos identitários e também seus conflitos.

A questão do multiculturalismo é discutida no capítulo V, "Políticas Multiculturais: igualdade e violência", em termos de políticas sociais propostas pela UE aos países membros. No caso português, duas delas se destacam: a política de habitação e a política educacional, ambas de cunho intervencionista e preocupadas em colocarem sob controle as massas de imigrantes que hoje constituem uma realidade tida como problemática à ordem social. No caso da política de habitação, trata-se da erradicação dos chamados bairros degradados, as "Aldeias d'África", por meio do realojamento em bairros de Habitação Social. A Quinta Grande, bem como sua população, é alvo desse processo, decorrendo daí uma gama de problemas que expõem a natureza das relações dos grupos migrantes com a sociedade portuguesa. No campo da educação, a política de intervenção denomina-se intercultural e a escola EB1 n.º 66 participa da experiência educativa do "Entreculturas", órgão do governo e do Ministério da Educação, revelando-se, aí também, as dificuldades das relações sociais e políticas com o "outro", nomeadamente, a criança e o jovem africano e luso-africano. A questão da violência mostra sua face institucional nas políticas de habitação e de educação, ainda que ambas tenham por base o discurso multicultural, respeitador das diferenças, fato que não se sustenta nas práticas que delas resultam.

Na "(In)Conclusão" discute-se as *fronteiras étnicas* no campo da educação e da antropologia, considerando os resultados da investigação realizada com os imigrantes dos PALOP, ex-moradores da Quinta Grande, agora realojados no bairro social. O caso de Portugal e dos imigrantes parece colocar em questão uma realidade marcada por um discurso técnico e ideológico de busca e efetivação de direitos sociais dos segmentos excluídos. No entanto, deixa entrever uma prática ainda, no mínimo frágil, diante dos desafios a que se propõe responder. Cada vez mais, o que se tem na educação portuguesa é um discurso técnico que toma por base uma produção acadêmica, típica das chamadas "Ciências de Serviço", mais perceptível no campo das sociologias. Aqui a Antropologia, ao diferenciar-se por sua história, por seus pressupostos e por seus instrumentos, pode vir a ser uma ciência de referência que tem possibilidades de contribuir com o campo educacional diante da diversidade social humana. As possibilidades e potencialidades de uma antropologia da educação e seu alcance diante do entendimento da diversidade étnico-sócio-cultural encontram-se aqui exemplificados pela história de um bairro e de seus moradores. Uma história particular que, no entanto, revela a dimensão mais geral de um processo contemporâneo desafiador da ordem social inclusiva e multicultural.

Antropologia e educação.
Imigração e identidade.

> Nossa iniciação está na tensão desse duplo movimento que nos puxa em direções opostas: de um lado, deixarnos impregnar por outros modos e valores de vida possíveis e, de outro, resistir a este movimento sedutor do outro que quer nos engolir do mesmo jeito que nossa sociedade sempre quis engolir a dele.
> (LAGROU, 1994, p. 93)

A descoberta da "alteridade" alimenta o trabalho do antropólogo, mas também o faz descobrir que o encontro com o "outro" não significa abolir a própria alteridade, que está viva também entre nós e em nós mesmos (LAGROU, 1994, p. 91). Assim, ao dar início a este trabalho, não sabia a exata medida da inversão de lugar que africanos e portugueses me revelariam.

A iniciação no universo do "outro", a um só tempo sedutor e distanciado, não possibilitava, ainda, a compreensão do fato de se ser igual e diferente entre portugueses, meus colegas acadêmicos, que ao disponibilizarem seus arquivos me revelaram o olhar "de dentro" da sociedade portuguesa e o significado do "outro" – o africano – dentro dela. Não só mas também a pesquisadora, mulher, branca e brasileira, percebeu a proximidade e a distância na e da sociedade portuguesa. Falando a mesma língua e sendo herdeira da cultura portuguesa, muitas vezes fui confundida com descendente de portugueses emigrados que, por esta razão, estaria a pesquisar em Portugal.

O estranhamento se manifestava quando, além de afirmar não ser descendente, afirmava estar ali para conhecer melhor o mundo africano em Portugal, muitas vezes causando constrangimento para o interlocutor. Outras vezes, meus colegas portugueses diziam-me ser eu uma pessoa "fascinante" e descobria aí que, tal como o africano, para muitas pessoas, era também "exótica"; talvez pelo modo de ser, próximo, mas nem tanto, da cultura portuguesa, ou até, para ser contundente, porque ambiguamente dela sou parte, tanto quanto dela sou excluída.

Essa ambigüidade percorre também o sujeito negro, africano de língua portuguesa e, como eu, herdeiro dessa cultura lusitana. Paulo Freire, citado por Nóvoa (2001, p. 182-183), afirmava que brasileiros, portugueses e moçambicanos (africanos, portanto) não escapam à sua história e que, por mais que a critiquem (o colonialismo), são por ela atraídos. Assim, dizia o autor, "o colonizado experimenta essa ambigüidade de ser e não ser". A isto, complementa Nóvoa, "nenhum brasileiro escapa. Nenhum português escapa. Nenhum moçambicano escapa. A *isto* nenhum de nós escapa" (p. 183). Não escapamos todos, brasileiros, africanos dos PALOP e portugueses.

No entanto, será o informante africano a me revelar a diferença no espelho: ao irmanar-me pela fala à crítica da nossa herança colonial comum, sou lembrada que, como brasileira e branca, ao andar pelas ruas de Lisboa, sou confundida com portuguesa, o que não ocorre com qualquer africano. A cor da pele chega antes e, como tal, diz-me o informante, "eu sou discriminado". Não basta também falarmos a mesma língua. Ao telefone, ao tentar alugar um imóvel, um africano, apesar de não se identificar, é identificado e quase sempre obtém uma resposta negativa. Esta pesquisadora, entre colegas portugueses, muitas vezes teve seu falar comparado e igualado ao "modo português" de falar e, reiteradamente, o mesmo foi considerado também um português diferente, um português do Brasil que fascina os portugueses, por sua melodia e doçura – fato que também era expresso por amigos africanos.

Nos debates acadêmicos e políticos descubro que, para os portugueses, falar de colonização na África é diferente de falar de colonização no Brasil, afinal fomos um império português, tivemos aqui a Coroa Portuguesa, vale dizer, o reino português e o império nas mãos de seus descendentes. Para os portugueses isso nos diferencia e, se nos aproxima dos portugueses, afasta-nos dos africanos.

Em 1998, durante um encontro de trabalho promovido pelo governo português entre professores de História, em Lisboa, provenientes do Brasil, da África e de Portugal, em busca de definir um currículo para o ensino de história, os representantes da África insistem para que se inclua a história desse continente. Portugueses que não aceitam a idéia propõem uma votação das delegações presentes e pensam em contar com o apoio do Brasil. Na decisão, o Brasil apóia as delegações africanas e impõe a derrota aos portugueses. Estes não conseguem entender a postura brasileira. Certamente, o que ocorreu com os representantes do Brasil, naquele momento, como diz Lagrou (1994), foi que a capacidade intersubjetiva de aproximação e a capacidade intelectual da criação permitiram a distância reflexiva do outro e a tomada de posição.

Do mesmo modo, neste trabalho, a mutualidade das relações estabelecidas entre portugueses e entre africanos pelo olhar de uma brasileira, gerou um caminho e marcou a iniciação da pesquisadora que cruzou o oceano e, de modo particular, estabeleceu a caminhada para realizar a história de seu encontro/desencontro com o "outro" no mundo português e, assim, fazer Antropologia.

Antropologia: imagens do "outro"[1]

A Antropologia é, nomeadamente, a ciência da inversão e, nesse sentido, é parte de sua tradição a questão do "outro" e, com ela, a pesquisa e o trabalho de campo fora do "nosso" mundo, fora do nosso lugar. Malinowski, na célebre obra sobre os Argonautas do Pacífico Ocidental (1976), já afirmava que quem tem medo de mares bravios não sai de casa. Hoje se pode compreender sua fala, situando-a no tempo mas também por seus sentidos atuais com relação à Antropologia e ao papel do antropólogo.

Sair de nosso mundo pode também significar sair de nosso lugar social ou mesmo, assumir e estranhar o familiar e conhecido para torná-lo objeto de nossa reflexão e descoberta, como bem coloca Velho (1995). É nesse sentido que se pode falar de uma antropologia

---

[1] Subtítulo que empresto e adapto da obra de Jorge Larrosa e Nuria Pérez de Lara (Orgs.). *Imagens do Outro*, Petrópolis. Rio de Janeiro, Editora Vozes, 1998.

no Brasil e, do mesmo modo, uma antropologia que cruza diferentes fronteiras, como no caso deste estudo que cruzou o Atlântico para se imbuir de outras realidades e pensá-las de modo dimensionado pela prática antropológica. Entendo, também, que "sair do lugar" corresponde às possibilidades do diálogo transdisciplinar e, com isso, a refletir as possibilidades de uma antropologia em diálogo aberto com o campo da educação e com sua dimensão prática, a pedagogia.[2]

Muitos antropólogos,[3] como Valente e eu própria, seguiram para outros países, numa demonstração de que o aprendizado dessa ciência particular, a antropologia, nos coloca em condição de "cruzar fronteiras, detectar descontinuidades, mesmo estando atentos à temáticas e universos comuns compartilhados" (VELHO, id., ibid. p. 2) no interior das sociedades de pertença ou, ainda, típicos das chamadas sociedades modernas e, como tais, voltadas para o universal (tipicamente ocidental) que as sociedades da informação buscam generalizar, particularmente em tempos de globalização.

No entanto, se o mover-se no mundo ou enfrentar mares estranhos, como diz a concepção malinowskiniana, é parte de uma tradição no campo da antropologia, esse não parece ser o caso da educação, relativamente voltada para o *mesmo* e para a ordem social constituída, mais do que preocupada com o "outro" e as possibilidades de existência de várias formas de organização social no interior de uma mesma sociedade ou em sociedades diferentes, como o caso da antropologia exemplifica.

Madeira (1999, p. 2), retomando N. Elias, afirma ser um termo caro aos antropólogos as "diferenças efetivas de *civilização*", que exigem uma contextualização histórica, de modo a permitirem compreender o significado dos comportamentos e da ação humana, já que "as diferenças conduzem, necessariamente, a várias formas de organização

---

[2] Sobre a Antropologia como ciência e a pedagogia como prática, v. Neusa Maria Mendes de Gusmão, "Antropologia e educação: as origens de um diálogo", *in* Neusa Maria Mendes de Gusmão (Org.). *Antropologia e Educação. Interfaces do Ensino e da Pesquisa, Cadernos CEDES*, n.º 43, Campinas, SP, Papirus, 1997.

[3] Rui Coelho em 1949; Oraci Nogueira em 1954; Manuela Carneiro da Cunha, Roberto Kant de Lima, Bella F. Bianco, Gilberto Velho, Ivone Maggie, nos anos 1980. Pedro Agostinho da Silva, João Baptista Borges Pereira e outros foram precursores do meu caminho de agora em direção a Portugal.

social, nas quais o peso relativo do Estado sobre a sociedade ou a autonomia relativa das esferas de ação (política e religiosa, por exemplo) assumem expressões particulares e diferenciais". Aqui a antropologia e o fazer do antropólogo encontram seu lugar, lugar que faz do antropólogo, em diferentes espaço ser, ele próprio, um "outro" e um "mesmo".

A importância de ser um "outro" em terras alheias e, como tal, descobrir no "outro", sujeito da pesquisa – africanos, luso-africanos e portugueses –, um semelhante alocado numa condição diversa mostra, tal como afirma Valente (s. d., p. 1), que o "olhar antropológico sobre uma sociedade de nosso tempo, cuja singularidade distante e desconhecida repousa sobre um processo mais amplo, de caráter global", torna a situação de pesquisa, não apenas inusitada por se estar fora do lugar de pertença, mas, no seu caso, "por dirigir, pela primeira vez, o foco de atenção sobre um aspecto do campo educativo". No caso da presente pesquisa, da mesma forma que para Valente (*id., ibid.*), foi uma experiência inteiramente nova e desafiadora ter de "desenvolver uma investigação na interface da Antropologia e da Educação". Porém, qual seria a natureza dessa interface? O que ela coloca em questão: o "mesmo", o "outro", ou ambos?

Marc Augé, em sua obra *O sentido dos outros* (1999, p. 20), coloca a pergunta principal: "quem é o outro", para afirmar que a diferença e a alteridade no seio de uma sociedade não se fazem de maneira unívoca e que as sociedades humanas não são nem igualitárias nem homogêneas. Nesse sentido, o social transcende o cultural e se torna fundamental como realidade empírica a ser investigada pelo antropólogo. O que o antropólogo estuda e descobre "não são as culturas mas as sociedades, quer dizer, conjuntos organizados e hierarquizados onde as noções de diferença e de alteridade têm um sentido" (*id., ibid.,* p. 19), ou ainda, têm uma multiplicidade de sentidos possíveis. O que o antropólogo investiga diz respeito a realidades complexas, marcadas por relações antagônicas, por contradições e conflitos. Nelas, a identidade do "eu" e a identidade do "outro" são imagens reflexas de um mesmo espelho. Com isso, percebe-se que "a Antropologia não é uma disciplina qualquer [...] é por causa dessa reflexividade que ao se impor entre o 'eu' e o 'outro', pela medição do espelho, é capaz de estabelecer um terceiro lugar donde é possível compreender a ambos como iguais. Esse é o lugar da humanidade" (MONTES, 1994, p. 41). Para a autora, a antropologia traz "a questão da produção do conhecimento como um horizonte à frente" (*id., ibid.*), capaz de construir pontes, colocar para dialogar grupos, sujeitos sociais diversos, diferentes culturas.

Nessa medida, a antropologia e o fazer antropológico tornam-se capazes de "entender e pensar a complexidade humana numa perspectiva [...] que integra o único e o múltiplo [e dá] lugar a uma outra perspectiva de sociedade capaz de conjugar a unidade e o pluralismo" (VIEIRA, 1999b, p. 154), ou seja, uma sociedade intercultural. Para o autor, o intercultural envolve comunicação, reciprocidade e troca em todas as dimensões da vida humana e, também, na aprendizagem, fato presente em todas as sociedades humanas, porém de forma diversa e em múltiplos estilos. A aprendizagem, portanto, começa antes da escola, no curso de vida de um indivíduo quando ainda criança, e, adentra o universo escolar, se fazendo presente no processo educativo. O desafio da escola seria, então, construir pontes com os diversos contextos de aprendizagem, sem reduzi-los e classificá-los em acordo a uma única lógica e em oposição às muitas culturas que perpassam a realidade social. Esse parece ser, portanto, um dos aspectos centrais em que a antropologia pode definir uma contribuição singular ao campo da educação e da pedagogia.

A contribuição se faria em razão de que "toda reflexão sobre o outro, os outros e a possibilidade de interpretar suas interpretações" – tal como faz o antropólogo – "não é senão o avesso de uma indagação sobre o que funda a categoria do si mesmo" (AUGÉ, 1999, p. 51) e que resulta num conhecimento ampliado, capaz de estabelecer um conhecimento verdadeiramente crítico sobre o mundo social em que o "eu" e o "outro" existem e ordenam suas próprias vidas como um "nós" comum, ao mesmo tempo igual e diferente. As categorias de *identidade* e *alteridade* encontram-se assim ligadas e são a matéria-prima do olhar antropológico, além de constituírem o próprio olhar dos sujeitos em relação. Com isso, as perguntas que, como antropólogos, dirigimos ao "outro" "são também nossas", tornando a questão da identidade e da alteridade central no que se pretendeu buscar em Portugal, entre africanos e portugueses e a pesquisa e esta pesquisadora, de modo extensivo àquilo que, neste trabalho, se fez como desafio em termos das possibilidades de se pensar uma antropologia da educação.

Em questão, o fato de que "o sistema educacional institucionalizado na e pela rede escolar não consegue captar as expressões culturais presentes na modernidade e as relações de identidade que se encontram em vários grupos sociais em conflito" (CARVALHO, 1989, p. 22). Antes de qualquer coisa, a educação é uma instituição presente em todas as sociedades humanas. No entanto, apenas nas chamadas sociedades modernas do tipo capitalista, a escola se faz agência por excelência dos processos educativos centrados na socialização dos neófitos e sua formação como sujeitos de uma dada nação. Assim, "é na escola que se pensa quando se fala em aprendizagem. Todavia, a criança, sujeito que é incorporado, já aprendeu um conjunto de princípios, distinções e técnicas por meio dos quais a memória do grupo passa a ser parte do seu conhecimento e da sua própria lembrança" (ITURRA, 1990, p. 51). Ao chegar à escola, o entendimento de mundo que a criança traz consigo é desconsiderado, como também o processo pelo qual esse saber foi construído na relação de proximidade ou de distância aos adultos, a outras crianças, entre parentes e vizinhos, no lugar onde vive e em razão da experiência vivida que configura uma *memória cultural*.

Iturra (1990) entende por *memória cultural* uma memória não escrita, uma memória oral formada a partir das relações sociais praticadas por sujeitos diversos e que constitui um fato de ação. Nesse sentido, a memória cultural é fruto do memorizar, observar como parte envolvida concreta e emocionalmente com indivíduos e coisas que nos rodeiam, estabelecendo com eles um modo particular de aprendizagem, ou seja, uma experiência. A experiência assim construída, fruto do cotidiano social, comunga com o experimento, ou seja, com o saber, a teoria, a explicação que constitui o pensamento local, o pensamento daqueles que nos são próximos.

Por sua vez, o que a escola faz, ao ensinar, é lutar contra a técnica particularizante de aprendizagem – que toma a experiência e o senso comum por base – para impor uma massa de dados tidos como parte do real e sistematizados por uma lógica dedutiva, que desloca o local para o espaço abstrato da nação e para uma memória nacional (particularizada pelo universo da escrita) feita de heróis e feitos que a criança e sua mente não alcançam, a não ser pela memorização e repetição, nunca pela experiência constitutiva da aprendizagem.

Esse desencontro básico do processo educativo, diz Iturra (1990), sistematiza e distingue capacidades referidas à idade e não aos indivíduos, resultando na coexistência de formas de interpretação da vida que se anulam, posto que operam na mesma pessoa. A criança, em busca de sua aceitação social submete-se a um saber que não compreende e o professor age abstraindo aos educandos de seu contexto, obedecendo a um programa (político) que objetiva a igualdade de todas as mentes em estado de conhecerem o mesmo tipo de argumento para interpretarem os fatos, acreditando seja esse procedimento parte de uma educação democrática. No entanto, o que importa resgatar aqui é aquilo que levamos conosco, que herdamos ao nascer e que vamos criando enquanto vivemos, a partir do que o mundo nos diz e tal como se nos apresenta.

O que levamos conosco constitui a nossa cultura interiorizada, nossa "bagagem cultural", uma *mentalidade* própria, "construída por todas as experiências da vida social, pelos adultos com quem se interage desde criança, pelas opções que se tomaram ao longo do percurso biográfico, enfim, pela educação em geral e pela participação num coletivo que tem hábitos e juízos elaborados" (VIEIRA, 1995b, p. 127). A *mente cultural* é, assim, formada pela aprendizagem de modo pragmático no seio da família, da vizinhança e do grupo dentro do qual se nasce, e que "tem uma teoria do porquê de a vida ser como é e de qual o destino final dessa vida" (ITURRA, 1990, p. 123). Trata-se, portanto, como diz Iturra (*id., ibid.,* p. 120), de uma "aprendizagem do que é importante para a continuidade histórica do grupo" e que consiste numa explicação de mundo por categorias geradas na interação entre sujeitos diversos. Constitui um saber local e socialmente estabelecido.

Não reconhecer a *mentalidade* que nos forma como seres sociais e seus mecanismos instaura entre o saber do professor e o saber do aluno uma descontinuidade; e esta informa uma prática pedagógica que universaliza por sobre uma prática quotidiana que é negada em nome de um dever ser que a escola assume como modelo único e uniforme da realidade social. A escola implica, assim, uma vasta situação de ruptura que, segundo Benevente *et. al.* (1994, p. 11-12), "declarada ou silenciosa, [faz dela] uma escola obrigatória e obrigada que não é direito, mas tão-só dever". Segundo a autora, é preciso que se revelem e se compreendam as responsabilidades de todos os envolvidos: da escola ao aluno; do aluno ao professor; do professor à escola e dessa para com a comunidade em que se está. Descobrem-se, assim, a heterogeneidade do social e a realidade dos sujeitos em contextos históricos que exigem romper com a crença na igualdade de tratamento no âmbito escolar, colocando em jogo "os saberes do cidadão e no uso que deles fazem" (*ibid.*, p. 31). Entra em questão a aprendizagem real, que se opõe a um tempo de escolaridade mal vivido, que gera frustração, impotência e fuga.

Para Iturra (1990), o problema está em que a prática escolar não acaba com essa outra prática formada na história de vida de cada um, mas impõe-se a si mesma em razão da legitimidade de que é investida. Por esta razão, diz Iturra (p. 58), a passagem da oralidade à escrita "é a passagem da dialética à escolástica", resultado da forma liberal de reprodução que dá ao ensino a função de igualar o que é heterogêneo, o que culturalmente é dialético e contextualizado nos fatos. Trata-se da passagem do pensamento social ao pensamento acerca do social e que nos parece inteiramente "natural". Assim, o mundo moderno, por não reconhecer um saber que se faz fora da escola e da escrita, um saber que considera a experiência do indivíduo como tal e como sujeito coletivo que tem na oralidade sua maior expressão, não reconhece a diversidade de saberes socialmente produzidos e desconhece as lógicas através das quais o real é percebido, compreendido e representado. Rompe-se, assim, com as possibilidades de uma prática pedagógica centrada na aprendizagem e essa se faz somente como ensino, fato típico de uma herança ocidental que compromete o processo educativo institucional, que se realiza no interior das escolas.

O desafio por parte da educação e do educador será, então, o de ter que colocar o ensino e a aprendizagem a falarem juntos e a terem voz juntos, estabelecendo não apenas um diálogo mas um trânsito intenso e reflexivo da realidade social, de modo a não submeterem um saber a outro, de modo a não hierarquizá-los atribuindo a um a condição de produto cultural e negando ao outro essa mesma condição. Como, portanto, criar o diálogo e o trânsito entre saberes na prática quotidiana dentro da sociedade onde se está e na qual se vive? Como fazer o mesmo no interior da escola?

A especificidade da escola como instituição encontra-se em confronto com seu outro lado, o de ser também um espaço de vivências e experiências que tomam por base a sociabilidade humana e as possibilidades emergentes da condição histórica que são atributos dos mesmos sujeitos sociais, atendidos por ela, escola. Da mesma forma, não é diferente com outros espaços sociais, em que as relações entre sujeitos, ao configurarem diversas experiências, originam, também, outras formas de aprendizagem. É nessa perspectiva que pode a antropologia revelar à educação e ao campo educacional os processos de identidade e alteridade, não como coisas dadas e fixas, mas como elementos constitutivos da realidade em fluxo, "como memória social aberta, [o que] significa que sua construção é histórica e integra uma nova síntese que certamente agregará outros sectores da sociedade" (CARVALHO, 1986, p. 21), vale dizer, como aprendizagem. Por tudo isso, unir ensino e aprendizagem, contextualizando os diversos espaços em que a vida de crianças e jovens se desenvolve, pode revolucionar os processos educativos e transformar a escola e o ensino que lhe é próprio.

    Por todos esses aspectos é que o olhar aqui construído fala desse lugar próprio que é a antropologia no contexto das chamadas sociedades modernas, e dos desdobramentos que se impõem reflexivamente ao investigador em razão da natureza contraditória da expansão e da lógica capitalista que intenta homogeneizar os processos sociais e, ao mesmo tempo, possibilita a reposição contínua das diferenças culturais. A fragilidade da sociedade e também das relações sociais que a permeiam enquanto realidade estrutural e conjuntural da vida humana constitui, assim, uma problemática que, antes de qualquer coisa, coloca em debate a pertinência do que seja o passado e do que é o presente social de contato entre sociedades, povos e grupos reconhecidamente portadores de diferentes historicidades.

    No entanto, a escola ocidental, moderna, parece não ter recursos para considerar que o presente dos diferentes sujeitos sociais que objetiva educar não consiste em ruptura absoluta para com o passado deles próprios ou do seu grupo, no que concerne ao universo de povos que vivenciaram relações estreitas de colonização, como é o caso de Portugal e de suas colônias em África, os chamados PALOP – Países Africanos de Língua Oficial Portuguesa –, ou seja, Angola, Cabo Verde, Guiné Bissau, Moçambique, São Tomé e Príncipe. Por sua vez, parece desconsiderar, também, o passado e o presente desses grupos, como resultado das experiências vividas e formadoras de uma memória cultural e social de indivíduos que portam uma condição diferenciada e vivem sua vida em contexto de imigração. Esse, o desafio complexo das questões feitas e que, mesmo parcialmente, este trabalho busca responder no campo da Antropologia e da educação – um campo marcado por complementariedade e conflito.

Antropologia e educação: a conflitualidade em questão

As periferias das grandes cidades no mundo, em particular na Europa, enfrentam uma série de desafios em relação à violência, ao desemprego, ao racismo, à miséria e à ausência de serviços e bens públicos. Os bairros periféricos sofrem de um profundo descaso por parte do Estado e da sociedade em geral. São vistos como desnecessários ao mundo do capital e devem ser mantidos em seu lugar da maneira em que se encontram, nos espaços mais afastados, nas *margens* da cidade. Assim, os imigrantes que chegam a Lisboa seguem para "os meandros da *cidade esquecida* que exacerba em simultâneo a incomunicabilidade, a desqualificação, a exclusão", como diz Conde (*apud* ABRANTES, [s. d.], p. 7).

No entanto, a cidade moderniza-se, expande-se e o que era distante se torna próximo e a proximidade quebra a invisibilidade do "outro", instaurando a insegurança social e pressionando o setor público a dar respostas que possam conter e controlar a marginalidade e a violência.

Nesse contexto, a *educação* assume um papel de relevância: o de integrar no tecido da sociedade aqueles sujeitos vistos como "desenquadrados sociais", cujas vidas se encontram marcadas por "condutas e culturas 'rebeldes', lazeres marcados por 'excessos' e 'transgressões' etc." (PAIS, 1999a, p. 9). Desse ponto de vista, ocorre por parte da sociedade portuguesa a generalização da

> tendência para converter em problemas educativos todos os problemas sociais pendentes: da violência à droga, do racismo aos problemas de prevenção da SIDA, para tudo espera-se que a *escola* encontre soluções que coloquem as crianças e os jovens ao abrigo destes flagelos [...] Mas a *educação*

está longe de responder às legítimas expectativas que todos têm sobre ela" [*Jornal da FNE*, julho de 2001, p. 10-11, grifos meus].[4]

A primeira ilação a ser considerada diz respeito a uma postura etnocêntrica contida no contexto mais amplo e que, de acordo com Pais (1999a, p. 11), não reconhece aos jovens ditos "desenquadrados" que os mesmos "fabricam e reconhecem os seus particulares modos de vida, suas identidades e relações de pertença". A criança, por sua vez, é um sujeito sociocultural, sujeito de experiência e de cultura próprias, capaz de produzir o mundo em que está e no qual vive (ITURRA, 1992).

No entanto, o olhar de fora, vê, na criança e no jovem dos bairros degradados, a condição de sua vida como situação de risco e eles próprios como sujeitos *em risco* que devem ser colocados ao "abrigo desse flagelo". Com isso, toda "atenção [é] dirigida às situações e condutas de risco" e ocorre uma "desatenção relativa aos *traços de vida* desses jovens" (PAIS, 1999a, p. 9, grifo meu) e das crianças que encontram no modo de ser daqueles um modelo para si mesmas. Vale dizer com o autor, que "socializações inclusivas" que se associam ao fenômeno da exclusão[5] não são levadas em conta. Deixa-se de compreender que os traços de vida instauram

> um lugar de escrita – a vida que se escreve, inscreve e descreve – lugar de execução e gestão de desejos e vontades, ansiedades e frustrações, expectativas e desilusões. Gestão de gestos, gestos de vida, tocados e retocados, preenchendo modos ou quadros de vida. Traços de vida que a ajudam a moldar, combinando diferentes estilos e usos, acentuando

---

[4] FNE – Federação Nacional dos Sindicatos em Educação.

[5] Martins, ao discutir a problemática da exclusão, afirma existir uma "inclusão excludente", ou seja, na sociedade contemporânea, o que é buscado por todos é a inclusão, porém a forma como esta se dá, em condições precárias, instáveis e marginais, acaba por produzir lugares residuais e desigualdade. Porém, ainda assim, segundo o autor, são os lugares residuais fonte do que é fundamental e relevante na vida quotidiana fragmentária e aparentemente sem sentido (v. José de Souza Martins, *Exclusão Social e Nova Desigualdade*, São Paulo, Paulus, 1997; v. ainda José de Souza Martins, *A sociabilidade do Homem Simples: Cotidiano e História da Modernidade Anômala*, São Paulo, Hucitec, 2000).

singularidades, estabelecendo códigos. Traços de vida que, eventualmente, projetam riscos de vida (PAIS, 1999a, p. 11).

A pergunta que fica é de que modo os traços de vida cruzam (ou não) o espaço da escola e sua prática, seus agentes e responsáveis, a concepção de educação que os envolve e seus projetos educativos se a escola toma a vida do outro, crianças e jovens luso-africanos, a partir de uma noção de carência e de risco? Mais do que isso, quando considera que os bairros degradados, pobres e negros são *locus* de marginais e perigosos à ordem social?

A segunda ilação coloca em debate o papel da escola e a razão que move o processo educativo que, conforme aponta Abrantes (s. d., p. 1), tanto pode integrar e socializar sujeitos portadores de diferentes culturas, como pode constituir-se em uma arma poderosa de deslegitimação e marginalização dos saberes e viveres de grupos desfavorecidos. Com isso, entra em questão o fato lembrado no *Jornal da FNE* – a educação está longe de responder às expectativas que dela se tem. E por que é a pergunta, já que em Portugal crianças e jovens luso-africanos e novos luso-africanos são sujeitos-alvo das chamadas políticas de igualdade e inclusão, as políticas multiculturais. Qual a natureza dessas políticas? A que se propõem tais políticas?

Antes de mais nada, é preciso situar alguns aspectos do multiculturalismo para depois considerar as políticas que enseja. Assim, o termo "multiculturalismo" aparece na *Sociologia das migrações*, de Rocha-Trindade (1995), em pelo menos duas acepções: na primeira expressando "um fenômeno social observável na grande maioria das sociedades, a que corresponde um evidente pluralismo cultural resultante, sobretudo, da intensificação e posterior radicação de correntes migratórias provenientes das mais diversas origens geográficas, que incluem não só imigrantes econômicos mas também outras categorias de migrantes, como sejam os asilados e os refugiados"; na segunda acepção, o termo "multiculturalismo" "pode designar um conjunto de políticas aplicadas em vários setores da administração pública, nomeadamente no da educação, formação profissional, emprego e ação social, com o propósito de responder aos requisitos específicos das sociedades plurais" (p. 249).

O termo "multiculturalismo" ganhou, no entanto, muitos críticos, entre outras razões, porque se limitaria "a constatar o estado das entidades sociais onde coabitam os grupos ou os indivíduos de culturas diferentes" (VALENTE, [s.d.], p.1). Na mesma direção, Cortesão e Pacheco (1993) afirmam que "multicultural [é] entendido como uma constatação da presença de diferentes culturas num determinado meio e da procura de compreensão das suas especificidades" (p. 54).

O multiculturalismo coloca, sem sombra de dúvida, a heterogeneidade de formação de diferentes sociedades e torna evidente a questão das diferenças. As críticas ao conceito decorrem do fato de que, na prática, todas as sociedades são multiculturais. Com isso, Provensal (*apud* SANTAMARIA, 1998) afirma que não se pode dizer que o multiculturalismo surgiu nos anos 80 (do século XX) na sociedade européia por conta da imigração. O problema, segundo a autora, está em compreender que é da natureza das sociedades serem multiculturais e tentar compreender, porque só agora, em toda a realidade do mundo moderno, o multiculturalismo se torna uma forma de invenção social.

Em sentido diverso da afirmação de Provensal, Rocha-Trindade (1995) afirma que a imigração coloca-se no centro dos desafios da multiculturalidade como fenômeno observável na Europa hoje, o que vincula a imigração à multiculturalidade de modo a fortalecer a segunda acepção que defende, a do multiculturalismo como política aplicada. Nesse impasse, a concepção de Rocha-Trindade parece estar vinculada ao que Balandier (*cit.* por SANTAMARIA, 1998, p. 53) chama "ciência de serviço", ou seja, uma perspectiva que visa "melhorar a situação dos imigrantes", denunciando as condições em que vivem e, assim, fornecer às administrações públicas elementos para medidas de intervenção – vale dizer, dar elementos para políticas sociais multiculturais.

Por outro lado, Valente [s. d.], Cortesão e Pacheco (1993) não confirmam a segunda vertente e não remetem a existência da diversidade social unicamente à presença imigrante. As autoras comungam com a afirmação de Provensal com respeito à natureza multicultural das sociedades humanas e apontam para limites na noção de multiculturalismo. Nesse sentido, Cortesão e Pacheco, em seus estudos sobre educação, colocam a necessidade de se pensar uma dinâmica interativa entre o conceito multicultural e um segundo conceito, mais abrangente, o intercultural, visto como: "percurso agido em que a criação da igualdade de oportunidades supõe o conhecimento-reconhecimento de cada cultura, garantindo, através de uma interação crescente, o seu enriquecimento mútuo" (p. 54). No entanto, colocam que no interior da realidade educativa portuguesa dificilmente o interculturalismo acontece. Do mesmo modo, Valente [s. d.], ao estudar a realidade educacional belga, em que se postula uma educação intercultural, denuncia a mesma dificuldade em termos de proposições práticas.

Há, portanto, nesse debate, uma questão de fundo já colocada por Provensal: por que no mundo moderno, de capitalismo globalizado, o multicultural é admitido como realidade constatável, porém se torna uma forma de invenção e intervenção social? Como isto ocorre e quais as suas conseqüências?

Cada vez mais, os processos de globalização das chamadas sociedades modernas não permitem que se possa sustentar a idéia de sociedades monoculturais, marcadas pela homogeneidade da língua, dos costumes, de comportamentos e atitudes e o mais que isso possa significar. Assim, diversidade e pluralidade cultural tornam-se questões do tempo de agora, tempo moderno, em que povos e culturas se confrontam em espaços nacionais e translocalizados.

Por essa razão, a União Européia e também Portugal, preocupados com as possibilidades de políticas de igualdade a serem construídas a partir do sistema educativo, tomam a escola como *locus* que acolhe a multiplicidade de sujeitos e suas culturas e espaço próprio de intervenção dessa natureza. A escola marcada pela multiplicidade étnico-cultural faz da educação um desafio como prática e como teoria, posto que envolve diferentes sujeitos, agentes, agências e instituições. Assim, a União Européia e os países membros esperam que a escola possa exercer o controle político e social dos grupos sociais formados por imigrantes e seus descendentes – os luso-africanos e os novos luso-africanos, entre outros –, os considerados "diferentes", em nome de sua integração nas sociedades receptoras e em defesa dos direitos gerais de cidadania.

A chamada educação multicultural passa, então, a ser concebida na Europa e também em Portugal, como condição de dar conta de uma realidade social formada por imigrantes e seus descendentes e, junto dela e em seu nome, reorientar as reivindicações que tais grupos elaboram, perante os desmandos de uma ordem social injusta e excludente, perante os processos xenofóbicos e racistas do mundo europeu. O objetivo central é o de buscar uma sociedade mais equilibrada e, teoricamente, possibilitar uma ordem social baseada na igualdade e na tolerância. Nesse contexto, o lugar comum no discurso político, além da questão demográfica, social e jurídica dos migrantes, sempre vistos como excessivos e de risco, passa a ser o problema que provoca a falta de integração, as opressões racistas e a emergência de uma "sociedade multicultural".

Multiculturalismo e interculturalismo tornam-se referências comuns, cada vez mais presentes nos discursos oficiais e acadêmicos que orientam as possibilidades de intervenção social. No entanto, as perguntas que se impõem são: qual a natureza dos discursos e da produção acadêmica? Quais os caminhos de análise? Qual o saber que se constrói, para quê ou quem?

Diante desse contingente de africanos que agora fazem de Portugal um novo lugar de se estar e viver, urge como necessidade buscar o passado para poder encontrar subsídios capazes de, confrontados com o presente, garantirem o teor interpretativo de certos aspectos históricos, resultando, assim, em mecanismo capaz de desocultar, entre outras, a questão racial e o racismo da sociedade portuguesa e de seus discursos marcados por relativa defesa da homogeneidade interna e capacidade plástica de aceitação das diferenças.

A escolha de um recorte que privilegie o sistema ideológico conformador das percepções e interpretações ainda vigentes na estrutura da sociedade visa a dar visibilidade ao lugar do negro na sociedade portuguesa como parte do discurso da unicidade e que ao evocar a união África/Portugal e muitas vezes uma comunidade lusófona o faz, desde que, ao que parece, permaneça cada um no seu lugar.

> No entanto, da aliedade[6] do passado que, pela distância, permitia e admitia um "igual" e um "mesmo", o presente da globalização e da mobilidade espacial de diferentes povos os aproxima, fazendo dos parceiros dessa epopéia de nação, um

---

[6] A *aliedade* é explicada por Santamaria (1998, p. 55) como sendo a alteridade distante em que "os viajantes, comerciantes, conquistadores, missionários, fugitivos, etc." relatam a existência do "outro" no mundo europeu, revelando estranhamento quanto a sua existência social (v. Enrique Santamaria, "Do conhecimento de próprios e estranhos (disquisições sociológicas)", *in* Jorge Larrosa e Nuria Pérez de Lara (Orgs.). *Imagens do Outro*, Petrópolis, Rio de Janeiro, Editora Vozes, 1998).

outro e diferente, uma alteridade que incomoda e desestabiliza a própria identidade histórica de ambos os sujeitos em relação.

Pode-se dizer que está em jogo o fato de que, antes de qualquer coisa, as sociedades modernas são sociedades que se pensam como democráticas, construindo para si um discurso em defesa da pluralidade e dos direitos, mas que, mediante mecanismos diversos, pretendem que a realidade social seja ainda a mesma do passado, estabelecendo a cada um, portanto, o seu lugar. Nesse sentido, B. Santos (1999, p. 46) afirma ser o milênio passado, antes de tudo, de descobertas de lugares, mas não há descobertas sem descobridores e descobertos. Nessa medida, a descoberta é uma relação de poder e de saber, que constitui uma relação imperial, posto que se apropria do que é descoberto, sendo, portanto, uma relação de controle e de submissão. Assim, diz o autor, pensar o milênio que se inicia é pensar outras possíveis descobertas, as que queremos ou tememos fazer e, embora não o diga, certamente em razão das experiências historicamente vividas.

Com isso, no tempo presente, as descobertas do passado têm gerado questões de não pouca importância e que se apresentam como fruto do contato e do domínio ocidental sobre povos e nações até recentemente dominados. Essa realidade coloca-se como um desafio diante de um futuro a ser construído, e que não é indiferente ao passado e ao presente do mundo moderno, mas que certamente o preocupa, por suas marcas e conseqüências.

Segundo Mário Soares (1999, p. 21),

> depois de terem experimentado os efeitos da globalização dos mercados, da mundialização do comércio, das empresas e da informação, os Estados mais desenvolvidos e poderosos do planeta e, sobretudo, os seus povos e as suas elites [acredito que] tomem consciência dos gravíssimos riscos que correrão, se o mundo se transformar num gigantesco *Titanic* prestes a colidir com os icebergs do subdesenvolvimento, da injustiça social, da miséria e da fome generalizados à escala do planeta. Um mundo preste a explodir em múltiplas revoltas sociais e políticas, guerras e conflitos de toda a natureza, não aproveita a ninguém. Nem aos ricos e poderosos deste mundo nem àqueles a quem Franz Fanon chamou os 'condenados da terra'. Não aproveita, em última análise, à humanidade.

E é assim, lembra B. Santos (1999, p. 51), porque, no final do milênio, os lugares descobertos pelo mundo ocidental dão sinais de inconformismo e exigem o autoquestionamento e a auto-reflexividade do Ocidente, no tocante às possibilidades, entre outras coisas, de convivência multicultural, de igualdade na diferença e autodeterminação. Mas seria isso tudo possível?

Não se pode, diz Nunes (1999), esquecer que "às imagens virtuosas e positivas do 'encontro de culturas' contrapõem-se imagens de opressão e resistência à opressão", mostrando que "a diversidade, a heterogeneidade e a contraditoriedade estão na origem das imagens dos 'descobridores' e dos 'descobertos'". E, ainda mais, devemos compreender que "termos e referências culturais que no passado escravizavam, submetiam ou matavam o outro não desapareceram" e que "os fundamentalismos, racismos, xenofobias e absolutismos ideológicos ou epistemológicos continuam hoje a ser mobilizados para a denúncia, a segregação e a perseguição do outro e do diferente" (p. 71-72).

Entra em questão a produção de diferentes referenciais que nos envolvem a todos, do senso comum à ciência; da ação dos sujeitos sociais aos grupos institucionais, entre os quais pode-se identificar diversos espaços de intervenção, como o Estado, a escola, as associações civis, ONGs, entre muitos outros. De modo visível, nas últimas duas décadas (anos de 1980 e 1990), em Portugal, multiplicaram-se os esforços associativos nos vários campos do social; são relevantes os contributos para o desenvolvimento cultural, social e cívico do país, mas dificuldades e limites historicamente dados mostram que "há um longo caminho a percorrer para uma sociedade mais eqüitativa, justa e solidária" (Silva, l998b, p. 285).

Em termos de ação e intervenção, pode-se pensar que todas essas instâncias fazem parte de políticas sociais, compreendendo-se essas como "uma razoável capacidade de organização social, econômica, viável onde o desenvolvimento tenha ultrapassado certos limites mínimos. E a sua necessidade, em geral, só se faz sentir com premência quando alguns problemas sociais atingem uma fase de aguda deterioração decorrente do próprio desenvolvimento" (Carreira, 1996, p. 367). Compreendem-se aqui as ações e reações dos sujeitos sociais que não alcançam condições efetivas de participação social, ficando fora dos benefícios do próprio desenvolvimento, constituindo-se como excluídos sociais, cujas realidades encontram-se matizadas por diferentes variáveis, entre elas a classe social, a raça, a religião, o gênero, a mobilidade espacial e geográfica etc. Esse parece ser o caso de Portugal, dada a quase inexistência de tais políticas nos anos de 1960 e seu crescimento significativo após o 25 de Abril de 1974 (cf. CARREIRA), podendo, nos anos seguintes, cruzar tal fato com o crescente fluxo de africanos em solo português e, sobretudo, de modo intenso nos anos de 1970 do século XX.

Outros movimentos de mudança da própria sociedade portuguesa, tal como a sua modernização e decorrentes processos de migração interna, acrescentam-se a esse movimento, fazendo crescer os centros urbanos e suas periferias, particularmente Lisboa e seu entorno. Inspirada pelo trabalho de Carreira (1996), compreendo como políticas sociais as que o Estado desenvolve em "vista da realização das prestações materiais e individuais a que os cidadãos tenham direito", compreendendo que "os direitos sociais traduzem a concretização das políticas sociais" (p. 376). Assim, na realização desses direitos operam diferentes agências e agentes, direta ou indiretamente vinculados ao Estado. Entre esses, as associações civis, ONGs, instituições de diferentes naturezas, cabendo perguntar o quanto realizam de seus intentos e em que medida seus programas de ação implicam transformações substantivas?

Ainda inspirada em Carreira, entendo que os problemas da educação envolvem especificidades, nem sempre muito visíveis, mas que "as políticas da educação", perpetradas de diferentes modos e por meio de diferentes agentes, no caso de Portugal, constituem também "políticas sociais" e como tal aqui serão tratadas a partir de uma situação que envolve uma escola primária de Lisboa – a EB1 n.º 66 – , uma ONG – o ISU –, ambas no interior de um bairro precário, um bairro de lata, a Quinta Grande, cuja maioria de moradores é imigrante originária dos PALOP, nomeadamente cabo-verdianos, angolanos e guineenses. Um bairro que enfrentou os processos de sua dissolução por ação pública a partir da política local de realojamento – o PER, Plano Especial de Realojamento[7] – de Lisboa (maio de 2001) e que, em

---

[7] Trata-se de política urbana de construção de milhares de apartamentos no setor social – Habitação Social – de modo a acabar com os bairros de barracas (bairros de lata) até 2010, com apoio da UE.

seu presente, coloca em jogo o significado do bairro e da escola, entendendo ambos como espaços educativos e buscando entender aquilo que foram e ainda são diante do que deverá ser a relação com o país de acolhimento, vale dizer, com Portugal.

No caso da ciência e sua produção e também dos meios de comunicação, percebem-se vertentes diversas, porém igualmente devedoras ou credenciadas pelas chamadas "políticas sociais", por vezes de modo direto e visível, outras vezes de modo discreto e mediado, não imediatamente visível. Delas resultam as formas de verem e serem vistos, tanto de portugueses brancos quanto de africanos, sejam eles luso-africanos ou novos luso-africanos ou ainda, como a eles se refere Contador (2001), jovens negros portugueses,[8] todos sujeitos de olhares controversos da academia e, também, do senso comum, enquanto categorias construídas pela ciência, pelas relações do quotidiano e pela influência dos *mass media*. Pode-se dizer, assim, que os problemas postos pela realidade contemporânea de contato entre povos portadores de diferenças sociais, raciais e culturais, em contexto português, mobilizam e propiciam a multiplicação das formas de intervenção social e, com elas, parece emergir uma ciência aplicada de muitos tons. Pergunta-se então: qual o significado de uma ciência aplicada num contexto político e social ordenado pela globalização e pela União Européia? Em que medida pode-se pensar o papel da antropologia e da sociologia no campo educativo, tido por multicultural?

O caso de Portugal e dos imigrantes dos PALOP parece colocar em questão uma realidade marcada discursivamente como de busca e efetivação dos direitos sociais dos segmentos excluídos, mas, no entanto, deixa entrever uma prática, no mínimo, ainda frágil diante dos desafios que se propõe a responder. Pergunta-se: do cruzamento dos fatos, dos interesses em jogo, quais as possibilidades efetivas de uma educação transformadora diante da diversidade do social?[9]

---

[8] Tais categorias inserem-se nas discussões do presente trabalho.

[9] De resto, cabe lembrar que tais fatos não se prendem apenas a Portugal e a UE, já que a diversidade social e humana é hoje centro de imensos debates também fora desse eixo. O caso do Brasil, um país plural, de acentuada diversidade social e cultural, é um dos exemplos a serem vistos na contraface da realidade portuguesa e em termos de suas especificidades, por meio daquilo que se tornou moda na academia e também nas políticas sociais a partir dos anos 1990, isto é, o

A imigração africana para Portugal: a diferença em questão

A imigração portuguesa é portadora de muitas faces e, se a face de Portugal como país de emigração é bastante conhecida e estudada, o mesmo não se pode dizer com respeito à condição de Portugal como país de acolhimento ou país receptor de grupos imigrantes, em particular de negros africanos que para aí migram, já nos anos de 1960 do século XX.

A condição de Portugal como país de imigração ocorre não só por fatores macro-estruturais próprios de um contexto de globalização e de transformação social da ordem mundial mas também de caráter local e regional. As terras lusitanas tornam-se, assim, entre outras coisas, porta de entrada ao mundo europeu. O regresso de portugueses que viviam no exterior – os retornados – coloca problemas relativos à reintegração no contexto de origem e seu número tem aumentado muito desde os anos de 1980. Para Tinhorão (1988, p. 226), "cerca de meio milhão de emigrantes, e o total acumulado de regressos dos emigrantes portugueses, dos países da CEE [Comunidade Econômica Européia – hoje UE – União Européia] no período de 1955-1990, seria em 1990 da ordem de 900 mil".

Dos números conhecidos e das expectativas projetadas, resulta em Portugal a emergência de políticas de apoio à reintegração dos imigrantes, entre as quais daqueles que, tendo nacionalidade portuguesa, são nascidos em solo africano e/ou filhos de funcionários coloniais portugueses nas antigas colônias. Se as estatísticas de portugueses emigrados são inexatas, pode-se dizer que para o caso de africanos-portugueses que emigram para Portugal mais difícil se torna a informação. A condição de clandestinos, principalmente entre os imigrantes mais recentes, do período de 1980/1990, torna-os parte do contingente de "regressados invisíveis", que, junto aos imigrantes regulares, constituem uma realidade não inteiramente dimensionada, seja em razão de seus problemas, seja naquilo que representam no tempo presente do mundo português.

---

multiculturalismo, seu discurso e sua prática. De modo particular, na educação, colocando em questão de igual modo o teor de uma produção teórica que visa lhe dar sustentação. No entanto, aqui apenas se tangencia tal debate, cujo esforço permanece como proposta para um outro momento.

Em face de uma realidade como esta e, principalmente, em razão da intensificação do fluxo migratório de motivação econômica dos anos de 1980, dirigido a Portugal, é que Machado (1994) afirma que Portugal, sem ter deixado de ser um país de emigração, tornou-se também um país de imigração. Cabe ainda dizer, com base nesse mesmo autor, que a designação de "imigrantes" não cobre a diversidade de formas dessas muitas presenças em solo português, além de outras razões, porque parte significativa desse contingente "tem nacionalidade portuguesa". É neste espaço que se insere a questão do africano-português ou dos luso-africanos. No entanto, se esse movimento é recente em sua forma, mas não o é enquanto processo.

Desde os movimentos iniciais da colonização, no início do século XV, africanos se faziam presentes em Portugal, ainda que na condição de escravos. Um resumo sucinto da obra de Tinhorão (1988) revela que a presença de negros africanos em Portugal foi conseqüência social da política expansionista e fruto dos processos de crescimento econômico, o que resultou no crescimento da área urbana da cidade-porto de Lisboa; resultou também do fortalecimento de um poder central e da formação de uma crescente burguesia.

No entanto, diz Tinhorão (1988, p. 17), é difícil determinar o "número de escravos entrados em Portugal desde o início do século XV", dado que os portugueses empregavam o termo "negro" para "todos os tipos raciais de pele morena" com quem se relacionavam, incluindo aí os mouros e todos os não cristãos. Há registros de alforrias no início de 1500 apontando para a identidade do escravo – "não apenas como preto, mas como escravo preto nascido em Portugal" (*id., ibid.,* p. 77). Pode-se dizer, portanto, que já em 1500, Portugal não só contava com a presença de africanos mas também de portugueses-africanos, tal como agora acontece com os chamados luso-africanos e seus filhos.

Segundo Tinhorão, já no advento do século XX, havia "indícios da presença de negros na sociedade portuguesa, principalmente em Lisboa" (p. 315). Na segunda década de 1900, os redutos de população negra em Lisboa apresentavam características culturais herdadas do século XIX, e significativo, diz Tinhorão, é o fato de que o serviço de estatística populacional de Lisboa, no recenseamento de 1921, incluía perguntas sobre composição étnica, "o que demonstrava claramente o peso da participação da gente de cor preta na cidade" (p. 322).

Após a descolonização, nos anos 50-60, aumentam os fluxos de africanos para Portugal já como parte dos processos migratórios e com isso, ganha maior visibilidade a figura do imigrante africano. Machado (1994) afirma que um fluxo se dá nos anos de 1960, quando cabo-verdianos e outras minorias africanas chegam, e também entre os anos de 1974 e 1975. Na sua maioria originam-se dos PALOP (Países Africanos de Língua Oficial Portuguesa) – ex-colônias. Somente após os anos de 1980, africanos de origem não portuguesa chegam ao país. Ainda assim, pode-se afirmar que, em Lisboa, a comunidade africana é numerosa desde o século XVI, embora o fato nem sempre seja lembrado. Segundo Tinhorão, trata-se de uma "presença silenciosa".

Machado (1994) afirma que num período considerado de dez anos – 1986/1996 – observou-se que 70% dos imigrantes africanos eram dos PALOP, o que fazia com que os africanos legais fossem, só eles, mais da metade do total da população estrangeira. Ainda assim, não era possível se saber o montante de imigrantes ilegais. Estes dados, no final dos anos de 1990 do século XX, marcam a posição singular de Portugal no contexto da União Européia, como país cujo peso relativo da imigração africana é maior do que outros países membros da UE.

O problema maior, no entanto, é que "muitos desses africanos não se podem considerar a si próprios imigrantes" e o que os distingue dos imigrantes propriamente ditos, diz Machado (1994, p. 2), é a expressão "luso-africanos", que faz deles sujeitos de identidade híbrida, de dupla referência cultural – africanos e portugueses a um só tempo. Ainda assim, no discurso público e na agenda política de Portugal, segundo o autor, é a categoria "imigrantes" de uso corrente para designar a presença africana em solo português.

Imigrante e estrangeiro: identidade e racismo

Como se sabe, as migrações promovem intensificação de encontros e contatos entre indivíduos de culturas diferentes, fenômeno do qual advém diferentes situações, nem sempre positivas. Rocha-Trindade (1997) expressa dessa forma as possíveis conseqüências do encontro entre imigrantes e sociedade receptora:

> Atendendo a que os grupos de cidadãos estrangeiros apresentam uma diferenciação cultural de natureza étnica, lingüística

e, em alguns casos, religiosa que os distingue da população maioritária, a convivência entre os vários grupos complexifica-se e podem mesmo ocorrer situações de intolerância intergrupal e cultural" (p. 65).

Se as migrações são responsáveis pela promoção de contato entre indivíduos de culturas diferentes, o que nem sempre se dá de forma harmoniosa, a situação de indivíduos europeus que migram dentro da própria Europa e de não europeus que para lá migram, por exemplo, os africanos, é vivida de forma diferente. Indivíduos de países europeus que migram de um país para outro neste continente não têm enfatizada a sua condição de migrantes, seja porque o tratado de livre circulação no bloco europeu os fez "cidadãos da Europa", seja porque "a similitude aproximada do fenótipo, tanto como da religião e da cultura", bem como outros fatores decorrentes da longa estada nestes países "tornam praticamente invisíveis as diferenças que certos grupos ou comunidades de origem imigrante possam aparentar à sociedade receptora" (ROCHA-TRINDADE, 1993, p. 423). Para a autora, o caso dos imigrantes que entram em solo português provenientes dos países africanos é mais vulnerável a problemas de conflito, já que estes se diferenciam da sociedade receptora pelo tipo físico, língua, religião, normas e práticas sociais, tornam-se imediatamente reconhecíveis como diferentes, podendo ser mais facilmente vítimas de rejeição e preconceito (*id., ibid.,* p. 424).

Por outro lado, há em Portugal hoje como que uma euforia contida pela presença dos novos imigrantes – os do Leste, afinal, são eles europeus, brancos, com hábitos e costumes muito mais próximos aos dos portugueses e, com eles, o entendimento parece ser mais auspicioso, ainda que aqui a língua seja uma barreira ainda maior do que com os luso-africanos. No entanto, a comparação com os africanos se torna obrigatória. Diz uma informante:

> [...] *há neste momento entre um negro africano que chega e um imigrante do Leste a preferência por este* [...] *a mão-de-obra que vem do Leste é uma mão-de-obra especializada. Nós temos doutores, temos médicos, temos arquitetos a trabalhar nas obras, temos professores, bailarinas!* [...] *nossa população de cor não tem tanta instrução. Além disso, eles estão espalhados de norte a sul. Não se concentram tanto.*

Os africanos se concentram, se tornam uma ameaça, os outros não....[10]

Como diz Marc Augé (1994), na Europa hoje há uma imensa dificuldade de conceber a relação com o "outro", ou mesmo a existência do "outro", cresce a violência interna nos países onde o "outro" é considerado estrangeiro. Neste sentido, africanos em geral e imigrantes do Leste se igualam, são todos *estrangeiros*.[11]

Xenofobia e racismo, uma realidade concreta e visível, em particular nos grandes centros urbanos, como Porto e Lisboa, são fatos permanentemente noticiados na imprensa e também são objeto de políticas públicas e de investigação acadêmica. Um relatório sobre racismo em Portugal do SOS - Racismo [s. d.][12] afirma o agravamento desse processo por diferentes fatores, mas, em especial, "a inexistência de uma política de integração social dos imigrantes e minorias étnicas a residirem no país" (p. 1). Além de muitas queixas-crimes por discriminação racial, em 1997, o assassinato de um jovem negro por *skin-heads* e ofensas corporais a dez outros negros no Bairro Alto, em Lisboa (*id., ibid.,* p. 2), foram amplamente divulgados pela imprensa escrita e falada, suscitando muitos debates entre portugueses e também entre os africanos imigrantes. Foi a primeira vez que um crime dessa natureza não ficou impune ou teve penalidade irrelevante. É

---

[10] Os africanos e luso-africanos começam a sofrer um novo ciclo de desemprego e percebem que são os de Leste que estão a ocupar seus lugares. Um problema a mais em suas vidas. Porém, cabe alertar que também entre os africanos há pessoas de nível superior e mesmo com pós-graduação trabalhando nas obras, mas isto passa longe do conhecimento do português comum. Cabe também alertar, que mesmo os do Leste sofrem discriminação e racismo, embora em menor escala. Exemplar é o termo "os ucras" empregado de modo genérico a esses imigrantes e a crença de que "os ucras são todos que andam por aqui, a invadir nosso país e que cheiram mal. Que a gente identifica perfeitamente na rua e que andam em tascas e tabernas...", ainda que não tenham dinheiro para ir a um café. O que mostra a natureza estrutural do racismo na sociedade portuguesa.

[11] É preciso esclarecer que a categoria de imigrante distingue-se da de estrangeiro, não sendo uma sinônimo da outra, mas que no uso geral e no senso comum andam juntas e são quase inseparáveis; aqui a dificuldade dos africanos nascidos em Portugal em aceitarem essa condição que lhes é atribuída.

[12] A Associação SOS - Racismo foi criada em 10-12-1990, Dia Internacional dos Direitos Humanos, e tem por finalidade combater a xenofobia e o racismo em Portugal.

assim, posto que a legislação existente não coíbe os abusos e é de difícil aplicação, o que acaba por minimizar/relativizar a existência do racismo e da violência contra negros e africanos em Portugal.[13] Uma violência que pode envolver até mesmo os poderes constituídos, como é o caso recente da morte de um jovem negro pela polícia de Lisboa. Em relato recebido por e-mail, um pesquisador brasileiro em Portugal, Herbert Rodrigues, conta:

> *O jornal desta sexta-feira (14 de Dezembro de 2001), no limiar do Inverno europeu, traz repercussões acerca da morte do jovem Ângelo, de 17 anos, filho de imigrante africano, assassinado por um policial português durante a suspeita de furto de um automóvel. O jovem Ângelo foi atingido pelas costas ao tentar fugir no momento da abordagem policial. Este fato ocorreu no dia 5 de Dezembro e dividiu as atenções dos media portugueses com a morte do ex-Beatle George Harrison. Dois dos principais canais portugueses de televisão (TVI e SIC) transmitiram ao vivo (direto) as noites de violência no Bairro Cova da Moura, no concelho da Amadora. O conflito entre policiais e moradores do bairro se deu por causa de uma revolta causada, para além da morte do jovem, pela tentativa de se fazer um abaixo-assinado em defesa do policial que matou o jovem. Destaque que também tomou espaço nas páginas dos jornais ao longo da semana seguinte, cuja repercussão, segundo o diário Público, "apresentou Cova da Moura ao país" (14 de Dezembro, p. 36). Esse apresentar Cova da Moura ao país descobre o véu que encobre um problema que é visível, mas ainda negado na sociedade portuguesa: a precariedade e a tensão sobre a qual as pessoas, nomeadamente pobres e imigrantes, vivem na periferia da capital portuguesa.*

O retrato atual da sociedade portuguesa expõe imagens e clivagens em termos de práticas sociais e representações por parte dos "naturais", isto é, de portugueses sobre os imigrantes na sociedade portuguesa (GONÇALVES, 1996, p. 15). Tais imagens e clivagens revelam a mentalidade de colonizador que persiste no jogo das relações sociais e, é nela, que se devem buscar os ecos do passado para

---

[13] A situação é em tudo muito semelhante ao caso brasileiro e suas leis no que tange a punir discriminação e racismo.

compreender o presente de negação e exclusão vivido por negros africanos e portugueses em Portugal. Por sua vez, será pela mentalidade construída por tudo aquilo que foi e é vivido pelos negros como colonizados e agora, como imigrantes, que se pode compreender suas relações com a sociedade de acolhimento. Na mentalidade construída por meio da história comum, no passado e no presente, pode-se compreender os nexos da violência racial de que os negros são constantemente protagonistas, podem compreender-se as reações dos imigrantes aos fatos quotidianos, tal como o relatado no caso da Cova da Moura.

Em tudo isso, cumprem os *mass media* um papel fundamental, já que

> em quase todas as imagens esboçadas – seja nas peças jornalísticas, seja nos artigos de opinião – o africano, enquanto cidadão ou imigrante, é sempre um complemento do Euportuguês, reforçando o estereótipo da marginalidade, da carência e do exótico, ou ainda, quase compulsivamente, dando origem a uma autocontemplação narcisista e histórica da identidade mítica. (QUEIROZ *et al.*, 1996, p. 10)

Neste sentido, ainda que a sociedade civil hoje, se mobilize mais com relação aos problemas de racismo e xenofobia, os *incidentes* (grifo do autor) crescem e a violência policial também (p. 18). Da mesma forma,

> os meios de comunicação reforçam os poderes políticos e econômicos e são formadores subtis das opiniões e consciências sociais (p. 34). Assim, os meios de comunicação, parte visível da sociedade portuguesa, fazem seus os hábitos e os preconceitos sociais "da comunidade e da cultura a que pertencem". (p. 37)

O "outro" (africano) é para Portugal um elemento operacional de sua identidade política e por extensão, como portugueses (p. 103), como, de resto, resguardadas as diferenças entre o passado e o presente, sempre foi.

Por outro lado, também entre os imigrantes, desenvolvem-se representações sobre o português com quem agora convivem em relações quotidianas marcadas por proximidades e distâncias. Trata-se, como diz A. Gonçalves (1996, p. 16), da luta quotidiana e simbólica de classificação social que atravessa e caracteriza a sociedade portuguesa. Referindo-se a Bourdieu e outros, A.Gonçalves afirma quem classifica, classifica-se. (p. 19)

e, nesse sentido, pergunta-se quando e por quê, em Portugal, diante da massa de imigrantes não comunitários, os africanos de língua portuguesa e seus filhos se transformam em um "outro" e, como tal, estrangeiros? O que é um estrangeiro?

A categoria "estrangeiro" remete à condição dos sujeitos que, vindos do exterior, adentram as fronteiras de um espaço físico e social que não é "seu espaço", fazendo "nascer" o imigrante, categoria que só tem existência a partir da sociedade que recebe o "estrangeiro". No entanto, o imigrante estrangeiro não é um sujeito qualquer que cruzou as fronteiras da sociedade em questão.

A presença do imigrante como presença estrangeira decorre do fato de que "um imigrante é essencialmente força de trabalho, uma força de trabalho provisória, temporária e em trânsito" (SAYAD, 1998, p. 54). Neste sentido, é uma presença estrangeira revogável a qualquer momento. Não, porém, um momento qualquer.

O momento de constituição do imigrante estrangeiro condiz com a expansão econômica, com a ampliação do mercado de trabalho que dele necessita e que atua no âmbito de uma ilusão coletiva, como diz Sayad, que é a provisoriedade, a presença justificada pelo trabalho e neutralidade política. Afinal, ele não é dali, onde está. O imigrante é um homem de outro lugar, de um lugar para o qual deve voltar mais cedo ou mais tarde. Como "imigrante, deve continuar sendo sempre um imigrante [...] e cuja estada, totalmente subordinada ao trabalho, permanece provisória de direito..." (SAYAD, 1998, p. 63).

No entanto, a condição daquele que chega hoje e parte amanhã se torna, de acordo com Sayad, um estado provisório que se prolonga indefinidamente e o estrangeiro se transforma em um sujeito que permanece, mesmo que em condições provisórias ou de provisoriedade. A provisoriedade ou a idéia dela em conjunto com a crença ou o mito de uma identidade portuguesa de conciliação conforma, discursivamente, uma atitude facilitadora de uma certa tolerância. Diz uma portuguesa:

> Eu penso que realmente nós nunca tivemos esse problema de estar fechados às outras culturas, aos outros povos, não [...] Para mim não tem muita consistência [o racismo]... quer dizer... há talvez nalguns casos um racismo latente, que nós não gostamos de dizer "eu sou racista"...

No entanto, diz ela:

> [...] é o sistema, como nós somos também. Porque nós somos abertos, eles fecham-se. Somos abertos... esse aberto é assim um bocado... relativo... mas eles são um povo ãh... muito fechados... A disparidade de culturas cria um confronto para nós vermos um núcleo de negros fechar-se sobre si, que só deixa entrar o branco se esse branco lhe incutir confiança. Há uma reação... Aqueles são negros: eu não me dou com eles. E no fundo não há abertamente esta separação, é uma questão cultural. Nós, portugueses, não entendemos muito bem. Não aceitamos.

Por ser suposto que estejam na sociedade portuguesa por pouco tempo, minimiza-se nas falas sua presença e, de igual modo, os sentimentos adversos a esse outro e diferente: *"Ah! Os africanos?... são só trabalhadores, vêm e logo vão embora..."* No entanto, como bem mostra Sayad, os emigrantes vêm e ficam. O provisório se eterniza e os problemas se agravam. Ao permanecerem na sociedade de acolhimento, os imigrantes estabelecem relações sociais de proximidade e distância, de indiferença e envolvimento com aqueles que são do lugar, da sociedade. Nesse sentido, Simmel (1983) afirma que "o estrangeiro está próximo na medida em que sentimos traços comuns de natureza social, nacional, ocupacional, ou genericamente humana, entre ele e nós. Está distante na medida em que estes traços comuns se estendem para além dele ou para além de nós, e nos ligam apenas porque ligam muitíssimas pessoas" (p. 186).

A idéia de que o estrangeiro está distante é falsa. Na verdade, o estrangeiro está próximo, pois, segundo Simmel, "assim como o indigente e as variadas espécies de 'inimigos internos', o estrangeiro é um *elemento do próprio grupo* [grifo nosso]. São elementos que se, de um lado, são imanentes e têm uma posição de membros, por outro lado, estão fora dele e o confrontam" (p. 183) – fato visível em termos de africanos e de imigrantes do Leste com relação a Portugal e à Europa. Além disso,

> a proporção de proximidade e distância que dá ao estrangeiro o caráter de objetividade, também encontra expressão prática na natureza mais abstrata da relação com ele, isto é, com o estrangeiro têm-se em comum apenas certas qualidades gerais, enquanto a relação com pessoas mais organicamente ligadas baseia-se em diferenças específicas, originadas nos traços simplesmente genéricos que se têm em comum. (SIMMEL, 1983, p. 185)

Um campo de tensão é então estabelecido em função de não se pertencer mais ao local de origem e também não ser reconhecido no local de destino. Esta tensão aprisiona o indivíduo na própria fragmentação do tempo presente, transformando-o em "prisioneiro da passagem" (OBOLER, 1990). Permanece como tal, por toda uma vida e transmite essa condição, que, assim, se eterniza na vida de seus descendentes, aqueles que nascidos no país de acolhimento dele fazem parte, mas nele são marginalmente incluídos, vivendo uma realidade de exclusão e de violência.

A imigração, como um processo histórico de deslocamentos de populações no espaço, que não é apenas o espaço físico mas é também um "espaço qualificado em muitos sentidos, socialmente, economicamente, politicamente e culturalmente" (SAYAD, 1998, p. 15), é um fenômeno que dissimula a si mesmo, o que significa dizer que é um estado durável que se pensa provisório. Todos os envolvidos no processo imigratório, imigrantes e sociedade receptora, vivem essa contradição do provisório-eterno.

O imigrante, como ser portador de um duplo referencial no tempo e no espaço, vive no quotidiano, juntamente com a sociedade receptora, os "paradoxos colocados pela imigração" (SAYAD, 1998, p. 20). Deste modo, o que está em jogo não é apenas a imigração, pois na outra ponta da imigração está a emigração, "como duas faces de uma mesma realidade, a emigração fica como a outra vertente da imigração, na qual se prolonga e sobrevive e que continuará acompanhando enquanto o imigrante, como duplo do emigrante, não desaparecer ou não tiver sido definitivamente esquecido como tal" (p. 14). Deste modo, o imigrante é portador de uma experiência social que deve ser pensada na sua totalidade e na sua temporalidade, isto é, como emigração/imigração.

Segundo Sayad (1998), "para que haja imigração é preciso haver fronteiras e territórios nacionais, é preciso haver 'estrangeiros'". Diz ainda, é interessante refletir sobre as conseqüências do fato de não existir uma definição positiva de 'estrangeiro'. Em termos jurídicos, na linguagem do direito, o estrangeiro é definido sempre negativamente como não sendo do lugar, como sendo não nacional. Em boa medida, é devido à confusão entre a definição jurídica do estrangeiro e a condição social do imigrado que se termina por definir o imigrado como não nacional. Especialmente nos antigos Estados nacionais europeus, o fato de as palavras 'imigrado' e 'estrangeiro' designarem a mesma coisa termina por colocar o paradoxo da presença de imigrantes que não são estrangeiros do ponto de vista estritamente nacional (p. 168).

É o que acontece com os imigrantes vindos dos PALOP em Portugal, já que muitos dentre estes são imigrantes de nacionalidade portuguesa e outros mais jovens, ainda que não tenham a nacionalidade, são naturais de um país chamado Portugal e aí constroem suas vidas.

Os imigrantes africanos que chegaram na década de 1960 vieram para preencherem a demanda de mão-de-obra na construção civil e muitos acabaram não retornando aos países de origem e fixando-se em Portugal. Na década de 1980 iniciou-se um novo fluxo imigratório de africanos que vieram trabalhar na construção civil. Este grupo, formado pelos que vieram nas décadas de 1960 e 1980, não possui a nacionalidade portuguesa nem as mesmas qualificações profissionais que garantiram aos "retornados" não-brancos terem condições de manterem uma certa qualidade de vida e posição de *status* dentro da sociedade portuguesa. Tanto o primeiro grupo, que possui a nacionalidade portuguesa, quanto o grupo dos filhos dos imigrantes africanos das décadas de 1960 e 1980, não se consideram propriamente como "imigrantes" no sentido que esta palavra implica – a condição de estrangeiros. E não é exatamente assim que eles se percebem, mas é assim que são percebidos.

A preocupação de uns e de outros tem a ver com o fato das migrações internacionais provocarem hoje, por toda a Europa, pressões sociais e políticas intensas, que, na visão de muitos, devem crescer. Entre outras coisas, diz Hobsbawn (1996), porque na União Européia ocorrem hoje, políticas que tendem a diminuir a imigração.[14]

---

[14] Retomando o *e-mail* do pesquisador brasileiro em Portugal, fecha-se um quadro ainda mais pleno de interrogações. Diz ele: "Agora na segunda-feira (17-12-2001): a direita ganhou as eleições em todo o país causando uma ebulição política culminando com o pedido de demissão do primeiro-ministro

Ainda assim, o que se tem, diz ele, são muitas "europas" dentro da Europa, tal como também se diferenciou, através dos tempos, as políticas frente aos estrangeiros, principalmente se estes vinham de possessões além-mar; foi assim com a Inglaterra, com a França, em razão de seus próprios princípios. E só recentemente o imigrante se torna um problema. Mas na base desse problema, segundo Hobsbawn (1996), não está em jogo uma questão nacional. Diz ele:

> Os grandes problemas que acontecem com o imigrante [xenofobia] se dão quando este pertence a outra raça, quando a imigração é de outra cor, mediante um reconhecimento imediato. E também quando a imigração é claramente pobre [p. 13].

Por que é assim?

As primeiras levas de cabo-verdianos para Portugal nos anos de 1960 do século XX, vinham na condição de força de trabalho para a construção civil e em razão das necessidades da sociedade portuguesa que, pela emigração dos nacionais, estava desfalcada de braços próprios. Não eram muitos então; com isso a cor e a pobreza não se constituíram imediatamente como problemas. Na visão de senso comum, vinham para servir o mundo português, como de resto, sempre fizeram. Ao cessarem as necessidades de mercado, regressariam às suas terras, terras africanas. Nesse momento *cabo-verdiano* era sinônimo de *africano,* como categoria continental de referência. Era certamente uma população pobre, mas sua pobreza, restrita aos alojamentos das construtoras nas obras, não se confrontava ostensivamente com o mundo português. Nesse momento o africano não era um problema, era uma solução.

No entanto, desde os anos de 1980, por razões políticas ou econômicas, a população pobre de países também pobres mais intensamente começou a emigrar para os países ricos. Por sua vez, nessa etapa emigratória o que acontece é que, quem migra o faz como trabalhador e passa a competir com outros – os nacionais – por recursos públicos, agravando os conflitos. Ocorre que nos sistemas democráticos, formam-se cidadãos de classe B, coexistindo com cidadãos que gozam de

---

que é do Partido Socialista (conseqüências serão sentidas pelos imigrantes, dado que a direita venceu com um discurso anti-imigração). E a Cova da Moura amanhece mais um dia cinza, frio e chuvoso..."

todos os seus direitos, e isso, diz Hobsbawn, torna-se difícil de ser administrado. E é assim, posto que "no século XX alguns direitos sociais e políticos devem ser reconhecidos a todos por igual", não se pode, segundo ele, dizer "tu não e ponto [...] Este é um tema de uma agenda potencialmente explosiva na Europa" (HOBSBAWN, 1996, p. 13).

Como diz Milton Santos (1996), a globalização, nos moldes de hoje, não permite ao Estado a possibilidade de reconhecimento da cidadania para todos. Isso ocorre porque, num mundo globalizado, o indivíduo tem cada vez menos espaço de expressão, suplantado pela massa à qual é considerado pertencente. Seus desejos já não são mais seus, são os do mercado consumidor com o seu perfil. As leis e a burocracia levam em conta uma etnia, gênero ou classe dominantes, ignorando as especificidades. Essa globalização "perversa" desestimula a participação política, pois coloca interesses não humanos à frente da justiça e igualdade sociais. Cabe aqui relembrar Dafá quando afirma que antes

> era a pessoa humana em primeiro lugar, acima de tudo a pessoa humana. Mas agora [...] O que eu vejo é que a boa relação entre Portugal e os países africanos é a nível governamental, politicamente, tudo enfeitado e tal e quando o preto vem cá é discriminado... é posto ali no canto e... e... sofre todo e qualquer... repito, a boa relação entre Portugal e os países africanos é a nível governamental, mais nada.

A partir dos anos de 1980, grandes levas de africanos das ex-colônias portuguesas, em maioria angolanos e moçambicanos, chegam às terras portuguesas, tendo início um processo de diferenciação entre "naturais" (os imigrantes) e os "nacionais". Os primeiros com grau de escolaridade mais elevado e com qualificação profissional; os segundos marcados pelo analfabetismo e baixo grau de capacitação.

Entre os anos de 1980 e 1990, os imigrantes dos PALOP se fazem visíveis na sociedade portuguesa, e as categorias de imigrante e de imigração tornam-se presentes no discurso político, em correspondência ao que, no quotidiano social, já não mais podia ser negado. A assunção da condição de imigrante traz consigo a condição de "estrangeiro" – alguém que, estando perto, e próximo, é conhecido, faz parte da realidade, mas a ela não pertence. Neste momento, os imigrantes dos PALOP não são apenas africanos como tal, são negros ou pretos. "Africano" se torna então sinônimo de negro, e vice-versa. Por outro lado, "africano" é também imigrante, estrangeiro e pobre. As categorias se cruzam e o quotidiano se conflita. Nesse momento, o imigrante estrangeiro, extracomunitário, se torna um "problema social" e, como tal, indesejável. Mesmo quando nascidos em Portugal ou tendo toda a vida vivido em contexto português, com nacionalidade ou sem nacionalidade, todos se tornam "imigrantes" e "estrangeiros" e, se negros, "africanos".

A categoria "africano" é indicativa de uma questão maior e geral, exigindo o dimensionar das categorias e dos fatos que os colocam em contexto, em função de relações sociais concretas. "Africano" é então todo e qualquer cidadão de origem africana, seja ou não nascido em Portugal, tenha ou não nacionalidade portuguesa, seja ele "preto" ou "mestiço", e que independe da situação legal que possua, seja ela: portuguesa, estrangeira ou "clandestina", como define o inquérito realizado pelo DEDIAP/CEPAC, em 1995. "Africano" é uma categoria operacional, mais do que de origem, esta sim diversa e múltipla. Por outro lado, "africano" é, antes de mais nada, categoria referencial que opera o senso comum no cotidiano das vivências entre imigrantes negros e portugueses de modo a definir qualquer pessoa de pele negra e, com isso, atribuir-lhe a condição "estrangeira".

Ser estrangeiro é, assim, ser de "outra banda" e equivale a não ser português, mesmo tendo nascido em Portugal – o que significa que independe, uma vez mais, da condição legal dos indivíduos, com reflexos diretos e indiretos à condição de pessoa e de cidadão. A razão parece simples, ao se estar fora do grupo português, fora da realidade portuguesa de/e para portugueses, se está fora da nação. Constituem, assim, os "africanos", em geral, um outro povo, um povo que está – para o pensamento comum português – momentaneamente "fora de lugar". Seu destino é retornar ao lugar de origem.

Tal pensamento resulta da experiência de relações sociais vividas pelos sujeitos sociais e por outros antes deles, mas, que imprime ao olhar e à percepção um esquema de valores que norteia as ações e atitudes de uns sobre os outros e destes para com aqueles. No entanto, entre a percepção e a ação, incorre a mediação do contexto histórico e circunstante, de forma a estabelecer significados entre ser português, ser africano. Estar em Portugal, ser daqui e não ser. Supõe-se com isso que categorias genéricas e imprecisas de africano e de português e bem como as pessoas a elas identificadas, façam parte de uma "rede simbólica" que toma por base a experiência humana vivida e que, segundo Cassirer, citado por Dorfles (1988), mais do que fruto do contato com as coisas, resulta do fato de que o homem está em "colóquio consigo mesmo". Como entender essa questão?

Parece ser fato que, mais do que o "outro" como preocupação, a história do contato entre povos coloca em jogo a identidade própria e, como tal, expõe a insegurança de se saber "quem sou"?

A questão assim colocada parece sugerir que se esteja diante de um processo etnocêntrico, mais do que de racismo, tal como propõe Pina Cabral (1997). O autor se pergunta: "Onde começa o 'racismo' e acaba o etnocentrismo?" (p. 6). Para ele, as formas de discriminação e preconceito baseadas na cor da pele se parecem hoje com o que Franz Fanon chamou de "racismo cultural", em que se faz a defesa pela positividade de valores identitários próprios, sem que se exprima abertamente desprezo ou ódio pelo "outro". Tratar-se-ia, assim, de "racismo aversivo" ou de "preconceito sutil", em que os fatores de classificação misturam diferenças de cultura, de classe socioeconômica, de características fenotípicas, de grupo de *status,* de nível educacional, de identidade nacional, de religião e outros, mais do que de "raça", tal como se tratou tradicionalmente. Segundo Pina Cabral, "etnocentrismo", "discriminação e preconceito étnico" seriam, assim, expressões mais abrangentes (p. 7).

No entanto, o próprio autor defende que o racismo envolve um duplo ímpeto: a proximidade espacial e cultural em que ocorre a exploração da mão-de-obra e o distanciamento identitário que tende a impedir a integração social que resultaria em perdas de privilégios. Diz ele: "A necessária proximidade ameaça o desejável distanciamento e põe em causa a identidade do grupo dominante, sobre a qual assenta o acesso aos benefícios resultantes da exploração da mão-de-obra barata" (p. 2). Reconhece ainda que, no caso do "largo contingente de imigrantes vindos das ex-colônias africanas", terminado o surto de crescimento imobiliário (da construção civil), os resultados serão imprevisíveis tanto em termos de garantias de subsistência quanto de processos de discriminação. Neste sentido, aponta para o fato de que as atitudes etnocêntricas da sociedade portuguesa – vistas por nós como também racistas – são sustentadas pela infra-estrutura institucional da sociedade portuguesa por meio das leis sobre imigração, nacionalização e trabalho que sustentam a exploração da mão-de-obra imigrante (p. 9).

Portanto, não se trata de se perguntar se são – os imigrantes – alvo de um ou de outro processo. No caso dos africanos e de seus filhos em Portugal, trata-se de ambas as coisas, operando no âmbito das relações sociais, tanto as formas etnocêntricas quanto as formas explícitas e também sutis de racismo.[15] Pode então, como o faz Castoriadis [s. d.], afirmar-se que a existência do outro representa um perigo, já que "nossas muralhas são de plástico, nossa acrópole de papel machê" (p. 38).

O que se é e se acredita que seja, assenta numa base frágil e inconsistente, posto que as realidades sociais como as culturas, não são nunca absolutas, substanciais. Diz Marc Augé (1994, p. 30), "as culturas sofrem alterações, não são totalidades acabadas e os indivíduos também não o são, a não ser por se situarem em face a uma ordem que lhes estipula o seu lugar: só exprimem a totalidade sob um determinado ângulo".

O ângulo pelo qual Portugal se pensa como português e branco implicou desde sempre, a crença de uma homogeneidade de sua formação e na formação de seu povo. Nessa medida, falava-se de um território, um povo, uma nação, uma língua, uma fronteira, sublinhando a pequenez de sua dimensão e a periferia da geografia.[16]

O ângulo pelo qual o português e Portugal se viam era (e talvez ainda seja) doméstico e autocentrado. No máximo, ousava sonhar, desde

---

[15] O racismo sutil é discutido por Jorge Vala (1999) e criticado por Claudia Castelo, que afirma ser ainda a questão da diferença racial (cor, traços físicos) que subjaz a qualquer tipo de racismo, qualquer que seja o adjetivo que se lhe dê. Afirma ainda que as crenças racistas, até as que assentam na diferença cultural, não deixam de "naturalizar" as culturas e pressupô-las como distintas entre si e de uma natureza igualmente distinta e conclui que se assim não fosse, estaríamos a falar de etnocentrismo [Claudia Castelo (Resenha) Jorge Vala (Org.). "Novos racismos: perspectivas comparativas", Oeiras, Celta, 1999, *In Análise Social*, Lisboa, ICS, vol. XXXV n.os 154-155, 2000, pp. 451-452].

[16] O tamanho de Portugal e a condição periférica gerou o equívoco de se pensar unitário e, da mesma forma, de pensar sua homogeneidade etnocultural, que não se sustenta como bem o demonstram Tinhorão (1988) e B. Santos (1996), entre outros.

a periferia, em ser europeu. Desse antigo sonho que tão bem comenta B. Santos (1996), resulta hoje, a entrada na União Européia, recentrando o "olhar para dentro" via o alargamento/rompimento das fronteiras em direção ao leste, ou melhor, ao centro. Nessa medida, dizem alguns entrevistados que Portugal sempre teve pretos, mas hoje é diferente.

A diferença parece apontar para o ângulo de visão com que Portugal se vê enquanto mundo português e europeu e que leva o motorista de táxi a reagir a um comentário afirmando com orgulho e de modo peremptório "somos europeus!". Do mesmo modo afirma ser o "outro", o negro, um "africano".

O tempo de agora parece, portanto, marcado por outros movimentos e, como tal, está a exigir a definição do lugar pelo qual todos são ou não parte de um espaço entendido como nação. Entre esses movimentos inscreve-se a imigração, particularmente aquela que diz respeito a imigrantes africanos de língua portuguesa. Quem são eles e por que a presença deles em solo português quebra a invisibilidade do olhar e do pensamento? Ao revelar-se, tal pensamento parece desvelar a natureza da sociedade portuguesa. Racista? Etnocêntrica? Democrática? Em luta com suas próprias contradições e conflitos? Ou tudo isso a um só tempo?

Está em jogo a tão propalada capacidade plástica e de fácil adaptabilidade do mundo português; características essas que tinham a ver com o mundo fora das portas. Mas porta à dentro não parece ser a mesma coisa.

Para B. Santos (1995), a cultura de um dado grupo social não é nunca uma essência; é uma autocriação, uma negociação de sentidos, compreensíveis apenas na trajetória histórica dos grupos e na posição desses grupos no sistema mundial. Assim, para esse autor, "a cultura portuguesa não se esgota nos portugueses e, vice-versa, a cultura dos portugueses não se esgota na cultura portuguesa". Mais do que isso, "as aberturas específicas da cultura portuguesa são, por um lado, a Europa e, por outro, o Brasil e, até certo ponto, a África" (p. 148).

"Até certo ponto." A expressão mostra que Portugal constitui um universo do qual fazem parte "outros" sujeitos sociais e que esses "outros" podem ser pensados em acordo a épocas e interesses específicos.

Afirmar, como o faz um senhor português, que a presença africana nada significa, *são trabalhadores que vêm trabalhar e às vezes ficam,* parece dizer que não são muitos, não importam, não são significativos, são provisórios. Mas a realidade portuguesa no início do século XXI parece negar a desimportância desse "outro", o africano. A fala parece expressar o desejo, mas não a realidade. O que os dados mostram é que Portugal é hoje uma sociedade plural e, em verdade, sempre o foi. Dentre as nações da UE, Portugal é, talvez, aquela que se defronta com as multiplicidades de origens na composição da população, quer seja ela de nacionais, os chamados "lusos", ou ainda do conjunto que aí reside, representado por "naturais" de outros países. Todos fundamentais para os processos de auto-identificação como portugueses. O desafio para o português – "luso" – está em que o estranhamento desse outro tão diferente de sua própria imagem no espelho, aparentemente distante, lhe é igualmente próximo. O português de Portugal se vê como parte do mundo do "outro", seja pela história colonial ainda tão próxima, seja, como disse uma entrevistada, *o fato é que eu tenho um passado.* O que quer dizer isso? Há um passado da nação portuguesa, mas que não é só dela, é de indivíduos e famílias que viveram por muito tempo nos países africanos colonizados por Portugal, e mesmo, são muitos deles "lusos" de origem africana, isto é, nascidos em Angola, Moçambique, Guiné e outros países, que hoje compõem os PALOP. Portanto, ser tão diferente do outro e saber-se tão próximo gera sentimentos e relações ambíguos de ambas as partes. No entanto, parece que Portugal, como nação e nação européia, membro da UE e por ela regida, e o povo português, ansioso pelo reconhecimento, afinal, de sua "europeidade", vêem no seu "outro" no espelho, a um só tempo tão igual e tão diferente, uma ameaça que urge e clama por uma solução.

Nesse sentido, do ponto de vista da nação portuguesa, africanos em Portugal constituem um problema social e sua presença demanda políticas públicas necessárias para que Portugal deixe de ser um país "diferente" e se faça, definitivamente, europeu. Uma vez mais, será preciso transmutar-lhe não a forma, como bem lembra Boaventura Souza Santos (1996a), mas os conteúdos. É preciso, portanto, reordenar os espaços, refazer os cenários, operando uma translação das funcionalidades exercidas por migrantes extracomunitários. Para Santamaria (1998), a funcionalidade econômica nacional dos migrantes é dependente de uma funcionalidade transnacional que se reveste cada vez mais de uma funcionalidade simbólica e coloca em jogo uma *utilidade identitária* (grifo do autor) do migrante pelo fato de que não mais se pode negar: eles vêm e permanecem em solo europeu. Assim, segundo Pereira (2001, p. 15), tornam-se sujeitos da "ameaça que se supunha haver sido eliminada da história" e, com ela, "a perplexidade, a revolta, a preocupação, a angústia e o temor alcançam as pessoas, grupos, povos, nações", seu nome: racismo. Como diz o autor, "até aonde se pode documentar [o racismo] constitui um fenômeno tão velho quanto a própria história da humanização, se for encarado como uma das múltiplas faces do conhecido e universal etnocentrismo, componente das experiências históricas de todos os povos" (PEREIRA, 2001, p. 15). É, assim, pois, que legados culturais e heranças do passado e do presente se manifestam no contexto de imigração, na relação entre africanos e portugueses.

De legados culturais e herança africana[17]

Os povos d'África e suas diferentes culturas e, em particular, aqueles de língua portuguesa não podem ser vistos como realidades de grupos étnicos isolados, que conduzem o olhar sobre eles de modo distorcido e pouco consistente.

O não-isolamento dos povos da África ocorre desde 1500, perfazendo quinhentos anos de colonização até suas independências nos anos de 1970 do século XX. Quinhentos, quinhentos e dez ou cem anos, o que importa é aquilo que na relação entre povos constitui um *legado cultural* e uma *herança africana* singular posto que informam e conformam as novas nações africanas nascentes (GRAÇA, 1997). Informam e conformam realidades identitárias individuais e coletivas modeladoras de um modo de ser, agir e pensar em relação à condição de uma origem africana e em relação à presença do colonizador em seu mundo. Deste confluir de fatos, ordenam-se as realidades sociais e políticas desses povos e territórios.

---

[17] Termos emprestados de Pedro Borges Graça, em seu artigo "Fundamentos culturais dos países africanos lusófonos – o legado colonial", *In Revista Africana*, n.º 19, Setembro de 1997, e que discuto no presente item.

Por largo e duradouro tempo, a África foi um território eminentemente tribal, com suas divisões e lutas internas, até ser de modo mais contundente partilhada pelo mundo europeu já no século XIX. Dentro de uma visão eurocentrista, tal partilha ampliou os processos de colonização, ocupação e reconhecimento científico desse "outro mundo", o mundo africano. Até à emergência da guerra colonial, já na metade do século XX, o que se tem é uma visão européia sobre o "outro", visto como estranho, e inúmeros esforços de integração dele às diferentes culturas européias, no caso dos povos de colonização portuguesa, a integração a Portugal e à sua cultura.

As relações entre Portugal e suas colônias são, desde o início, marcadamente assimilacionistas,[18] atuando de modo a "desorganizarem e, se possível, eliminarem a cultura própria do país, considerada inferior, e imporem a do colonizador, que seria assim um agente da 'civilização'" (ABDALA JR., 1985, p. 186). O não civilizado torna-se então inferior, e a missão do Ocidente é conduzir o africano ao nível dos outros homens; tal como aconteceu com Dafá, um guiniense que foi tirado da aldeia para *civilizar-se*. O pensamento da sociedade colonial: "uma vez civilizados, os negros seriam assimilados aos povos europeus considerados superiores, ou seja, tornar-se-iam iguais aos brancos" (MUNANGA, 1986, p. 13); vale dizer, nos casos das colônias portuguesas, ao português e ao europeu. Os negros também foram levados a acreditarem nisso, de modo que, pelo costume e tradição, os parentes da cidade buscavam uma criança na aldeia para *civilizá-la, urbanizá-la*. Mas, por que acreditavam?

O colonizador se valeu de processos de legitimação política e simbólica de si mesmo no interior de todo o período colonial até o 3.º Império e seu fim. Nesse movimento, contribuiu sobremaneira o trabalho missionário e a evangelização no âmbito de diferentes nações e culturas em todo o continente africano, bem como a ideologia colonial, de modo a construir uma *mentalidade* e um sistema de valores de igual teor para brancos e negros portugueses e, também, para africanos.

---

[18] Por *assimilação cultural* entende-se, segundo Munanga (1986), p. 81, o processo pelo qual o negro colonizado devia adotar a cultura do branco colonizador para que nela se integrasse. Como parte da política colonial praticada na África, esta resultou na assimilação cultural do branco pelo negro, mas não deste pelo branco. Trata-se, portanto, de um processo de mão única, expressão de domínio do branco sobre o negro.

O trabalho missionário se caracterizou primeiro por uma atuação violenta de conversão do "selvagem" em "civilizado" e cristão, a despeito de crenças e culturas dos povos africanos. Depois sofisticou-se, por meio de processos educativos e da educação como espaço de transformação do "diferente" em igual, genérico e vazio de referências próprias.

É assim que nos anos de 1940 do século XX, missionários atuam de modo a "assegurar um *ensino rudimentar* aos indígenas dos domínios da leitura, escrita e aritmética, de acordo com os valores da Cultura Portuguesa, inculcando nomeadamente uma consciência nacional" (GRAÇA, 1997, p. 67, grifo do autor) e certamente de caráter português. Tal metodologia, aliada à religião católica, visava "modernizar" a África, assimilar seus sujeitos e fazê-los o mais próximo possível de um modelo centrado na metrópole, que, assim, intenta colocar sob seu controle os movimentos emergentes de libertação das colônias. Como diz Brandão (1986, p. 8):

> A história dos povos repete seguidamente a lição nunca aprendida de que os grupos humanos não hostilizam e não dominam o "outro povo" porque ele é diferente. Na verdade, tornam-no diferente para fazê-lo inimigo, para vencê-lo e subjugá-lo.

A razão ainda é a mesma: negar a alteridade cultural do "outro" e, com isso, "em nome da razão de ele ser perversamente diferente e precisar ser tornado igual, 'civilizado'. Para dominá-lo e obter dele os proveitos materiais do domínio [...] O artifício do domínio – aquilo que é real sob os disfarces dos 'encontros de povos e culturas diferentes' – é o trabalho de tornar o outro mais igual a mim para colocá-lo melhor a meu serviço" (BRANDÃO, 1986, p. 8).

Como diz Monteiro (1998, p. 125), "apesar do desaparecimento do mundo colonial, o trabalho missionário não perdeu sua contemporaneidade", persistindo até aos dias de hoje, tanto quanto persistem seus efeitos e conseqüências. Da mesma forma, parecem persistir os efeitos do Salazarismo vigente de 1932 a 1974, principalmente no tocante à fase que pretendeu integrar as colônias à metrópole (anos de 1950), por meio da expansão de suas fronteiras além-mar – as províncias ultramarinas – e sua política assimilacionista, que teve na escola colonial uma das agências fundamentais desse processo educativo, em razão de sua função ideológica e reprodutora.

Assim, são comuns entre os imigrados das colônias portuguesas os relatos de como na infância viviam na tribo e falavam a língua tribal, até serem deslocados para pequenos centros urbanos *"para estudar e aprender o português"*, defrontando-se com maior intensidade com a língua do colonizador mas, não só, confrontando-se também com seus princípios e valores. Migram depois para centros urbanos mais importantes, dando continuidade à sua formação como africanos-portugueses e ao intenso aprendizado e domínio da língua portuguesa. Ao processo chamou-se depois *destribalização* (o que não foi exclusividade portuguesa) e dele resultou uma condição de *ambivalência cultural*[19] não prevista pelo colonizador, cuja dinâmica integrava parcialmente os africanos à cultura portuguesa (GRAÇA, 1997, p. 69).

Ainda segundo Graça, a conquista das independências não alterou tal dinâmica. A descontinuidade ocorreu no plano ideológico e em relação aos governos nacionais. No tocante às práticas sociais e aos projetos de autonomia nacional, consolidou-se parcialmente o legado colonial mediante modelos de desenvolvimento de tipo urbano e moderno. As guerras locais pós-independência acentuam tais processos com intensas migrações rurais-urbanas, exigindo de todos e de cada um, "compreender e utilizar a língua oficial [português] por meio de leis coercitivas do Estado. Portanto, consolidam-se no universo cultural elementos culturais extra-africanos sem correspondência nas múltiplas línguas locais" (GRAÇA, 1997, p. 75).

No interior desses processos estrutura-se o *crioulo,* expressão lingüística que percorre a Guiné-Bissau, Cabo Verde, São Tomé e Príncipe, cruzando a cultura particular de cada grupo e a cultura portuguesa, em meio a contextos e situações históricas de que fazem

---

[19] H. Martins (1997) chama a atenção para o fenômeno mediante a idéia de "sincretismos culturais" cunhada por M. Canevacci. Sem negar conceitos como esse e ainda africanização do português, aportuguesamento do africano, assumo o de "ambivalência cultural", por entender que esse é um campo de conflito e poder que sugere para os sujeitos envolvidos não só a idéia de fusão sincrética, mas de usos concomitantes e alternados, não só da língua, mas também de valores portugueses e africanos em acordo com contextos específicos, e dependente dos sujeitos em presença; mais do que isso, pressupõe manipulação dos mesmos, ainda que nem sempre de modo politicamente ordenado ou consciente.

parte. Abdala Jr. (1985) diz a importância dos idiomas falados regionalmente e aponta para a existência de um crioulo cabo-verdiano de expressão mais acabada falado por toda a população de Cabo Verde. Por sua vez, Ferronha (1992) e Graça (1997) falam da proximidade do crioulo falado na Guiné-Bissau e São Tomé e Príncipe com o de Cabo Verde. Para os demais países africanos de língua portuguesa, como Angola e Moçambique, o crioulo também se faz presente, mas em menor escala, pois encontra aí maiores dificuldades lingüísticas em razão da existência de uma multiplicidade de línguas diferentes, assumindo características particulares. O fenômeno de assimilação e adaptação da língua portuguesa se apresenta, assim, com aspectos próprios e se particulariza em cada uma das colônias. Entretanto, como diz Abdala Jr., o português continua a ser a língua oficial desses países, já que é ele que permite uma comunicação mais geral (p. 187). Assim, o português e o crioulo são vistos como fenômenos de afirmação e de integração local e mundialmente.

A questão da língua encontra-se associada à questão racial e étnica dos grupos, apresentando particularidades somáticas e culturais, alvo de positividades e negatividades, que, por vezes, desencadeiam processos de discriminação e racismo, mesmo no interior da própria África. O multilingüismo, universo em que o bilingüismo se insere, revela um continente de processos identitários múltiplos e complexos, com muitas clivagens e divisões.

Em síntese, a integração e a fragmentação são uma constante dessas realidades históricas e encontrarão na globalização do final do século XX, novos elementos de exacerbação ou não dessas características, conforme se articulem os interesses sobre a África e sobre suas gentes, no tocante à produção e reprodução das diversidades e das desigualdades que indivíduos e grupos portam como marcas indeléveis. Nesse jogo, como diz Ianni (1996, p. 16), "abalam-se os quadros sociais e mentais de referências, multiplicando-se os dilemas e as perspectivas, afetando práticas e convicções, hábitos e ilusões".

Munanga (1986, p. 24) afirma que na estrutura colonial o "bilingüismo é necessário, pois, munido apenas de sua própria língua, o negro torna-se estrangeiro dentro de sua própria terra. No entanto, ele cria novos problemas, pois a posse de duas línguas não é somente a de dois instrumentos. Participa-se de dois reinos psíquicos e culturais distintos e conflitantes". Vive, portanto, um drama lingüístico, o de ter de dominar a língua do colonizador, que nada representa, mas que o faz "existir na cidade e no mundo", e a sua própria, "nutrida por sensações, paixões e sonhos", aquela que contém "a carga afetiva", que, segundo Munanga, diz de si e diz de seu grupo e lugar. Não é por acaso que, na condição de imigrantes ou filhos de imigrantes, já em Portugal, crianças e jovens afrontam os professores portugueses em sala de aula, falando propositalmente o crioulo, que eles não entendem. Da mesma forma que o fazem quando circulam em grupos pelas ruas de Lisboa, marcando uma diferença e dizendo de si mesmos por aquilo que são. Como diz H. Martins (1997, p. 227),

> nestes contextos de rua [...] por viverem em mundos sociais onde imperam formas diversas de pobreza econômica, social e educativa [...] jovens negros [recorrem] a estratégias de afirmação cultural que passam, entre outras manifestações, pela criação de linguagens específicas...,

o calão, o crioulo, "bem como [passam pelas] culturas que lhes dão forma [...] nos interstícios da sociedade portuguesa".

Da colônia até aos dias de hoje, pós-independências, o crioulo permanece como "um filho rebelde" que expressa uma resistência, já que, como dizem os cabo-verdianos, a "vida decorre em crioulo", enquanto "em domínios de prestígio, como o ensino, a comunicação social, a administração, os tribunais, etc., a língua utilizada quase exclusivamente é o português" (VEIGA, 1996, p. 25), estruturando uma realidade e uma política para o bilingüismo que é praticado nos PALOP. Dizem então muitos desses povos: "Com o português dialoga-se com os outros povos, com o crioulo nós nos identificamos perante outros povos e marcamos a nossa diferença" (VEIGA, 1996, p. 26). Não será diferente no contexto da imigração.

Grupos inteiros de africanos, bem como suas gerações, viveram e cresceram no trânsito entre o legado colonial e suas heranças africanas singulares. Nesse processo, segundo Graça (1997), o aprendizado de suas vidas se fez no interior de processos históricos de constituição e formação de sociedades modernas, embasadas pela existência concreta das sociedades tradicionais. Serão esses mesmos grupos ou seus descendentes, gerações nascidas mais recentemente, que se farão emigrantes para uma terra sempre presente em suas vidas, Portugal. Vêem, assim, a terra portuguesa como terra sua, da qual fazem parte, e entendem que em alguma medida a ela pertencem.

É exemplar a história de Dafá e sua socialização no interior de uma condição portuguesa: o aprender crioulo e encantar-se com o português para depois, na imigração, descobrir-se africano, guineense e balanta, elegendo o crioulo e a cultura própria como significante. Diz ele:

> *O crioulo é uma língua, não sei como nasceu, mas disseram que foi a tentativa de falar o português que nasceu o crioulo e eu falava a minha língua materna que era balanta, tive que aprender o crioulo [...] e depois, na 4.ª classe, o português...*

Continua Dafá:

> [...] *um povo tem que ter seu hino, que tem a sua, portanto, a sua bandeira, a sua cultura, tem que ter a sua própria língua, eu, eu, embora escreva português, tenho os poemas, prosas em crioulo e defendo isso também* [...] *temos o português para nos fazer chegar onde não podemos chegar, portanto, temos que ter também, ao lado do crioulo, o português.*

O paradoxo dessa situação é parte da *ambivalência cultural* que caracteriza a interação entre o legado colonial e a herança africana. "Uma convivência não isenta de conflitos que [...] são, afinal, o rosto desfigurado de nossa multiculturalidade mal aceite" (GRAÇA, 1997, p. 79).

Mal aceite por Portugal e pelos portugueses, em particular nos dias de hoje, pois entre o ontem e o hoje, as relações de Portugal com a África envolveram e envolvem as muitas realidades de grupos e indivíduos, de modo dinâmico, em contínuo movimento e em permanente processo de reinvenção de si mesmos. Conhecer tal processo, relativiza e supera um pensamento que tenha por suposto o isolamento, o conservadorismo de culturas, tradições e etnias[20] que têm

---

[20] Kabengele Munanga, em palestra proferida na USP (2001), alertou para o fato de que transformar o negro em etnia é o mesmo que dizer que ele é atrasado e que está fora da sociedade de classes, pois o termo *etnia* relaciona-se por oposição a *polis* (cidade). Assim, classifica como estrangeiro e de fora, como desorganizado, quem não é da cidade. Daí a razão de o *apartheid* afirmar a África como um mosaico de etnias para dizer como os africanos são inferiores e atrasados.

permitido supor também, inferioridade, atraso social. No tecido do tempo, o "outro" nunca esteve só no mundo e foi como tal que sua presença se impôs na história portuguesa. É assim, que os processos de *ambivalência cultural* também se colocam para o português de origem africana e branco ou para os naturais do continente, sejam estes, imigrantes ou não.

Identidades cruzadas, identidades rompidas: o caso português

Ao discutir a noção de sociedade como *espaço social* onde nem as posições nem as propriedades são definidas de maneira substantiva, A. Gonçalves (1996) chama a atenção para uma carta escrita para o jornal *A Voz de Melgaço*, em que o leitor Zé do Rio Minho critica as atitudes de migrantes portugueses que não mais falam português e se comportam de acordo com outros modos de ser quando retornam a Portugal. Na medida em que não mais agem como portugueses tornam-se um "outro", muitas vezes identificados pelos conterrâneos como sendo "o francês", "o alemão", e suas casas nas aldeias também recebem esse epíteto, são assim "a casa do francês", "a casa do alemão", os "de fora", ainda que, de resto, sejam todos portugueses. Diante dos fatos, o leitor do jornal lembra a necessidade de manter-se um patrimônio, uma língua, uma diferença, enfim, que, falando da pátria portuguesa, fale também do que é *ser português*. Diz ele em sua carta:

> Não temos nada do que nos envergonharmos por sermos portugueses. Porque será justamente a conservação da nossa identidade e das nossas tradições que nos distinguirá, no futuro, de nossos parceiros da Comunidade Européia, onde tudo será praticamente uniformizado e controlado: preços, moeda, produção, consumo, etc. [...] Evolução sim, mas conservando aquilo que nos é caro. Para tanto basta preservar e defender a nossa *genuína* [grifo nosso] identidade. Sejamos como somos. (GONÇALVES, 1996, p. 57)

Ser aquilo que se é, anseio, proposta e valor que permeia todo e qualquer povo, principalmente quando suas sociedades encontram-se imersas em intensos processos de mudança, cuja direção e sentido ainda em construção geram inseguranças e "quebram" certezas quanto ao futuro, já que "o mundo social não é apenas realidade objetiva, também é 'representação e vontade'. A representação que os agentes fazem da realidade social é parte constitutiva dessa realidade" (GONÇALVES, 1996, p. 32-33).

A realidade social é, assim, fruto das formas de pensar, relacionar e viver em sociedade, alternando as relações sociais entre sujeitos e também as posições sociais que ocupam; envolve interesses e lutas marcadas por poderes diversos e desiguais. Supõe a história concreta de indivíduos e grupos, bem como supõe seus patrimônios culturais e aquilo que os define em termos das propriedades de seu meio e lugar, aquilo que permite a cada um e todos dizerem de si e do mundo em que vivem.

Tais lógicas configuram processos de classificação social e de enquadramento da vida social, constituindo as "estratégias, os comportamentos e as perspectivas que tendem a conformar-se com aquilo que eles, socialmente, são ou podem ser" (GONÇALVES, 1996, p. 35).

No entanto, aquilo que se é, como diz Geertz (1978, p. 47), depende de "onde ele [o homem] está, quem ele é e no que acredita, que é inseparável dele". Depende da experiência histórica particular da sociedade onde vive, e depende das injunções do contexto histórico e circunstante, onde se faz presente, o aqui e o agora da vida social, o presente e o passado.

Na história portuguesa, diversos momentos constituíram e elegeram os povos africanos como "iguais" e diferentes, como um "outro" e um mesmo. É assim que a presença africana em Portugal no passado, desde o século XV, lembrada por Tinhorão (1988) e também por outros autores, aponta os "caminhos da multiculturalidade que caracteriza a sociedade portuguesa de hoje, em especial do espaço da Grande Lisboa" (MARTINS, 1997, p. 3). Trata-se de compreender que, entre o passado e o presente de Portugal e da cultura portuguesa, a contribuição dos negros na construção identitária portuguesa foi e é fundamental. Para H. Martins (1997), essa resulta de "uma história considerável, constituída na base de tráfegos culturais", ainda que pouco conhecida, pouco estudada e permanentemente omitida ou minimizada. Pode dizer-se, portanto, que também os portugueses vivenciam uma situação de *ambivalência cultural,* resultado da interação entre a herança européia, branca e cristã e o legado colonial que construíram ao longo de sua história junto a outros povos, entre eles os povos africanos.

Decorre desse contexto incertezas e conflitos, posto que se confronta uma história passada e ainda recente com o fato de que o futuro português tem agora por "modelo e horizonte" a Europa. De um olhar e de uma realidade histórica voltada "para fora", para outros territórios e culturas, Portugal volta o olhar "para dentro", vale dizer, para o interior do continente e seu centro, coloca aí as esperanças de sua modernização e prosperidade. Transforma-se em

> uma sociedade plural [...] Há de modo crescente sinais de pluralidade: na população, nos traços étnicos e culturais, nos comportamentos religiosos, na vida política, na organização do Estado, na competição econômica e na organização civil. (BARRETO, 1995, p. 842)

Na mesma direção, H. Martins (1997, p. 2) fala da sociedade portuguesa pós-colonialista, como sendo um contexto multirracial intercultural, visível "nas ruas, nas escolas e nos transportes públicos", convivendo os portugueses hoje "com os traços culturais que resultam da diáspora africana no mundo...".

Uma diáspora que impõe a presença física e social do "outro" no mundo português, tornando-o próximo. Vozes, olhares, gestos, atitudes, comportamentos, emoções e sentimentos mostram o reflexo no espelho. O "outro" no espelho é agora português, de pele branca e de pele negra. São sujeitos de identidades próprias e histórias singulares, mas que possuem um patamar comum, exigindo um repensar o "outro" para dizer de si, dizendo de um mesmo que incomoda e desconforta. O "outro", antes distante, dava grandeza a Portugal, lhe conferia bravura e heroísmo. O "outro" estava fora do ângulo de visão imediato, penetrava no imaginário e permitia "a fantasia dos portugueses e as suas capacidades para experimentarem a surpresa", elegendo assim "como cenário o mundo fora das portas" (BARRETO, 1995, p. 842). Por essa razão, o "outro" emprestava-lhe os contornos de sua condição identitária, que fazia de Portugal uma metrópole corajosa e intrépida e fazia do português um colonizador espelhado pela face do colonizado.

Como diz Marc Augé (1994), no passado o "eu" europeu (português) e ocidental tinha seu lugar em relação ao outro longínquo, agora perto, o outro antes "colonial" tornou-se "subdesenvolvido", é assim, um "outro" que expõe a fragilidade do mundo português. Se antes, antropofagicamente, o "outro" emprestou a Portugal elementos para se pensar numa identidade de "polvo", como diz B. Santos (1996a), hoje, frente à integração à UE, Portugal já não se faz tão flexível e adaptável. As aspirações de centro que carrega consigo se confrontam com a debilidade de sua condição periférica, exposta pela ambivalência cultural que carrega como parte de sua cultura e de sua sociedade. Diz H. Martins (1997, p. xi), trata-se "do reconhecimento de que a cultura portuguesa se sustenta numa longa tradição de tráfegos culturais. Então é como se Portugal limpasse o espelho para ver o rosto e descobrisse que também é africano!"

Da *ambivalência* como fato, tem-se no presente, a *ambigüidade,* como problema marcado fundamentalmente pela herança colonial de que africanos e portugueses participam, ora enfatizando as diferenças e os contrastes, ora se fazendo complementares e iguais. Como diz B. Santos (1996, p. 135-136), as identidades culturais são sempre parte de processos transitórios e fugazes de identificação. Mais do que isso, têm por suposto o próprio e o alheio, o individual e o coletivo, a tradição e a modernidade. Citando Andrade, B. Santos afirma ainda, que tais processos implicam "a posição de poder a partir da qual é possível a apropriação seletiva e transformadora" do "outro". Trata-se, portanto, da realidade sociopolítica em que o "eu" e o "outro" se confrontam. Africanos em Portugal são, assim, sujeitos de um processo diversificado de vivências, representações e ideologias, decorrentes das diferentes relações historicamente construídas entre o mundo africano e Portugal, em termos de conhecimento e alteridade.

Assim, a questão identitária – de Portugal e dos portugueses –,, levantada por Zé do Rio Minho (GONÇALVES, 1996) é reveladora de um aspecto central da Europa contemporânea: a da presença do "outro" e seu significado. O "outro" que é um migrante comunitário, por influências do processo migratório, incomoda e desestabiliza a identidade singular historicamente construída; desperta temores frente ao grupo social a que pertence e à nação. Por outro lado, o mesmo acontece com relação ao migrante do Terceiro Mundo, o "outro" extra-comunitário,

gestado pelos deslocamentos no espaço físico e social de um mundo teoricamente sem fronteiras ou de fronteiras expandidas pelo movimento de globalização. Tal movimento coloca na agenda política o problema do "diferente" e a indagação "sobre a igualdade ou desigualdade dos seres humanos na Terra" (THERBORN, 1999, p. 65).
Neste sentido, diz Gómez (1999, p. 158),

> o conhecimento e a aproximação de povos e nações distintos geram uma maior consciência da diferença nos estilos de vida e nas orientações valorativas, que pode tanto expandir o horizonte de compreensão da própria sociedade e cultura quanto fechar-se para reforçar identidades étnicas, nacionais ou políticas sectárias que se sentem ameaçadas.

Entra em questão o fato de que há três ou quatro décadas Portugal se pensava como não sendo uma sociedade plural (cf. MARTINS, *apud* GONÇALVES); no entanto, não é apenas de hoje que sua história e realidade não podem mais negar a pluralidade de que sempre foi revestida. A face de país de emigração muda no presente, pelo contingente de emigrantes retornados que trazem consigo hábitos, costumes, valores de países onde viveram e contra os quais levantou-se a voz do Zé do Rio Minho. Por outro lado, imigrantes de diversas procedências chegam a Portugal em razão do intenso movimento de pessoas na face do planeta, fazendo de Portugal um país de imigração e desencadeiam, assim, temores diversos, conflitos e resistências. Por essa razão, Portugal é hoje (e sempre foi), uma sociedade multicultural: em sua estrutura e organização; no conjunto de povos que habitam o seu território; pela diversidade de hábitos, costumes, valores e culturas que permeiam as relações sociais; por sua forma política e social, como Estado-nação.

A diversidade cultural interna da sociedade portuguesa, que não é recente e é constitutiva de um *ethos* próprio que a singulariza no conjunto das nações européias, configura-se como sua riqueza e seu desafio, sua identidade e ameaça, já que é, a um só tempo, complemento, contraste e conflito da nação portuguesa enquanto tal e enquanto país comunitário.

Como diz Iturra (*apud* SOUTA, 1997), até o começo do século XX, o mundo se dividia em "nós" e "eles". "'Nós', os do povo que contempla todo o resto da humanidade; 'eles', toda a humanidade que não é 'nós' [...] No entanto, uma explosão acontece, livres da disciplina comandada pela Europa, os grupos 'eles' aparecem no meio do grupo 'nós' e começam a semear a confusão do entendimento das memórias, dos mitos, dos ritos, das disciplinas" (p. 11-12). Dois grupos, diz Iturra, a coexistirem dentro do mesmo território, olham-se um ao outro com "um certo ar de distância e desconfiança" (p. 12). A razão está em que, para Portugal fazer parte da Comunidade Européia, como país membro da UE, desencadeia uma série de tensões que colocam em jogo a história própria do passado e do presente, frente às exigências e diretivas da União Européia. O campo de tensão é marcado pelos princípios homogeneizantes necessários para constituir um bloco comum europeu fortalecido e a heterogeneidade de que Portugal-nação é historicamente revestido.

Nesse contexto, "'eles' e 'nós' resultam unidos pela necessidade de se habilitarem, por meio da educação, para conseguirem um trabalho que seja interessante para eles e para a sociedade multicultural que 'nós' passamos a ser" (ITURRA, apud SOUTA, 1997, p. 13); em causa, as possibilidades de o "outro" se adequar às regras da sociedade de acolhimento e, de esta encontrar equilíbrio no conjunto das relações sociais e políticas. "Eles" e "nós", realidade que dividida por clivagens sociais diversas, coloca por risco, processos que favorecem a emergência de contradições, conflitos e, principalmente, racismo. Assim, a Europa de hoje toma como um de seus valores o direito à diferença, mas, segundo Aymard (apud BRAUDEL, 1996), enfrenta sérias dificuldades em aceitar esse mesmo direito. Parece ser esta a razão de a Europa ser vista pela UE como espaço educativo e formular princípios gerais para políticas locais voltadas para a educação. No entanto, o quê e quem educar tem por centro o "outro". A pergunta é: para torná-lo um semelhante? Um "mesmo"? A *educação* e a *escola* estariam repetindo ou, efetivamente, transformando a história?

A sociedade multicultural: entre iguais e diferentes

> Os povos de Angola, Brasil, Cabo Verde, Guiné-Bissau, Moçambique, Portugal e São Tomé e Príncipe comungam profundos laços de sangue, história e cultura, os quais expressam de forma incontestável e eloqüente na língua portuguesa, comum a esses povos.
>
> (ALMADA, 1996, p. 4)

A epígrafe acima aponta para uma visão bastante comum entre países de língua portuguesa, em razão da crença de que tais povos citados são cidadãos de países irmãos, países que *comungam,* que possuem *laços de sangue, história e cultura.* Efetivamente, tais laços existem, porém, quando buscamos compreender um pouco mais a sua natureza, deparamo-nos com uma realidade bem mais complexa e bem menos conhecida.

A semelhança da língua e de nomes, assim como da raiz cultural, poderia levar à suposição, por parte dos pesquisadores em geral, de que os filhos do mundo africano de língua oficial portuguesa, seriam parte de um mesmo grupo ou de uma mesma cultura e, nesse sentido, não se distinguiriam no todo da sociedade portuguesa.

A presença cada vez mais significativa de imigrantes africanos de língua portuguesa e do significado dessa presença em terras lusitanas, a partir de 1995 e, de modo significativo, entre 1998 e 2001, fez crescer a produção acadêmica com respeito aos africanos e seus filhos em Portugal. Certamente, o fato teria a ver com o fenômeno da imigração africana para Portugal que se intensificou, de modo significativo, nos anos de 1990, emprestando ao próprio movimento migratório uma nova face, ainda em constituição e não definida claramente, como de interesse maior.

O africano, proveniente das antigas colônias portuguesas à semelhança do português que emigrou para o Brasil, partilha aspectos culturais comuns à cultura portuguesa e fala português, mas, no entanto, é um africano e, como tal, um negro, o que por si só define, à partida, uma diferença irredutível que o coloca diante da sociedade portuguesa de modo particular e específico. Assim, entre semelhanças e diferenças, os africanos emigrados e seus filhos confirmam a pertinência da afirmação de José Saramago, que se referindo ao Brasil e a Portugal numa entrevista à televisão brasileira, afirmou não ser uma boa idéia falar-se em países-irmãos, que comungam laços de sangue, pois, segundo ele, tal expressão remete à idéia de *família* e é no seu seio que se instauram os maiores conflitos. O mesmo se pode dizer das relações entre África e Portugal, já que os conflitos que marcam no presente a presença africana em Lisboa parecem encontrar algum significado na história da constituição de uma "família alargada" de Portugal com suas colônias, bem como, atualmente, parecem dizer respeito a algumas das conseqüências geradas por ela na vida de portugueses, como também na de africanos.

A história de uma "família alargada" remete-nos ao chamado *3.º Império* português, como momento de defesa das possessões ultramarinas em que uma idéia "toma corpo, sobretudo, a partir da segunda metade do século XIX – da indivisibilidade e solidariedade do ultramar português" (THOMAZ, 1997, p. 17). Portugal e suas colônias se transformam então em um só povo, uma só nação. "Trata-se de 'terras portuguesas' ou de 'pedaços da nação' espalhados pelo mundo." Realidade que se confirma na década de 1930 (século XX), "na forma da lei, e (em que) a razão de ser de Portugal se traduzirá, outra vez, na possessão dos espaços coloniais [...]" (*id., ibid.,* p. 43). Nas três primeiras décadas do século XX, tem-se o apogeu político e ideológico de Portugal como nação ultracontinental e ultramarina, até que em 25 de Abril de l974, com a chamada Revolução dos Cravos, tal império e sua ideologia encontram seu fim. Acabou-se o império, mas teria acabado totalmente sua ideologia?

A importância do *3.º Império* marcou o povo português, bem como a todos os demais povos das colônias – da África à Ásia. Mais do que tudo, gestou na pele e na alma do colonizado uma "mentalidade colonial que infletiu distintas realidades" (THOMAZ, 1997, p. 10) e, com ela, uma constante invenção e afirmação das tradições. Segundo o autor, todos os portugueses foram partícipes de um drama que se realiza em terras longínquas do império – "uma nação que encontrou no império sua tradução e sua razão de ser", cujo final da história é hoje bastante conhecido: a guerra e, com ela, as novas realidades políticas, sociais e culturais que originam os PALOP – Países Africanos de Língua Oficial Portuguesa.

A história, portanto, que permeia e cruza as realidades passadas e presentes dos países integrantes dos PALOP e de suas gentes constitui o ponto de partida do que aqui irá se discutir: a ambigüidade e a ambivalência de se "ser português" e "ser africano" coloca em questão o quanto dessa ideologia referente à "família alargada" de Portugal e África permanece para portugueses e para africanos tanto em África como em Portugal.

É na reinvenção das relações de Portugal e África, através dos tempos e ao tempo de agora, que os diferentes povos africanos se tornam um "outro" e diferente. A partir do encontro com esse outro, pode-se afirmar que Portugal se fez duplamente *sujeito de reconhecimento* e *sujeito de apropriação,* enquanto a África se tornava mero objeto de reconhecimento e objeto de apropriação. Vale dizer, no uso dessa idéia emprestada e adaptada de Larrosa (1998, p. 85), que, no primeiro caso, Portugal, como sujeito de reconhecimento, "é aquele que não é capaz de ver outra coisa que a si mesmo, aquele que percebe o que lhe sai ao encontro a partir do que quer, do que sabe, do que imagina, do que necessita, do que deseja ou do que espera". No segundo caso, e de modo simultâneo, Portugal "é aquele que devora tudo que encontra, convertendo-o em algo à sua medida". No entanto, tal processo não foi e não é linear ou absolutamente centrado.

Com isso, um momento diverso de ruptura e de erupção se sucede, possibilitando que a África reaja, por meio da busca de autonomia e liberdade, tornando-se um *sujeito de experiência.* Como diz Larrosa, um sujeito que enfrenta o outro se dispõe a perder o pé e a deixar-se derrubar e arrastar por aquele que lhe sai ao encontro. Está disposto a transformar-se numa direção desconhecida (*id., ibid.,* p. 85). É assim que da *aliedade,* "com a alteridade distante [...] que acontece no processo de expansão do capitalismo, no qual se coloniza e se 'estatifica' o mundo", adentra-se ao processo marcado pelas *alteridades* cada vez mais próximas e diversas que resultam "dos profundos processos que configuram de uma maneira radical as nascentes sociedades nacionais" (SANTAMARIA, 1998, p. 55). Entre a aliedade do passado e as alteridades do presente, a história comum de Portugal e da África se faz assim uma história de invenção e reinvenção constantes de si mesmas, uma história de encontros e desencontros.

Os encontros e desencontros da história de Portugal e África em solo africano e em solo português remetem a um tempo pretérito da colonização e dizem também de um tempo presente da imigração africana de língua portuguesa em que os diferentes povos africanos se tornam um "outro" e um problema – uma história que se confunde com a história de vida de Dafá, um imigrante guineense, como também com a de tantos outros imigrantes africanos, sejam eles cabo-verdianos, angolanos, são-tomenses ou moçambicanos. Diz Dafá:

> [...] *nasci numa pequena aldeia de Bissau* [...] *Passei minha infância naquela aldeia. Depois numa altura* [...] *os nossos familiares que viviam na cidade tinham uma tendência de ir buscar uma criança na aldeia, diziam eles para civilizá-la, portanto para entrá-la num ambiente mais civilizado. Entre os meus irmãos eu era o mais velho, portanto tinha que assumir essa tradição* [...] *Então foi por isso que eu fui, portanto, fui para a cidade* [...] *encontrei logo um* [...] *portanto, choque que é a vida na cidade, era completamente diferente da vida na aldeia. Na altura eu tinha 8 anos.*

A vida na cidade, conta Dafá, era de trabalho, *"era uma coisa de lavar os pratos, limpar a casa, ir buscar água* [...] *é* [...] *a fonte"*, atividades que na aldeia eram responsabilidade das mulheres. Outro ponto de choque foi a língua; Dafá é da etnia balanta e para viver na cidade teve de aprender a falar o crioulo e, depois, já na escola, aprendeu o português, até vir a ser um professor de português do ciclo preparatório. Mas, tendo crescido num universo de referência portuguesa – a professora lia histórias infantis portuguesas que ele decorava e repetia – Dafá alimentou e ainda hoje alimenta o sonho de se fazer escritor e publicar seus contos e poemas em língua portuguesa. Mas como fazê-lo se, como ele próprio diz, *"eu escrevo e tenho dificuldade na expressão, às vezes, é [...] escrevo português e a expressão é crioula"*. A professora de língua portuguesa o incentiva então a ir para Portugal para aprender português. O projeto de emigrar nasce aí, no desejo da língua do "outro" que admira e se reforça no fato de que *"a própria situação da Guiné-Bissau, a situação econômica, política, já pedia a imigração, e eu refugiei-me, eu refugiei-me e pronto, nessa... nesse curso de aperfeiçoamento da língua portuguesa cá em Portugal para emigrar"*. É como estudante que Dafá chega em 1988 a Portugal para não voltar.

Porém, outro choque o espera na sociedade de acolhimento. Aprendera na escola que a Guiné fazia parte de Portugal e que os guineenses eram portugueses do ultramar, Portugal era, portanto, sua terra. Ao chegar em solo português, desvela-se uma face de Portugal que ele não conhecia. Passa por muitas dificuldades e só consegue sair das obras onde trabalha como peão para um trabalho mais leve – uma loja – pelas mãos piedosas de uma freira portuguesa. Com isso, recomeça a estudar e a escrever e, embora ainda não tenha nada publicado, continua a sonhar com isso. Mas o sonho hoje é um pouco diferente. A face desconhecida de Portugal como país de acolhimento revela a ele a discriminação e o racismo, revela o valor de sua cultura africana. Diz ele:

> *Nós, os guineenses, tínhamos dois valores [...] que é: honestidade e sinceridade. Perdemos esses valores agora, aqui em Portugal.*

Para Dafá, após a independência, mudou a Guiné-Bissau, mudaram os guineenses, mudaram os portugueses, antes acolhedores e simpáticos, agora racistas, um racismo que "começou agora", nos anos de 1990, com a imigração. Assim diz ele:

> *[...] a amargura da imigração, da imigração que sofri, não espero que nem o animal, o gato, o cão da minha casa, venham cá sentir isso. Portanto, não quero que a minha família experimente o que eu experimentei com a imigração.*

Por conta da experiência e da dor vivida como imigrante, Dafá percebe sua cultura africana transformada que o leva a afirmar: "[...] quando cá cheguei e vi que realmente, percebi que realmente que temos uma coisa boa, que é o crioulo, temos nossa cultura que temos que valorizar." A imigração, diz Dafá, o leva a se redescobrir como um balanta, um guineense e, como tal, um negro. Na condição de imigrante, Dafá descobre a necessidade de ter

> *que assumir a sua pele, diante do branco, [assumir] que é preto, assumir sua cultura, assumir sua diferença, [já que] o preto cá em Portugal é discriminado, qualquer preto, seja qual for. Mesmo que tenha curso superior, não sei o quê*[...]

A razão parece ser, como diz R. Garcia (1998), fruto de um processo de fabricação do "outro", que é esculpido traço por traço, num processo social e quotidiano, já que, "sobre a diferença da cor, fabricamos o negro [...] sobre a diferença de origem geográfica convertemos o forasteiro [...] em estrangeiro... E assim de cada um deles fazemos um estranho" (*id., ibid.*, p. 24). Isto ocorre, diz o autor, no momento em que toda a possibilidade de identificação e reconhecimento encontra-se escindida, ou seja, rompida, dividida, e em que a possibilidade de encontro está negada. Que momento é esse?

É o momento particular, vivido pelas novas nações africanas que, por suas dificuldades sociais, econômicas e políticas, ensejam por parte dos povos africanos de língua portuguesa, a emigração. Um processo que, invertendo o caminho das caravelas, traz para Portugal, agora continental e europeu, cada vez mais um contingente expressivo de imigrantes africanos, que têm, entre os mais velhos, a crença e o valor suposto de serem eles, além de africanos, portugueses, independente ou não da nacionalidade.

É nesse contexto situado e historicamente produzido que se rompe a idéia ou crença de uma realidade de países-irmãos entre Portugal e África, que falam a mesma língua, possuem uma história comum e supõem um estar entre iguais. Entre iguais? Como explicar que filhos de imigrantes, os novos luso-africanos, nascidos em Portugal, sejam vistos como imigrantes e estrangeiros? Como explicar que o imigrante dos PALOP acredite, ao migrar para Portugal, que esta é também sua terra? Como explicar que, ao chegar em Portugal, esse migrante se descubra africano e estrangeiro? E mais, indesejável?

Colonização e "identidade portuguesa": o caso dos PALOP

A constituição do império colonial português e a política salazarista possibilitaram a que inúmeros africanos obtivessem a identidade portuguesa nos tempos das "províncias ultramarinas". Posteriormente, segundo Bastos e Bastos (1999, p. 15), a descolonização e os movimentos de libertação africanos concluídos após 25 de Abril exponenciaram os processos migratórios para Portugal de naturais das ex-colônias e/ou de minorias étnicas tradicionalmente estabelecidas. A estes, agrega-se a emigração que resulta das convulsões econômicas, políticas e militares, tanto legal como clandestina, vinda de toda a África, da Ásia e, mais recentemente, dos chamados "países do Leste" – Ucrânia, Bósnia, Croácia, etc. Como disse uma portuguesa: *"Hoje o Leste está por todo lado [de Portugal], está de norte a sul!*"[1]

No crescimento da presença estrangeira em Portugal nas décadas de 1980 e 1990 do século XX, destaca-se a presença dos africanos provenientes dos PALOP, o que conduz as estatísticas a revelarem serem estes aproximadamente a metade do total de imigrantes aí estabelecidos. No final de 1996,[2] foram apresentados mais de 35 000 pedidos de autorização de residência, correspondendo a, certamente, mais de 35 000 pessoas. Com isso, o total de estrangeiros ultrapassa aos 200 000, e a taxa de crescimento entre 1986 e 1996 salta para mais de 130% (MACHADO, 1997, p. 28). Em dez anos, a taxa de crescimento da presença africana, sem distinção daqueles provenientes dos PALOP, aumenta significativamente. No período, os fluxos a partir dos PALOP correspondem a 95% do total de entradas em Portugal frente a 2,3% do total de estrangeiros (*Ibid.*, p. 29).

---

[1] Imigrantes do Leste chegam a Portugal a partir de 1999, e tornam-se significativos em 2000 e 2001 e, embora não constando ainda das estatísticas oficiais e não sendo objeto sistemático de pesquisa por parte dos pesquisadores, certamente constituem uma realidade que já está a exigir investimentos dessa ordem.

[2] Entre Maio e Junho de 2001, o governo português fez nova tentativa de regularizar os imigrantes, obrigando os patrões a declararem esses trabalhadores e fazendo inspeções nos locais de trabalho, principalmente na construção civil, com bons resultados, mas cujos dados não se encontram disponíveis.

Lançando mão de outras fontes adicionais, Bastos e Bastos (1999) demonstram existir uma variação positiva da presença africana em Portugal entre os anos de 1991 e o final de 1998, com um considerável crescimento da presença dos imigrantes dos PALOP, algo em torno de 234,1% num período de sete anos.

No período de inscrição para regularização de cidadãos indocumentados (clandestinos) ao final de 1995, havia cerca de 23 400 pedidos de imigrantes dos PALOP, a maioria na região de Lisboa. Desse total, 8323 eram de angolanos, 6589 de cabo-verdianos, 5030 de guineenses, 1478 de são-tomenses e 365 de moçambicanos. Num total de 21 776 pedidos da região de Lisboa apenas 0,3% não foram aceitos, num claro movimento do governo português em atender aos falantes da língua portuguesa. Ainda, em acordo com Bastos e Bastos, para as comunidades envolvidas, os números encontram-se subestimados, posto que o montante de clandestinos que não se cadastraram naquele momento supera em muitos milhares os então legalizados.

Ainda que a predominância cabo-verdiana em Portugal venha diminuindo a cada ano, continua a ser, de longe, o grupo mais numeroso em Portugal, nomeadamente em Lisboa. Na década de 1990, a proporção de imigrantes cabo-verdianos diminuiu de mais de 70% para cerca da metade do total dos imigrantes dos PALOP. Em sentido contrário, angolanos e guineenses tiveram os seus pesos relativos multiplicados por dois e três, respectivamente, e certamente o fato resulta das instabilidades políticas desses países. Os moçambicanos são os únicos a diminuírem a sua proporção, enquanto os são-tomenses continuam, no entanto, a representar apenas cerca de 10% de toda a imigração proveniente das antigas colônias africanas.

Do montante dos dados resulta um fato marcante na constituição recente da imigração em Portugal que é a presença maciça de imigrantes de língua portuguesa, ou seja, de imigrantes dos países considerados. Como afirma Machado (1997, p. 31-32), se vistos apenas os sujeitos da migração laboral, não há como negar a esmagadora imigração oriunda dos países lusófonos.

A imigração dos PALOP é um fenômeno que cresce e se intensifica nos anos de 1990. A razão está em que tais movimentos correspondem "à necessidade de importação de mão-de-obra" e tornam visível na sociedade de acolhimento "um novo tipo de tensões sociais, as tensões interétnicas" (BASTOS e BASTOS, 1999, p. 11). Da mesma forma, dizem os autores, os fluxos das "periferias" africanas dizem respeito à "processos de libertação identitária e política (caso dos PALOP) e também aos processos de globalização econômicos" (*idem, ibidem*).

Nesse contexto, pergunta-se: qual é o Portugal que a África encontra hoje?

Para responder a essa pergunta, primeiro, é preciso entender que, de acordo com os dados de imigração africana, Portugal começa a ser opção de instalação definitiva a partir do momento em que, por pressão da União Européia, é barrada a entrada de imigrantes africanos em outros países europeus.

Segundo B. Santos (1996a), as colônias portuguesas nunca foram colônias plenas, já que Portugal estendeu-lhes a sua zona fronteiriça e permitiu ser usado como passagem de acesso às culturas centrais até à emergência da CEE, hoje UE.[3]

A imigração dos PALOP para Portugal ocorreu em massa num período em que a Europa importava mão-de-obra em grande escala. Portugal, assim, servia de porta de entrada para a Europa pujante. Hoje, na etapa atual da globalização, voltada para a especulação imobiliária e financeira, o mercado de trabalho encontra-se limitado para os imigrantes africanos. O Estado português, incapaz de solucionar os problemas sociais causados pelo desemprego que afeta as grandes massas de nacionais e de imigrantes africanos, legais e ilegais, todos vivendo em Portugal, nomeadamente em Lisboa, enfrenta problemas cada vez maiores. Conforme Machado (1994), as migrações dos PALOP para Portugal foram basicamente:

> Anos de 1960 – cabo-verdianos para a construção civil. Nesse momento "cabo-verdianos" e "africanos" eram termos sinônimos.
> Anos de 1970 – africanos das ex-colônias portuguesas, em maioria Angola e Moçambique.
> Anos de 1980/1990 – imigração para a construção civil e emergência da categoria "imigrante" e "imigração" no discurso político.

---

[3] A União Européia–UE – constitui-se como parte da unificação de países europeus no interior de um bloco econômico, social e político que a partir de 1992 substitui a Comunidade Econômica Européia – CEE.

A esse quadro agregam-se as migrações internas de portugueses pobres da zona rural em direção às cidades, principalmente Lisboa. Brancos portugueses, pobres e analfabetos irão disputar o mercado de trabalho e coabitar o mesmo espaço com os imigrantes de outras origens e, em particular, com os africanos dos PALOP. Disso resulta uma reordenação do espaço social e físico da realidade urbana portuguesa. Com ela, um campo de tensão, violência e discriminação se impõe como fato e realidade.

Como diz Piselli (1998, p. 3),

> graças à imigração, esses países (centrais) puderam resolver os problemas da falta de mão-de-obra e incrementar sua produção potencial [...]. Por seu lado, o trabalhador imigrante, que dá a maior contribuição para o crescimento econômico do país hospedeiro, experimenta discriminação e marginalização econômica".

Diz um imigrante:

> *Dantes, ou até depois da Independência [da Guiné] ainda as coisas estavam a correr bem [entre africanos e portugueses], o racismo português aumentou quando Portugal integrou a CEE [Comunidade Econômica Européia] e quando viram que agora [com a União Européia] já não vão precisar dos pretos. Agora precisam mais da CEE [leia-se UE], formar aquele conjunto, aquela roda, da CEE [UE], não vão precisar muito dos pretos, dos países pretos...*

Entre 1991 e 1996, o índice imigratório aumenta significativamente para imigrados dos PALOP e o que se tem é uma população imensa e numerosa de imigrantes africanos. Considerando-se o mercado competitivo que se observa hoje em todo mundo, isso representa uma ameaça para os portugueses em termos econômicos. A fala de uma senhora portuguesa é bem esclarecedora:

> *... a nossa mão-de-obra... eu quando falo daquele racismo que há, ãh... entre aspas é claro, entre os... portugueses e os imigrantes é que nós reclamamos emprego, mas nós... não somos que vamos trabalhar nas obras...*

Nesse sentido, uma aparente contradição se expõe: questiona-se a presença crescente dos pretos, temendo-se por empregos, mas se reconhece que a construção civil não é espaço de trabalho para os portugueses e, portanto, há outros aspectos envolvidos na atitude racista. *"Eu penso é que, em termos de cultura, há um choque grande..."*, diz a senhora portuguesa. A problemática posta no âmbito cultural revela, no entanto, que apesar da discriminação e preconceito, esses grupos não deixam de manifestar seus costumes e sua cultura e que, a qual não fica indiferente o português. Pode-se, então, verificar em Portugal a presença fortíssima da cultura africana e, numa segunda contradição, a relação dos portugueses para com ela. Discotecas de música africana e comer uma *cachupa* ou um *calulu* são convites que portugueses fazem constantemente aos estrangeiros que passam. É o exótico, mas não só. Famílias inteiras se movem para verem o Dia da Cultura Africana, promovido pela Câmara de Lisboa no mês de Maio, ou para irem à Feira da Ladra, onde os africanos se fazem presentes. O Dia de Portugal – 10 de Junho – é hoje Dia de Camões e das Comunidades Portuguesas. O cartaz da rua conclama a participar, mostrando que de Angola virá se apresentar o *ballet* Kilandukilo, do Brasil, uma capoeira, de Cabo Verde, o grupo Batuque, de Goa, o grupo de danças Casa de Goa, da Guiné, Netos de N'Gume, de Moçambique, Xipane-pane, de São Tomé e Príncipe, o grupo de dança são-tomense, de Timor, grupo Tatai Mai Lai e, finalmente, em *último lugar* (grifo meu), o cartaz anuncia Portugal, grupo de Pauliteiro.

Todos os modismos e eventos parecem indicar que a África é aqui e que todos são um pouco africanos. Ou, talvez, não! A senhora negra na Praça do Comércio, também conhecida como Praça d'África, ao esbarrar numa turista branca, exclama: *"Isto aqui nem parece Portugal! Mais parece a África do Sul!"* Será que a paisagem urbana de Lisboa já se encontra tão enegrecida a ponto de suscitar um comentário com esse teor? Será que há brancos de mais mudando a face de Portugal? A questão expõe um contra-senso? Constata um fato? Qual a sua razão?

Para a nação portuguesa, a presença africana representa uma mudança à qual não se sabe o quanto os portugueses estão preparados para enfrentar, considerando a inclusão desse país na União Européia.

"A Europa sempre foi um continente multicultural." Mas, curiosamente, diz Souta (1997, p. 27), "foi a construção de um bloco econômico e político – a União Européia (UE) – que fez emergir ultimamente a questão da diversidade étnica, cultural, lingüística e religiosa do 'velho continente'". No entanto, não se sabe ainda, como tal heterogeneidade, acentuada pela presença de imigrantes, poderá encontrar coesão social e política, já que a globalização supõe um mundo cada vez mais unificado e coloca em jogo a reafirmação das identidades locais e nacionais. Nesse processo, tanto os imigrantes africanos mais antigos, quanto seus filhos nascidos em Portugal já sentem as conseqüências da condição de não serem plenamente portugueses e de serem "cidadãos de segunda classe". Por esta razão, a incipiente etnicidade, principalmente de cabo-verdianos, que surge nos anos de 1990, decorre do fato de serem estes, numericamente, o contingente mais expressivo, de escolarização de nível médio a nível superior e, portanto, capazes de se organizarem politicamente. Os cabo-verdianos começam a trazer, por meio de associações de bairro, associações culturais, o renascimento das danças folclóricas, em função da autoafirmação de uma identidade, nesse caso, cabo-verdiana, mas que também é portuguesa. Durante toda a década, outros grupos dos PALOP, de modo mais lento, seguem o mesmo caminho.

A organização dos diferentes grupos, principalmente entre a segunda e terceira geração, emerge da exigência de ser reconhecido como luso-africano, ou seja, um sujeito de dupla condição, que é negro, porém português, e, como tal, começa a compreender que também têm direitos. A essa condição, o Estado português parece não estar suficientemente preparado para enfrentar. A maioria dos jovens negros e pobres não tem o mesmo nível de organização de outros segmentos, mas, cada vez mais, buscam se organizar em torno de associações culturais, recreativas, de bairro. Assim, com o apoio de ONGs, entidades civis de direitos sociais e de direitos humanos, tentam construir um mundo melhor para si mesmos e desencadeiam um processo de mudança, confrontando-se com as políticas locais e nacional de direitos, demandando vê-los respeitados.

Hoje, em Portugal, não se vêem apenas as manifestações culturais típicas dos PALOP, mas se vê também entre os jovens, que são maioria, a influência de um movimento negro com características do movimento negro americano, com expressões próprias do *hip hop,* ou seja, *o rap,* o *graffiti,* o *break,* além de outras manifestações que cruzam patrimônios culturais diversos e constroem modos de ser e de viver múltiplos e diversos (MARTINS, 1997; CONTADOR, 2001). Como afirma Ianni (1996):

> As migrações transnacionais, intensificadas e generalizadas nas últimas décadas do século xx, expressam aspectos particularmente importantes da problemática racial, visto como dilema também mundial. Deslocam-se indivíduos, famílias e coletividades para lugares próximos e distantes, envolvendo mudanças mais ou menos drásticas nas condições de vida e trabalho, em padrões e valores sócio-culturais. Deslocam-se para sociedades semelhantes ou radicalmente distintas, algumas vezes compreendendo culturas ou mesmo civilizações totalmente diversas. Além dos que migram pela primeira vez, realizando uma experiência difícil, traumática ou reveladora, há os migrantes descendentes de migrantes. São indivíduos, famílias ou coletividades que já possuem alguma idéia do movimento, do significado das fronteiras, das possibilidades da transculturação [p. 3].

Os africanos e sua descendência – os luso-africanos ou novos luso-africanos – formam um setor importante e controverso nos processos de modernização da sociedade portuguesa. São eles a presença ativa na construção/reconstrução da nação portuguesa que constituem uma parcela significativa da força de trabalho, erguem e alçam o país à sua condição européia. Constroem pontes, abrem estradas, recuperam edifícios e transitam pelo espaço português, tornando visível sua presença e tornando disponível a compreensão geral, queira-se ou não, que não apenas aí estão mas que são necessários. A verdade é que, se os africanos buscam Portugal, porque dele necessitam, em razão das dificuldades vividas em seus países de origem, Portugal não lhes necessita menos.

Por outro lado, no pensamento social português, muitas vezes, são representados como sendo os "filhos bastardos" da colonização e que, Portugal, como país colonizador, deve-lhes agora algum retorno. Nessa concepção, "que façam a vida", que se beneficiem do que lhes pode ser oferecido como meios, recursos e formação, mas, conseguidas as metas, que retornem. Aqui não é o seu lugar. São eles, os da "banda de lá"; a África, é para lá que devem ir, embora nem todos assumam abertamente tal pensamento.

Ao mesmo tempo, um outro olhar se apresenta dividido pela história colonial e pelas conquistas dos portugueses com relação a si próprios. Trata-se da história de luta por liberdades, que marca uma parcela da cultura política portuguesa, com um pensamento de teor profundamente democrático. Diferentes falas, mais críticas, parecem indicar um certo *ethos,* quase uma naturalização de um espírito português libertário, marcado por uma concepção de direitos, ou ainda, como disse um escritor português, marcado por uma culpabilidade enorme da qual querem os portugueses se redimir. Uma outra possibilidade, que não nega e não se distancia das anteriores, está no fato de o próprio português ter nascido ou vivido a maior parte da vida na Guiné, Angola, Moçambique e Cabo Verde. O que também o divide. Não é raro, após algum convívio, se ouvir:

> *... ãh... os negros, ãh... a Neusa [pesquisadora] sabe isso...*
> *sou da Guiné, nasci na Guiné*
> *... é ... tem uma coisa. Eu nasci em Moçambique...*
> *Vivi toda minha infância e juventude em Angola. Meus pais tinham uma fazenda no interior...*
> *Sou angolana de nascimento...*
> *Sou português... também sou africano...*

Emerge desse contexto ambíguo um certo resquício de responsabilidade pela opressão colonial e um certo sentimento de dever que geram no pensamento social concepções diversas. É parte desse processo a criação de mecanismos para, numa concepção de direitos humanos, possibilitar condições adequadas aos africanos e seus descendentes. O que se faz é a instrumentalização dos imigrantes para que possam gerir seus destinos em Portugal ou em terras africanas. Por outro lado, o fato de muitos portugueses terem origem africana os leva a ponderar para o benefício enriquecedor da diferença, quer seja ela econômica, social ou cultural. Considera-se também, o que se acredita, é e sempre foi, no pensamento da nação, parte da cultura e história portuguesa: sua abertura e flexibilidade em relação ao "outro". Dizem esses:

> É tempo de passarmos a olhar a imigração como um benefício para o país não só de ordem econômica, como também de ordem cultural e social, assim como acreditamos que os nossos

quatro milhões e meio de compatriotas que emigram lá para fora levaram algo de nossa riqueza cultural e social para os países onde agora vivem. Nesta capacidade de convívio intercultural e de solidariedade intersocial reside o mais rico de nossa cultura e da nossa história portuguesa (CACHADA, 1995, p. 2).

O que aqui se pergunta é o quanto dessa capacidade de convívio de fato se realiza? Qual a sua natureza frente aos imigrantes africanos, quer sobre seus filhos ou netos – os luso-africanos, os novos luso-africanos? Afinal, afirma uma interlocutora portuguesa:

> São muito conscientes [os africanos] e falam muito da... da diferença de vida que eles tinham lá [na África]. Como é que nós os recebemos e agora como é que os discriminamos. Porque nós discriminamos, nós somos... eu acho que o português é muito... receptivo... a qualquer povo. Temos essa faculdade, mas eu penso que depois há um completo... ãh... latente [racismo, preconceito], e isto tem a ver com empregos, muitas vezes.

Ainda que tenha a ver com a competição no mercado de trabalho, é bastante claro que o fato da discriminação e do racismo não se encontra a ele limitado. Assim, seria a realidade portuguesa intercultural e marcada como de solidariedade intersocial? Quais as marcas e pertencimentos de sua cultura, frente ao contato entre povos, frente ao contato entre culturas diversas? Como pensar os espaços d'África na Lisboa de hoje?

Espaços d'África na metrópole lisboeta

O espaço urbano é expressão maior de uma ordem globalizada e moderna, tornando-se palco e cenário de processos manifestos da eliminação de fronteiras nacionais e centro de implementação do mercado de bens e de trabalho. Por outro lado, um outro olhar revela que as cidades e as metrópoles resultam, também, das formas de apropriação, ocupação e uso do espaço por meio de suas gentes, permitindo esquadrinhar-lhes a vida por meio dos fluxos e redes que se constituem nas e pelas relações aí estabelecidas. Tais relações demarcam proximidades e distâncias espaciais e sociais que dizem da cidade e dos que aí vivem. É por esta razão que "as cidades e os imigrantes são indissociáveis", diz Malheiros (2001, p. 389), principalmente no caso europeu contemporâneo, em que grandes contingentes de imigrantes experienciam formas crescentes de marginalidade, exclusão e pobreza, ainda que as economias locais que compõem a UE experienciem uma condição, cada vez mais, de maior riqueza.

Assim, as experiências sociais no espaço urbano, nas mais diversas e distantes partes do mundo moderno, mostram que a pobreza tem a função de espelho, no qual a imagem de cada um e de todos se encontra refletida. Refletem, ainda, os caminhos seguidos pelo capitalismo neoliberal que em seu desenvolvimento fomenta e abastece uma nova ordem de desigualdade social vertiginosa e de uma conjunção explosiva de miséria feroz (WACQUANT, 2001, p. 6). Por essa razão, "o pobre, por sua própria existência, põe em causa a nossa organização social. Ele é uma negação das escolhas feitas. Ele reflete uma imagem desvalorizada desta sociedade de consumo que se quer a serviço de todos" (TACHON, *apud* CARDOSO, 1993, p. 14). Por sua vez, elementos como raça, cor da pele e gênero se agregam à pobreza e, como diz Tachon, colocam em causa a organização social de um grupo ou sociedade e, com ela, seus muitos conflitos e o drama do ser humano: como viver junto? Como ser aquilo que se é?

Ao se moverem no espaço da cultura e da sociedade que lhe é própria, o indivíduo e o grupo a que pertence constroem uma imagem possível de si mesmos no espelho. Ao se moverem no mundo a partir dos processos migratórios, essa imagem se estilhaça, para ser recomposta em suas muitas possibilidades e, assim, poder dizer de cada um e também do outro – dizer daqueles que fazem parte da sociedade e dizer dele próprio, que nem sempre é por essa sociedade inteiramente acolhido. "Marginais da cidade" (WACQUANT, 2001, p. 2), são expressão das mudanças dos pólos mais avançados das economias capitalistas e sujeitos "que habitam as regiões mais inferiores do espaço físico e social [...] parte de uma divisão etnorracial nas metrópoles do primeiro mundo nas três últimas décadas" e conformadora das "regiões de exílio" existentes em Chicago, São Paulo, Paris, ainda que com formações sócio-espaciais distintas (p. 3-4).

O problema da marginalidade urbana, discutida por Wacquant (2001) com relação à América Latina, Europa e aos Estados Unidos, expõe a natureza do sistema hierárquico de cada sociedade em que "os efeitos da estigmatização territorial e nas estruturas e estratégias sociais locais põem a descoberto os princípios de visão e de divisão sociais que moldam a consciência e as práticas de seus respectivos habitantes" e, em particular, dos "segmentos da classe trabalhadora e categorias etnorraciais dominadas" (p. 3-4).

Estão em jogo, o que cada indivíduo é e o que carrega consigo como parte de sua história e que resulta da "trama de relações entre os próprios homens organizados para sobreviver e se reproduzir" (SANTOS e VARGAS, 1989, p. 15), na esfera material e cultural, no passado e no presente, no aqui e agora de suas existências.

Nesse sentido, falar de imigrantes negros e africanos, bem como de seus filhos, habitantes das periferias urbanas das grandes cidades, em particular as da Europa e de Portugal, significa falar de experiências da alteridade e pôr à mostra a viga da construção social aí vigente.

Lisboa: espaços e sujeitos sociais

Nas décadas de 1950, 1960 e 1970, Lisboa cresce em função da migração interna campo-cidade e esse fluxo ainda permanece nos dias de hoje. Já nos anos de 1970, a migração não doméstica irá incrementar o *boom,* porém ocupando agora os bairros mais periféricos.

Os migrantes internos desse período "vêm responder às necessidades do desenvolvimento industrial em mão-de-obra disponível e barata" (CARDOSO, 1993, p. 85). No final dos anos de 1980 e já em 1990, segundo a autora, as necessidades de mão-de-obra não qualificada na construção civil irão atrair novos migrantes internos e os da África, os quais se dirigem para bairros cuja população é em maioria proveniente de uma mesma área geográfica (p. 86). Cardoso afirma que, "de certa forma, os que vieram à frente acabaram por incentivar os familiares e amigos", convidam-nos a vir com eles, preparam-lhes o caminho. "São relações de parentesco e conterraneidade, de amizade, de vizinhança [...] que presidem continuamente o desenrolar de complexas estratégias de mobilidade geográfica [...]" (p. 86).

O que acontece com as migrações internas, em que alguém vem primeiro para trabalhar e depois manda carta para os parentes, conta maravilhas, diz para vir que tem muito emprego, acontece também com os migrantes extracomunitários. Um dia vem o resto da família, um tio, outro dia vem alguém que conhece ou conheceu um parente ou um amigo, que lhe deu a direção e que igualmente será acolhido. As cartas exercem esse poder, da mesma forma que a intensa troca de informações por meio de telefonemas, muitos dos quais se fazem aos domingos, dos telefones públicos do Rossio, da Praça do Comércio, da Praça da Figueira, em Lisboa – "Portas da África" (MARTINS, 1997) –, nas quais se formam imensas filas de africanos.

O ir e vir de parentes, a intensa mobilidade de amigos e de conhecidos, formam uma das muitas redes de comunicação entre os que estão em Portugal e os que ficaram na África. As cartas vão e vêm de modo constante. A comunicação desses grupos com a África é permanente. As viagens freqüentes para a África incomodam o português, que nunca sabe como é que os imigrantes conseguem dinheiro para viajar tanto. Muitos, com uma expressão clara de desconfiança, dizem: *"Pobre, eu sei..."* Para o africano, porém, isso não conta.

Uma jovem luso-africana diz desse "espírito" de ir e vir quando afirma: *"Hoje estou aqui, amanhã posso estar na França, amanhã posso estar não sei onde."* O que sua fala expõe é a natureza do contexto migratório, mas é, também, isso que é o africano, o que exige explicar seu modo de ser e olhar para a sua história do passado e do presente. Exige que se olhe, principalmente, para as formas de organização da família e da vizinhança, tanto em solo africano, como em Portugal, para compreender aí as formas de solidariedade e de conflito entre sujeitos sociais diversos. Exige que se olhe, fundamentalmente, para aquilo que os constitui enquanto imigrantes, a condição de força de trabalho. Como lembra Sayad (1998), "um imigrante é essencialmente uma força de trabalho, e uma força de trabalho provisória, temporária, em trânsito" (p. 54). O que os caracteriza é exatamente isso, a provisoriedade e o intenso trânsito físico e social de suas vidas.

Por esta razão, em Portugal, particularmente em Lisboa, nos bairros degradados em que moram, muitas famílias recebem sujeitos que nunca viram e que incorporam ao grupo familiar e na moradia, de forma que estes assumem aí um lugar e participam da vida familiar quotidiana, tal como os demais membros da família. Com isso, a composição familiar pode configurar uma grande família num período, para logo em seguida, pela mobilidade dos sujeitos, reduzir-se a poucos membros e não necessariamente contar com pai, mãe e filhos. Um dia pode-se ter dezoito pessoas das mais diversas origens morando numa mesma casa, vivendo e atuando como uma família e dali a dois meses pode-se ter dois ou três indivíduos sozinhos e não necessariamente ligados por um parentesco de fato, consangüíneo. A razão é simples: um já foi para a França, outro já foi para a Inglaterra, outro já foi para a Bélgica, outro voltou para África. Com isso, a relação entre sujeitos pode ser temporária ou não.

A própria condição do imigrante, pensada como temporária, e o fato de Portugal não ser visto pela maioria como um lugar de destino, mas como um lugar de trânsito, de passagem, contribuem para tanto, marcando a forma de ser e de viver em Portugal e em Lisboa. Da relação entre os sujeitos às relações com o espaço físico e social, o que se tem é uma realidade fluida, em constante movimento e flexibilidade. Do mesmo modo, maleável, flexível, é a organização das famílias.

A idéia de família nas comunidades imigrantes não tem uma correspondência com conceitos que definem a família no caso português. Do parentesco fictício entre amigos e compatriotas a outras formas de associação "nacionalista" (MARTINS, 1997, p. 51), tudo contribui para uma composição de grupo que localmente é designado por "família". Trata-se de um conceito "alargado" que cobre diferentes relações, desde o grupo até ao bairro. Cabe perguntar então o que é família no caso do imigrante?

A idéia de que a família, cuja composição não corresponde ao modelo tradicional de homem/mulher e filhos, seja uma família desestruturada já foi há muito criticada pela sociologia e tal conceito já não é de uso comum, posto que, como fato social, exige uma referência concreta, contextualizada, nem sempre possível de ser evidenciada. Necessita-se de muito mais dados para que se possa dizer se há ou não uma desestruturação.

Por outro lado, no caso africano, as famílias nunca foram famílias do tipo ocidental, cristão, sempre foram famílias alargadas. Nunca, por mais variados que sejam os grupos étnicos e as estruturas culturais africanas, o parentesco é tão restrito, como mostram diversos exemplos e principalmente aqueles que dizem respeito à infância. Uma criança nunca circula por uma única família tribal africana, ela circula por um grupo de parentes muito amplo e é considerada um membro dessa família ampla em que todos podem cuidar dela e em algum momento da sua vida ela pode estar morando com alguém, em outros, com outras pessoas, e assim por diante. A história de Dafá e de seus tios é um exemplo.

Em alguns casos trata-se de momentos rituais, em períodos em que, por exemplo, a criança tem de morar com o irmão da mãe, que é muito mais importante em algumas estruturas africanas do que o pai biológico. Mesmo porque em algumas realidades africanas não existe a concepção de pai biológico, o pai não é visto necessariamente como tal. Portanto, torna-se difícil falar em famílias desestruturadas, mesmo porque os próprios portugueses admitem em alguns momentos que a família africana nunca foi exatamente igual à família portuguesa. Diz uma entrevistada:

> *Nós sabemos que as relações familiares dos negros não são iguais às nossas. Todo o processo de parentesco deles não tem nada a ver com o nosso. E esta disparidade de culturas cria um confronto [...] Há uma reação...*

A reação estigmatiza e coloca a família negra de origem africana sempre sob o jugo de valores que não correspondem aos seus próprios e que ensejam processos de discriminação por parte dos portugueses e de suas instituições.

Na África, cabe lembrar, há casos de casamentos poligínicos, um homem, casado com várias mulheres, que tem filhos com todas elas e cuja estrutura doméstica envolve todas as mulheres e seus filhos. Há diferenças entre as várias mulheres – a mulher principal, a mulher mais jovem etc –, há uma hierarquia, mas há também uma convivência e os filhos de uma estrutura de casamento como essa encontram nas diversas mulheres e no sistema de parentesco que os envolvem um conjunto de relações que ordenam a sua própria forma de se comportar, de se perceber, de ser cuidado etc. Em Portugal, no contexto da imigração, muitas vezes, o homem ou a mulher refaz a vida familiar com novos companheiros, têm filhos dessa união e nessa nova unidade circulam os filhos da família que ficou na África, o que é compreendido como coisa natural.

Como dizem as agentes do SOP (Serviço de Orientação e Psicologia):

Há uma estrutura de vizinhança intensa [no bairro africano] em que as mulheres, independentemente de parentesco, cuidam das crianças umas das outras. Por vezes, os pais nem estão em Portugal. Um caso que conhecemos é o de uma mulher que já era amiga na África e que fica com os filhos da outra, toma conta. A criança [de origem africana] anda pelas casas do bairro e são cuidados, comem, etc.

Para os portugueses isso causa espécie e muitos vêem como sendo a negação da família ou ainda a família desestruturada, desorganizada. O que se tem é um olhar eminentemente do mundo europeu e a partir de uma concepção de família conjugal dada pelo modelo ocidental. No entanto, quando H. Martins (1997) recupera a idéia de família alargada, fala de "parentesco fictício",[4] referindo-se nada mais do que à família por adoção, que é uma categoria muito presente em toda a África e que em uma situação de opressão, de exploração e falta de referência e tudo o mais, como é a situação de imigração, tende a se reproduzir e a se ampliar. No país de acolhimento ocorre a readaptação familiar em uma situação de tensão, de limite, que é a situação do bairro degradado, de barracas, tornando possível recorrer aos modelos conhecidos desde a África para solucionar problemas novos interpostos à vida. Como, no entanto, pensar um conceito de família num contexto de imigração, de metrópole, de pobreza? Em primeiro lugar, em função de uma condição cultural, que por si só desfaz o conceito de família desestruturada, pois mostra que a lógica de organização do mundo africano obedece a outros referenciais, a outros parâmetros, que não o ocidental, cristão e branco, ainda que se esteja por inteiro dentro da realidade ocidental, branca e cristã. E aí pergunta-se: como analisar a família imigrante no contexto português? Importa perceber que não é pura e simplesmente uma transposição dos modelos africanos para esse contexto, como de fato não é. Uma leitura complementar é aquela que mostra que as populações marcadamente pobres sempre em várias partes do mundo e não só na

---

[4] Parentesco por adoção ou parentes fictícios resultam da presença no grupo familiar de pessoas, quase sempre em condição clandestina, que participam ativamente da vida familiar e que passam a ter uma espécie de estatuto familiar "adquirido" como parte de relações estruturais de entreajuda da "família alargada" (H. MARTINS, 1997, p. 60).

África se organizam por estruturas alargadas de família.⁵ Faz parte de um repertório cultural pensar a família como sendo composta por diferentes sujeitos, independentes até de laços consangüíneos – o chamado parente por adoção ou parentesco fictício (cf. MARTINS, 1997), o que permite aos africanos imigrantes constituírem estratégias de sobrevivência e ajuda mútua. Inúmeros relatos mostram isso e o de uma jovem luso-africana é um exemplo quando diz com quem mora, posto que tem de tudo, avó, parentes, amigos e madrinha.

Uma criança do Apoio Escolar (EB1 n.º 66) diz que está *"morando com a amiga da mãe"*, uma mãe que é uma mãe "postiça", porque a sua mãe verdadeira teve de trabalhar na França e seu pai está na África.⁶ Em algumas falas, os entrevistados mostram que numa casa moram sujeitos das mais diferentes origens, cujos vínculos nem sempre são aqueles dados por laços de sangue. Nem sempre uma criança reside efetivamente com alguém que seja parente dela; mais do que isso, o sentimento do parentesco fictício e do parentesco por adoção se alarga aqui pela solidariedade da própria imigração ao acolher o sujeito clandestino como um parente. O clandestino precisa desse apoio para poder se manter dentro da sociedade sem ser pego, ser repatriado e tudo

---

⁵ Em geral, é também neste contexto que emergem as chamadas "famílias de mulheres", discutidas no Brasil por Klass Woortmann, professor da UnB, e por Cláudia Fonseca, professora da UFRGS. Ambos trabalham com o sentido de famílias alargadas e com características próprias de uma estrutura de pobreza no interior de uma ordem capitalista. A centralidade das relações da mulher para com seus filhos e a freqüente ausência da figura paterna colocam para essas a responsabilidade da tutoria dos filhos, tal como afirma H. Martins, *op. cit.*, p. 51, com relação aos bairros africanos de Lisboa.

⁶ Em nada a situação de brasileiros moradores de nossas favelas, de regiões pobres, é diferente. Claudia Fonseca (1995) discute, na periferia de Porto Alegre, as crianças que circulam, isto é, que possuem várias mães. Mostra que a criança que circula e o conceito de circulação de criança são discutidos na Antropologia já na década de 1940, no auge da industrialização e do acirramento da pobreza nos países que se capitalizaram. Trata-se de um processo em que operam duas lógicas, uma cultural e outra social, definidas pela natureza do sistema e por aquilo que é seu momento histórico. Woortmann (1987) revela que em uma favela de Salvador, Alagados, a situação vivida por mulheres negras e pobres é exatamente a mesma (v. Klass Woortmann, *A Família de Mulheres*, "Biblioteca Tempo Universitário 82", Rio de Janeiro, Tempo Brasileiro, Brasília, CNPq, 1987, e Claudia Fonseca, *Os Caminhos da Adoção*, São Paulo, Editora Cortez, 1995).

mais; por sua vez, assume a família onde está, assumindo papéis e responsabilidades, inclusive com as crianças da casa onde vive. Em seu trabalho, H. Martins (1997, p. 60) relata como alguém que não é da família dela faz parte, assumindo obrigações como membro do grupo familiar no trato com a criança, no trato das coisas da casa, na divisão das coisas, resultando num sujeito de "estatuto familiar adquirido".

A família é, assim, unida por laços de parentesco, mesmo que fictícios, um parente por adoção, não consangüíneo. Mas o parentesco consangüíneo é só parte, é só um lado do parentesco, pois, como demonstrou Lévi-Strauss em seus estudos sobre o parentesco,[7] ainda que um fato natural, antes de tudo, é conseqüência de um ato cultural. O que acontece com os imigrantes na sociedade de acolhimento é, do mesmo modo, fruto da cultura operando a realidade social.

Nesse sentido, a família africana em Portugal resulta do trânsito entre dois universos de referência – o do mundo africano e o do mundo capitalista ocidental –, o que gera e estrutura a necessidade de estabelecer uma estratégia de circulação: circulam não apenas bens, mas circulam pessoas adultas e crianças, originando diversas formas de organização familiar. Mas a circulação como estratégia de sobrevivência é diferente daquela que considera que ter filho é ter mão-de-obra que vai trabalhar e trazer dinheiro para casa. A estratégia de sobrevivência da circulação é garantir a reprodução da família a partir do estabelecimento de reciprocidade, de aliança entre os sujeitos que compõem as várias famílias e que recebem, de tempos em tempos, a criança de alguém e ficam com ela por uns tempos e que depois a mãe, um irmão, um parente, vai buscar. Com isso, diz H. Martins (1997, p. 59), "nunca são abandonadas no bairro, são a qualquer momento adotadas pelos vizinhos ou moradores"; decorre daí que nem sempre aqueles a quem a criança chama primo, tio, avó, o são necessariamente.

O que se percebe na adoção (não formal) da criança é, sobretudo, a afirmação de "pertença a uma comunidade que extravasa o âmbito familiar", e faz do bairro "um 'porto de abrigo' a que se recorre a

---

[7] V. Levi Strauss, *Antropologia Estrutural*, Rio de Janeiro, Tempo Brasileiro, 1970, *Antropologia Estrutural II*, Rio de Janeiro, Tempo Brasileiro, 1976, e *As Estruturas Elementares do Parentesco*, Petrópolis, Vozes, 1982.

partir de uma relação mínima de conhecimento" (*ibid.,* p. 59-60). O mesmo acontece com os adultos, conhecidos ou não, que chegam em nome de outros parentes ou indicados por amigos e se tornam agregados ao conjunto familiar. O grande número de moradores de uma barraca constitui a "família" e, o índice de ocupação das moradias no interior desses bairros torna-se mais uma evidência da precariedade das condições de vida na imigração.

Trata-se, pois, de pensar uma realidade que é histórica e concretamente situada: a emigração-imigração moderna, diferente daquela do início do século, composta pela família nuclear – pais e filhos –, já que européia e que tinha por finalidade criar raízes no país de acolhimento, como foi o caso da emigração para o Brasil e para a América (EUA). Sob a égide do capitalismo financeiro e global, a emigração-imigração tem por base a circulação da força de trabalho e esta vai aonde tiver trabalho, assumindo, assim, não um caráter definitivo, mas sempre temporário e provisório. Com a circulação da força de trabalho, circulam também, nem sempre no mesmo sentido, os diferentes membros de uma mesma família, resultando em contextos provisórios, momentâneos, mesmo que estes se estendam no tempo. O que importa é a rede que, assim formada, garante a reciprocidade do gesto em outros espaços onde se está ou onde se poderá vir a estar no futuro, além de garantir, por meio de serviços e contribuições diversos, o quotidiano familiar. A este conjunto de relações Isabel Paes (*apud* MARTINS, 1997, p. 60) denomina relações estruturais de entreajuda.

Portanto, mesmo que diferentes variáveis venham a configurar a imigração, não como temporária, mas como definitiva, em razão da existência de leis que impedem o livre acesso de um lugar para o outro, como é o caso do fechamento das fronteiras à imigração no mundo europeu, ainda assim, como diz Sayad (1998), ela permanece ilusoriamente provisória. Provisórios também os arranjos da vida quotidiana e a face precária da forma de habitar e viver. A precariedade, no entanto, conta com a solidariedade do próximo, um parente, um vizinho ou ainda o desconhecido que chega; conta com a tradição ou com o simplesmente conhecido de outras experiências e de outras histórias, mesmo de quando ainda no continente africano.

A história dos países dos PALOP mostra que sempre existiu um trânsito entre Moçambique, Angola, Cabo Verde, Guiné, São Tomé, resultando em casamentos e gerações de origens diversas e que hoje estão presentes no universo africano em Portugal:

> *Minha mãe é de São Tomé, meu pai é de Angola. Minha avó de Cabo-Verde. Porque minha bisavó partiu de Angola, o meu bisavô é moçambicano, isso quer dizer que minha origem partiu de Moçambique-Angola. Há uma mistura de Cabo Verde, uma mistura do Norte da África...*

A história de Cabo Verde fala de uma população que se forma a partir de imigrantes de Moçambique, de Angola, da Guiné, durante toda a colonização portuguesa. Mas não só, o passado fala do intenso trânsito entre os países dos PALOP, gerações mais recentes de imigrantes passaram por alguns desses países antes de chegarem a Portugal, e muitos também possuem famílias formadas por pessoas de diversas origens, revelando que o trânsito e os laços de família diferentes entre os países de língua portuguesa não são recentes. O caso da jovem luso-africana já citada é exemplar, já que é filha de mãe são-tomense, que se casou com um angolano e tem avó cabo-verdiana e ela própria é angolana, de nacionalidade são-tomense, vivendo em Lisboa desde meados dos anos de 1980. Percebe-se que entre as várias gerações o trânsito foi o nexo de constituição de diferentes famílias e a própria jovem, em vários momentos, morou ora com o pai, ora com a mãe, ora com a avó, e em diferentes países africanos, até vir para Portugal. Fatos como esse informam a configuração familiar, o intenso trânsito de cada imigrante, e esclarecem os mecanismos acionados no contexto de imigração, já em solo português.

Deve-se registrar, ainda, que a própria colonização portuguesa levava os indivíduos de um lugar para outro em função de suas necessidades. Cabo Verde teve suas ilhas povoadas por pessoas de outras colônias de língua portuguesa, povos que vieram de Angola, que vieram de Moçambique, que vieram da Guiné. De repente, uma família guineense tem lá um bisavô que veio de Cabo Verde, mas cuja origem era angolana. Os demais países dos PALOP não possuem uma história pura e simplesmente local, como é o caso exemplar de Cabo Verde; no entanto, estes tinham e têm, ainda hoje, grupos tribais, como é o caso de Angola, de Moçambique, formando uma situação bem mais complexa de mobilidade espacial e cultural. O tribal, o local, o nacional e o contexto mais amplo, que é o próprio continente africano com suas fronteiras, que de certa forma estão sendo violadas e transpostas o tempo inteiro, se mesclam e ordenam a complexidade das relações sociais e do imaginário de cada um forjado através da história particular. Para os são-tomenses, o mar é extensão de si mesmos, de sua casa, de sua pátria, que acaba no continente – notadamente África e Portugal. Negam assim a condição insular para se verem como membros de uma comunidade ampliada e continental.

Para os cabo-verdianos, o mar, por mais que seja um limite, é "uma ponte e não uma separação", que os liga a muitos continentes, justificando, assim, o intenso processo migratório que os caracteriza. Para os povos continentais – Guiné-Bissau, Angola e Moçambique –, o mar pouco representa. O que sabem é que o olhar europeu desde sempre considerou seu país como "terra de pretos" e a sua gente como "pretos" e "africanos", portanto, um "outro" e diferente. Tais fatos acompanham aqueles que migram e reaparecem em novas roupagens nas terras de acolhimento envolvendo relações de força e poder entre africanos imigrantes e entre estes e a população hospedeira.

Diz um português:

> *Eles* [os africanos] *quando cá chegam, trazem uma malinha humilde. Quando viajam para a África levam de um tudo, malas e malas, coisas grandes e caras como utilidades domésticas e outros. Basta ir ao aeroporto e ficar observando...*

Tais fatos constituem realidades, cujos componentes não se pode ignorar quando se plasmam novas sociedades – lá e cá, na África e em Portugal. No imaginário do africano de língua portuguesa, quando chega a Portugal, tudo isso se faz presente, emprestando uma face própria à vida em Portugal, na periferia de Lisboa e nos chamados bairros africanos.

Como diz Madeira (1999, p. 38) em seu estudo sobre angolanos em Leiria (Portugal):

> Quando vieram de Angola, os indivíduos trouxeram consigo dimensões de um complexo cultural de origem que se esperam ver reproduzidas no espaço de chegada [...] A relação do sujeito com seu espaço será pois um indicador seguro de uma forma (ou mais) identitária significante.

Dela fazem parte as representações sociais dos sujeitos sobre si mesmos e sobre a sociedade em que estão inseridos, da mesma forma que fazem parte as muitas representações sobre eles, imigrantes, construídas por essa sociedade que os acolhe. Com isso, segundo o autor, "processos de identificação/diferenciação que encontramos nas práticas sociais devem, portanto, ser estruturalmente equivalentes no próprio fenômeno identitário: conflito/amizade, aproximação/afastamento" (p. 38).

Por esta razão, falar de espaços degradados em Lisboa no final do século XX é falar de um contexto de coabitação pluriétnica e, como diz Madeira (*ibid.*, p. 28), é ter de pensar espaços que possibilitam a existência de uma representação de pertença a uma "comunidade outra", com um referente territorial concreto: o bairro africano.

O bairro é, assim,

> gerador de práticas, trocas reais e simbólicas, é espaço simultâneo de conflitos e de solidariedade, de proximidades e rejeições. Tanto reforça identidades como as dilui, consoante a intensidade e qualidade das trocas e os atores em presença [MAURICE SAINT, 1997, p. 105].

A periferia de Lisboa e seus bairros

Desde os anos de 1970, a periferia de Lisboa assumiu contornos próprios e singulares conformados por "bairros de lata" ou de barracas,[8] que irão se espalhar pelas fronteiras administrativas do concelho "do lado de lá da estrada, onde já não é Lisboa" (CARDOSO, 1993, p. 52), e espelhando diferentes formas de organizar a vida e o espaço físico/ social próprio da imigração. O crescimento desses bairros, porém, teve início nos anos de 1950, intensificou-se nos anos de 1960 e se tornou mais forte ainda após os processos de independência da África (1974-1975), com a vinda de imigrantes africanos e daqueles que passaram a chegar da Índia e da Ásia.

Não apenas crescem os bairros de lata mas a eles agregam-se ainda conjuntos de casas e prédios que se espalham pelo espaço urbano e que

---

[8] Conforme H. Martins (1997), p. 14, entre 1995 e 1997 havia em Lisboa cerca de 106 bairros de barracas, bairros e edifícios degradados e núcleos de habitação social.

também apresentam condições degradadas de ocupação, pois, segundo Cardoso (1993, p. 69), apresentam características de sobreocupação, concentração de problemas sociais, tais como desemprego, analfabetismo, insucesso escolar ou abandono da escola por parte dos mais jovens, prostituição, toxicodependência, carência de recursos econômicos etc. Em todos os contextos se identificam as chamadas "zonas de maior concentração de pobreza em Lisboa" e que se configuram como zonas de exclusão e de vida precária. Assim, no próprio processo de obtenção da moradia, as expectativas dos que migram quanto às possibilidades de "fazer a vida", de buscar uma vida melhor, começam então a se desvanecer. Diz um imigrante: [...] *eles [africanos] mal chegam cá ganham um rótulo: o bairro degradado.*

Degradado, precário, de barracas, de lata – todos os termos designam o que Wacquant (2001) chama

> *estigma territorial impregnado* [grifo do autor], fortemente atrelado aos residentes desses bairros de exílio socioeconômico, [que] acrescenta o seu fardo à vergonha da pobreza e ao preconceito que ressuscita contra minorias etno-raciais e imigrantes. (p. 16)

É assim, segundo o autor, que

> agrupamentos residenciais e comerciais abastecidos por afinidade étnica existem em todas as cidades. Discriminação e violência contra imigrantes (ou imigrantes putativos) são também aspectos brutais da vida em todos os grandes centros da Europa. (p. 17)

Em Lisboa não é diferente.

Lisboa, ao atrair os contingentes migratórios "de outras zonas do país e [...] também das ex-colônias, em particular dos países africanos de expressão portuguesa", torna-se um espaço a

> que nem todos aqueles que alguma vez encetaram uma trajetória de migração tiveram [...] acesso a níveis aceitáveis de bem-estar econômico e a um estatuto social não marginalizante [...] Pelo contrário, um número significativo destes (i)migrantes teve que fazer face a novas condições sociais de carência e exclusão" (Cardoso, 1993, p. 81).

E mais, diz a autora, é preciso "ter em conta o estigma e as dificuldades de integração que advêm do fato de, maioritariamente, constituírem uma população de origem africana" (p. 84).

Em Lisboa, a paisagem urbana torna-se uma imagem reflexa da modernização da economia e da sociedade portuguesa e sua concentração na capital do país. A metrópole lisbonense ocupa lugar destacado na hierarquia urbana européia, beneficiada pela adesão à Comunidade Européia e, segundo Ferrão (2000),

> no final do século XX, Lisboa é a única cidade portuguesa onde é possível reconhecer, com significado, as tendências mais marcantes dos processos contemporâneos da globalização, das migrações internacionais ao sistema financeiro, das práticas culturais à sociedade de informação [p. 55].

Mas, segundo o mesmo autor, Lisboa é em grande medida periférica em termos europeus e quase inexistente no mundo global. A situação paradoxal, ambivalente e ambígua que Portugal ocupa nos tempos atuais remonta também ao seu passado. Como afirma B. Santos (1996a), Portugal é um país de desenvolvimento intermédio, posto que foi centro com relação às suas colônias e periferia com relação à Inglaterra. O desenvolvimento periférico com relação ao contexto europeu faz dele "um país colonizador e colonizado" (p. 64). Ainda segundo o autor, o caráter intermédio não se esgotou com o fim do império colonial e, se entre 1974 e 1976 Portugal pretendeu equiparar-se aos países centrais do capitalismo, em 1978 o FMI destruiu essa possibilidade, levando-o a integrar-se na UE. No entanto, como país membro da UE, Portugal é ainda integrante das regiões menos desenvolvidas e carrega consigo todos os problemas próprios dessas realidades e próximos daqueles do chamado Terceiro Mundo, inclusive a pobreza, tanto de seus migrantes internos, como dos migrantes extracomunitários. O número de pobres em meados dos anos de 1990 em Portugal era estimado em cerca de 2 milhões e o mais significativo da pobreza, diz A. Costa (l999, p. 290), é que ela

> atinge o pobre em aspectos relevantes da sua personalidade: aspirações, capacidade de iniciativa, auto-estima e autoconfiança, identidade social, conformismo e fatalismo, entre outros. Estas "perdas" são tanto maiores e mais profundas quanto mais prolongada é a permanência na pobrezam.

Mais ainda, no caso de se acrescentar a isso o preconceito, a discriminação e o racismo em relação ao pobre não-branco[9] e o esquecimento desses problemas por quem de direito.

Com esse pano de fundo, pode-se, então, olhar a partir de dentro a sociedade portuguesa e tomar Lisboa a partir de sua imagem no espelho. Lisboa é o reflexo exemplar, como diz Casanova (1999, p. 50), de como, ao final do século XX, a globalização "mantém e reformula as estruturas de dependência" das etapas anteriores, da colonização ao imperialismo, do capitalismo do início do século ao capitalismo de hoje.

Segundo Casanova, trata-se de "reconversão da dependência" (*id., ibid.*, em parte, uma grande recolonização que mascara os efeitos da política liberal e agrava cada vez mais os problemas sociais que afetam grande parte da humanidade, principalmente do Terceiro Mundo. Portugal, visto como periferia do mundo europeu, e Lisboa, retrato desses processos, mostra que, embora européia, a situação em que vivem portugueses pobres e imigrantes extracomunitários é fruto dessa "reconversão da dependência". A adesão à Comunidade Européia desenvolve a economia e a política, mas concentra em alta medida bens e recursos, capitais diversos, em benefício de dinâmicas públicas e privadas, sem beneficiar a sociedade como um todo. O resultado é que a integração ao primeiro mundo avança, mas "com menos brilho, representação e pujança" (LOVISOLO, 1996, p. 3). Com isso, amplia-se o fosso entre os mais ricos e os mais pobres; compreende-se que aos processos econômicos agregam-se processos culturais diversos e o embate de forças sociais diversas e desiguais.

O caso europeu da década de 1990 é expressão das dificuldades vividas por povos e culturas diversos, posto que, entre europeus, acredita-se e atribuem-se "todos os males econômicos resultantes da recessão e dos reajustes capitalistas – desemprego, escassez de habitação, crescente delinqüência, deficiência dos serviços sociais – aos imigrantes, os quais carecem dos 'nossos' valores morais e culturais..." (STOLOKE, *apud* IANNI, 1996, p. 4). Por esta razão, os imigrantes em geral e, em particular, os imigrantes africanos em Lisboa, formam todos grupos vulneráveis, em que, como diz Ianni (p. 2),

---

[9] Trata-se de pensar aqui em outros segmentos de imigrantes, para além do africano, tais como indianos, chineses e outros que, junto com os grupos ciganos, também integram a paisagem portuguesa.

"mesclam-se diversidades e desigualdades de todos os tipos, compreendendo inclusive os religiosos e os lingüísticos, mas sempre envolvendo alguma forma de racialização das relações sociais" (*id., ibid.,* p. 2). Os portugueses vêem os chamados bairros pobres e degradados de sua periferia como *locus* de marginalidade e violência. Olham para o imigrante como alguém que altera a realidade de sua terra e de sua vida, colocando-as em risco. Não podem compreender o bairro degradado e negro como aquilo que é: *locus* de uma profunda experiência de alteridade que expõe a natureza das relações sociais, expõe a vida de seus sujeitos e mostra a face invisível e oculta de Portugal. A experiência da alteridade, mais do que olhar a pobreza como um problema social, exige que se busque compreender a maneira de pensar e tratar esse "outro" que, habitando os bairros pobres e precários, é um imigrante que tem impressa no corpo e na forma de ser uma outra marca – a da cor e de tudo que vem com ela.

Na cidade de Lisboa, a população dos *bairros de lata* ou *aldeias africanas* é composta por negros imigrantes, seus filhos e netos: os primeiros emigrados dos PALOP – Cabo Verde, Moçambique, Guiné-Bissau, São Tomé e Príncipe e Angola –, os verdadeiros imigrantes, africanos e luso-africanos; os demais, muitos dos quais de nacionalidade portuguesa ou nascidos em Portugal, distinguem-se dos primeiros pela expressão "novos luso-africanos", ou seja, africanos e portugueses a um só tempo. Trata-se do fato de que aos filhos e netos dos imigrantes africanos, muitos dos quais já nascidos em Portugal, não se pode denominar de *imigrantes de segunda geração,* conceito que, segundo Machado (1994), expressa a idéia de repetição da realidade social dos imigrantes aos seus filhos, fato que não se sustenta no contexto das novas migrações. O que melhor se adequa, diz Machado, é a denominação de *novos luso-africanos.*

O termo *novos luso-africanos,* além de servir para distingui-los dos primeiros luso-africanos, ganha novo sentido ao ser utilizado como alternativa ao de imigrante de segunda geração, uma vez que supõe que os descendentes dos imigrantes não são portadores de uma espécie de continuidade cultural automática entre as gerações, mas, pelo contrário, de visíveis contrastes nas suas condições sociais, nos seus estilos de vida, valores etc. Expressando este caráter mutável da cultura do imigrante dentro do país de acolhimento e as diferenciações ocorridas entre as gerações, Machado salienta em seu texto que

[...] os jovens e crianças descendentes de imigrantes não são imigrantes eles mesmos. Não têm um trajeto imigrante e a maior parte nem sequer conhece o país de origem dos pais. Nasceram e/ou foram socializados no quadro da sociedade de acolhimento, onde sofreram a influência poderosa de contextos como a escola, mas também dos *media,* da cidade ou das suas redes de sociabilidade juvenis. A sua cultura é, inevitavelmente, produto disso mesmo, por maior que seja a importância da família e por mais que ela constitua um espaço fechado de reprodução da cultura de origem. (MACHADO, 1994, p. 121).

É importante lembrar ainda que este problema de definição de identidade étnico-cultural dos novos luso-africanos também ocorre com os imigrantes de *primeira geração,* dado que eles tiveram desde sua chegada a Portugal as mesmas influências da cultura local que seus filhos têm desde o nascimento. Portanto, não podemos remeter unicamente ao país de origem, quer de próprio nascimento ou da família, o único e/ou principal definidor da identidade cultural deste segmento da população.

No entanto, cabe perceber que nas práticas sociais a consolidação da identidade luso-africana não está definida, e no plano jurídico ela igualmente ainda não consegue alcançar todos os imigrantes e descendentes. De acordo com a lei portuguesa, nascer em território nacional não é condição suficiente para conferir a nacionalidade ao indivíduo. Esta só pode ser obtida ao fim de seis anos de residência dos pais em Portugal e quando tiver a idade suficiente para requerer a nacionalidade portuguesa às autoridades. Por outro lado, muitos desses imigrantes – pais – permanecem como não documentados, ou seja, clandestinos, e, desta forma, são muitos os imigrantes e descendentes de imigrantes que não têm a nacionalidade portuguesa e não a podem requerer.[10] O fato agrava ainda mais a situação de marginalização social.

Vale chamar a atenção aqui para o fato de o senso comum português ainda ser muito marcado pelos resquícios da época colonial e pelos efeitos da legislação com respeito às populações tidas como

---

[10] Muitas vezes é por ser não documentado ou indocumentado que se consegue trabalho, ainda que irregular e sem garantias de qualquer tipo. O imigrante prefere se manter assim a legalizar sua situação para poder garantir o emprego, ou melhor, o trabalho precário que o sustenta e à sua família.

"tribais" nas antigas colônias portuguesas. Nas leis afirmava-se que era necessário aprender a falar corretamente a língua portuguesa e ter bom comportamento, caso se pretendesse ter cidadania portuguesa.

Hoje são ainda esses parâmetros – a língua e o comportamento dos luso-africanos e de seus filhos – que constituem, em Portugal, a ponta mais visível das dificuldades do imigrante africano com o mundo português e, por extensão, das dificuldades para se fazerem cidadãos portugueses. Por outro lado, são eles, os imigrantes de agora, pobres, com grandes dificuldades de garantirem a sobrevivência própria e dos seus e, embora hoje não se atribua a esses sujeitos a condição de "indígenas", permanece no imaginário social uma concepção de que são "selvagens" e "pouco civilizados" no trato social, na vida em sociedade, com grandes problemas de integração pela pobreza que os atinge.

Os primeiros luso-africanos a chegarem a Portugal, devido ao processo de independência das ex-colônias, os retornados não-brancos, diferentemente dos de agora, possuíam, na maior parte dos casos, nacionalidade portuguesa, alguma qualificação profissional e grau de instrução, o que tornou possível uma inserção mais rápida e positiva na sociedade portuguesa, já que preenchiam os requisitos de "civilidade" necessários para o bom convívio social. Além disso, conseguiram, devido mesmo a esses fatores, ocupar uma posição de *status* privilegiada em relação aos outros imigrantes vindos nas décadas de 1960 e 1980. Mas, principalmente, alcançaram uma posição econômica muito melhor do que os outros imigrantes, a ponto de, em conseqüência desses dois fatores de diferenciação (social e econômica), não se sentirem dispostos a se unir àqueles imigrantes com os quais não conseguem estabelecer laços de identificação social.

Por outro lado, os traços culturais de determinada etnia e ou origem não são totalmente apagados, nem cedem lugar às determinações especificamente de caráter econômico ou de posição social. O que ocorre é uma sobreposição de diferentes referentes de constituição identitária. O indivíduo, assim como não se define unicamente pelos elementos de sua cultura de origem, também não se orienta apenas pelos referenciais da cultura hospedeira. Crianças e jovens luso-africanos – os novos luso-africanos – são exemplos recorrentes desses fatos, tanto quanto expressam o caráter mutável e transitório das identidades sociais que, como diz B. Santos (1994), resultam de identificações. Isto significa que as identidades são construídas a partir de elementos transitórios, que sofrem mudanças continuamente. Nesse processo haverá permanentemente conflito e assimilação, configurando o que poderíamos chamar de dialética da construção identitária. É importante ressaltar, ainda, que este processo dialético obedece à lógica da hierarquia dos valores sociais vigentes e que os novos luso-africanos não são imunes a eles.

A questão colocada por Machado (1994) é a de que os jovens filhos de imigrantes muitas vezes estão culturalmente mais próximos dos jovens portugueses de idêntica condição social do que de seus próprios pais. E em muitos aspectos, encontram um contraste maior ao procurarem se identificar com sua família do que com os outros jovens portugueses. Afirma ainda o autor que "a identidade cultural dos jovens luso-africanos combina dimensões que remetem para uma herança cultural transmitida pela sua família com outras que têm a ver com seu trajeto específico numa sociedade muito diferente daquela de que seus pais são oriundos" (p. 126).

É aqui que muitas falas de imigrantes revelam que:

> [...] *o meio que a pessoa está também influencia bastante* [...]
> *E eu posso dizer que há algumas coisas em mim que mudou, não tudo, mas algumas coisas...*

Ou ainda:

> *Sou aquilo e muito mais e mais outra coisa, porque eu convivo com pessoas, moro em casa africana eh... eu convivo com pessoas das 9 da manhã até às 8 horas da noite, porque fico na escola até às 9 com pessoas portuguesas, com uma maneira de estar...* [...]
> *Então eu continuo a ser uma africana-portuguesa.*
> *P - Africana-portuguesa?*
> *R - Africana-portuguesa porque assim... quando eu estiver com meus irmãos e com minha avó... eles vão notar uma grande diferença em mim...*

A diferença está posta para os africanos e luso-africanos mas também para seus filhos, os novos luso-africanos, nas mais diversas situações que vivenciam. Portanto, é na vivência múltipla e híbrida das experiências de africanos, luso-africanos e novos luso-africanos que Lisboa se transforma em espaço de tráfegos culturais, uma cidade africana por excelência. A cidade permite, assim, uma visibilidade para os luso-africanos e, ao mesmo tempo, impede que a categoria genérica de "negro" ou "preto" que o outro – branco e português – lhes imputa "resulte na diluição das influências que resultam das experiências sociais de seus pais e avós enquanto expressão de cabo-verdianos, sãotomenses, moçambicanos, angolanos e outros" (MARTINS, 1997, p. 11).

O desafio é que, chegados em Portugal, esses imigrantes descobrem a impossibilidade do retorno ou de seguir para outros países europeus, agora fechados para a imigração. Assim, tornam-se permanentes até mesmo quando clandestinos e buscam aqueles que ficaram na África: família, filhos e outros parentes, com os quais dão continuidade à vida, longe de seus lugares de origem. Muitos esquecem o que lá deixaram e constituem novas famílias e têm outros filhos, filhos das terras portuguesas que, tais como os demais, serão vistos pelos portugueses nacionais como africanos. Por sua vez, serão vistos pelo Estado e pelo governo como imigrantes, já que o Estado não os reconhece como nacionais portugueses. É assim, afirmam, *"porque as crianças que aqui [Portugal] nascem têm a nacionalidade do pai. Mas é atualmente..."*. O atualmente tem a ver com o Decreto-Lei n.° 308 A/75, de 24 de Junho, que determinou a perda da nacionalidade dos naturais das ex-colônias em África. Com isso, filhos de pais imigrantes nascidos em Portugal após o decreto tornam-se portadores da nacionalidade paterna e, como tal, eles também imigrantes.

Fecha-se o círculo que, independente dos fatos concretos, faz com que avós, tios, pais e filhos, nascidos em lugares diferentes e com origens diversas, tornem-se todos "imigrantes" e, se negros, sejam genericamente chamados de "africanos". Fecha-se o círculo, posto que serão vistos por todos, dos portugueses em geral aos seus governantes, *mass media* e mesmo entre pesquisadores, como a "segunda geração", ainda que não sejam iguais aos seus pais. Com isso se tornam fonte de preocupação e de problemas. Como afirma Contador (2000, p. 57),

> o problema crucial a resolver pela Europa nesta década prende-se com a nova geração oriunda da imigração [...] erroneamente chamados *imigrantes de segunda geração* [grifo do autor] [...] e seguramente atores neste novo contexto histórico.

A categoria "africano" passa então a ser usada pela sociedade receptora para referir-se ao imigrante negro e aos seus filhos, de forma a estigmatizá-los diante do senso comum e do quotidiano de suas vivências, fazendo deles "estrangeiros". Por outro lado, essa mesma sociedade refere-se aos jovens como parte do segmento "perigoso" da população imigrante – a mal-afamada "segunda geração" –, acabando por desencadear, em concomitância, uma outra face: aquela que permite aos jovens recuperar o patrimônio cultural de seus ascendentes, de modo a dizer de si, de uma africanidade possível que lhes restitui um lugar e uma identidade que a condição imigrante/pobre/negro lhes nega no interior da sociedade branca portuguesa. Com isso, o jovem de 20 anos, cujos pais estão em Portugal desde 1970, não hesita em afirmar: *"Eu não sou português, eu sou cabo-verdiano, eu falo crioulo completamente..."* Um outro, também nascido em Portugal, diz: *"Sou africano, 100% africano e mais nada. Eu não sou portuga..."*

Ao mesmo tempo em que afirmam isso, os jovens, no seu modo de ser, agir e viver, demarcam espaços e fazem conquistas que seus pais e avós não conseguiram com relação à sociedade de acolhimento. Mediadores da realidade familiar e grupal com o universo português, tornam-se alvo de admiração do próprio português que os renega. É assim, diz Marc Augé (1994), que "os imigrantes provocam nas pessoas instaladas uma inquietação forte (e freqüentemente abstrata), provavelmente, e em primeiro lugar, porque lhes demonstram a relatividade das certezas inscritas no solo: é o imigrante que, na personagem do imigrado, os inquieta e fascina ao mesmo tempo" (p. 123).

As ex-colônias portuguesas estão presentes no quotidiano português para além do Dia de Portugal e de suas comemorações festivas. Discotecas, restaurantes, programas de rádio e TV e outros eventos mobilizam famílias inteiras, reúnem contingentes significativos de adeptos e apreciadores dos mesmos. Diante desses fatos, uma estudante portuguesa afirma que *"em Portugal agora a África é moda"*.

Se a África é moda, o racismo e a xenofobia também. Notícias de violência e morte de jovens e trabalhadores negros são uma constante e crescem a cada dia, como o caso já citado do jovem Ângelo, morto pela polícia. Distúrbios entre jovens negros e populações locais em bairros e escolas são permanentes, e é nesse embate, no campo dessa tensão, que os luso-africanos constroem sua visão de mundo e uma forma de ser português-africano e negro num espaço europeu e numa ordem social globalizada.

Em conversa com um imigrante guineense lembro a questão do racismo português e a condição comum de brasileiros e africanos como marcados pela colonização de um povo europeu, branco, cristão. Este reage, dizendo: *É, somos todos colonizados, mas na rua você* [entrevistadora branca] *passa por portuguesa enquanto eu sou destratado*.

O que sua fala revela é que "os grandes problemas que acontecem com o imigrante (xenofobia) se dão quando este pertence a outra raça, quando o imigrante é de outra cor, mediando um reconhecimento imediato. E também quando o imigrante é claramente pobre" (HOBSBAWN, 1996, p. 12). A questão central da imigração africana dos PALOP para Portugal é que, se esses imigrantes são alvo de atitudes racistas e xenófobas, o são pois que facilmente reconhecidos em sua condição de imigrantes, pobres e negros. A situação não é diferente para seus filhos. Pelo contrário, é para eles que todas as apreensões da sociedade de acolhimento se volta. Vistos como a "segunda geração", ainda que diferentes de seus pais, tal condição opera no imaginário social e na prática concreta como algo incontrolável, marginal e demoníaco. É nessa condição que, indistintamente, imigrantes ou não vivenciam a experiência da imigração em tempos de diluição de fronteiras.

Relembrando Marc Augé (1994), o outro agora perto tornou-se "subdesenvolvido", ou seja, com a proximidade "o que está em questão não é a Europa", como também não é Portugal e, portanto, a nação, mas é "a contemporaneidade enquanto tal em seus aspectos mais agressivos ou mais perturbantes" (p. 19). Pode-se dizer: aspectos esses representados pela competitividade no espaço, no trabalho, na vida e nessa luta, a imensa pobreza, como realidade e como ameaça para todos.

O resultado desses fatos é, segundo Hobsbawn (1996),

> a auto-segregação, a guetização das diversas minorias étnicas, que vivem cada qual para seu lado e que, em um sentido, lutam cada uma contra a outra, apesar de terem o mesmo tipo de situação *vis-à-vis* com a ordem governamental e a administração. (p. 14)

A vida nos bairros africanos

Os problemas da vida no bairro resultam da forte estigmatização de que são alvo os bairros degradados de Lisboa. A discriminação de fora para dentro permite que cada morador, criança, jovem, adulto ou velho, identifique-se aos diversos grupos que aí existem, identificando-se também ao *lugar*, por meio de redes de vizinhança e ou grupos organizados, associações de moradores, associações de jovens e outras. No entanto, também entre pares, as relações nem sempre são tranqüilas.

É aqui que a questão da presença africana em Portugal não implica apenas a polaridade português *versus* africano, mas também africano *versus* africano. Antes de ser africano se é guineense, cabo-verdiano, angolano, são-tomense e moçambicano, isso só para nos referirmos ao conjunto dos países africanos: Zaire, Goa, Macau e muitos outros – da África do Norte à África Austral, acrescidos de indianos, japoneses, árabes, ciganos etc. Por sua vez, não se é apenas daquele ou deste local: há dentro dos países, em particular, os africanos, grupos étnicos referidos a grupos tribais, como é o caso da Guiné – os *balantas*, os *fulas* etc –, e, assim, complexifica-se a diversidade e entram em jogo as possibilidades de relações entre eles, tanto na luta pela sobrevivência como politicamente diante da nação hospedeira, indo tais relações da cooperação e solidariedade à indiferença e intolerância entre africanos e portugueses e entre africanos e africanos. Algumas falas esclarecem:

> *Racismo há, mas o pior racismo é do preto contra o preto. Até sou capaz de desculpar o branco [pelo racismo]... mas quando se trata do preto para o preto, olha até digo que é ignorância.*
> *Eu acho que se hoje há racismo entre os pretos é porque é uma coisa adquirida através do racismo dos brancos.*
> *Todo preto [em Portugal] é discriminado. Como é que o preto é discriminado e discrimina também o preto? Não podíamos olhar pra nossa pele e encararmos como irmãos e... e lutar pelos nossos direitos? E defender os nossos valores?*

A defesa dos valores próprios resulta em diferentes formas de apropriação, ocupação e uso dos espaços denominados como bairros negros e, por essa razão, nenhum bairro é igual a outro, por maiores que sejam suas semelhanças. Cada bairro se define como sendo diferente de outros bairros negros e, assim, os que aí habitam, em particular os grupos de jovens, se posicionam diante de outros grupos e da sociedade portuguesa.

O que é constante nos bairros degradados são as condições insuficientes de infra-estrutura e mesmo de equipamentos de saneamento básico, resultando condições degradadas de vivência e existência quotidiana. Pode-se dizer que há no interior dos bairros diferentes graus de homogeneidade social e, concomitantemente, uma acentuada heterogeneidade cultural e social. As duas faces dessa moeda propiciam ora processos integrativos, verdadeiramente interculturais, ora situações claras de conflito e oposição.

Os processos integrativos expressam-se principalmente na defesa do bairro, posto que é este que dá a eles, moradores, a identidade própria e, neste caso, há uma reafirmação para dentro. O bairro é um local de pertencimento por excelência. Mais do que ser cabo-verdiano, angolano ou qualquer outra coisa, ser do bairro define cada um e todos. No entanto, como o bairro geralmente conjuga a presença diferenciada de grupos étnicos, o que se encontra é a presença maior de um ou de outro grupo e, quase sempre, uma interdição a outro.

Com isso, as "Aldeias da África" não resultam apenas do fato de serem bairros formados por imigrantes negros e africanos, mas porque cada bairro é um *lugar* definidor de um *território* e de *muitas territorialidades*. Cada bairro é, então, particular e único. O bairro como *lugar* é o que faz caber em seu limite, um modo de ser no mundo, uma vivência imediata – o quotidiano – e um ordenamento simbólico específico que diz dele e dos que aí estão e vivem, portanto, um espaço cultural específico. O espaço-lugar, por sua vez, conforma um *território,* espaço de muitas e diversas relações que envolvem saberes singulares com base em uma história comum – a origem e a emigração – e que se manipula como meio de constituição das muitas linguagens do social, definindo, a partir delas, um pertencimento, uma identificação. As *territorialidades* resultam, então, dos muitos trânsitos do lugar e do território frente às relações em jogo no interior do bairro e, do bairro para com a sociedade portuguesa. São, ainda, múltiplas e se fazem por meio de processos de identificação também múltiplos, envolvendo movimentos de defesa do *lugar* e dos que com ele se identificam. Com isso, demarcam-se no interior dos limites espaciais do bairro, os parâmetros das relações sociais dos indivíduos e dos grupos aí existentes, tanto entre si, como com a sociedade mais ampla.

A estrutura particular dos bairros degradados, tanto interna como externamente, é gestada por relações de proximidade e distância, por vezes marcadas pela indiferença, outras pelo envolvimento. Assim:

> O drama de todas estas "aldeias" africanas é que elas são espaços fantasmas, próximos geograficamente dos centros urbanos, mas cuja distância em termos econômicos e sociais parece intransponível. Na prática, é como se elas não existissem ou se situassem em África, lá de onde eles trouxeram os hábitos e os sonhos. (Cadernos CEPAC 2, Junho de 1995, p. 15)

Com isso, as "aldeias africanas" podem estar no espaço português, mas não são "de lá", são de outro continente. Como diz Barreto (1995, p. 850), "as 'duas sociedades' vivem hoje paredes meias, nas áreas metropolitanas [...] onde alguns milhares de barracas e umas dezenas de bairros de lata persistem em condenar publicamente a prosperidade e as prioridades dos últimos anos assumidas pelo Estado português". Nesse processo criam-se barreiras espaciais e institucionais, como também ideológicas: a África em Portugal torna-se um "fantasma" que assusta e ameaça. Necessário é então afastá-los da cidade para a periferia e para isso coopera o crescimento do mercado imobiliário, que avança, construindo moradias de alto nível e "empurrando" o imigrante cada vez mais para longe:

> [...] as populações operárias e, em geral, as populações de mais baixa capacidade econômica (entre as quais se encontra grande parte dos imigrantes) encontram alternativas no viver em quartos, em partes da casa, em casas demasiado pequenas para a dimensão da família, em bairro de barracas. (CARDOSO, 1993, p. 51)

Nesse processo constitui-se um campo de relações permanentemente tensionadas e em conflito, envolvendo brancos e negros, portugueses e africanos, africanos e africanos e outros tantos imigrantes de diversas origens. Quem é, portanto, na contemporaneidade, o "outro"? Quais as razões que movem determinados tipos de relações entre o "eu" e o "outro" – o outro branco ou negro, português ou africano?

O "outro" que adentra o espaço nacional ou local representa a proximidade e a distância em relação ao mundo em que se está e onde se busca viver. No processo põem-se em jogo as relações possíveis entre os sujeitos. O caso dos jovens luso-africanos, cuja nacionalidade não é reconhecida, esclarece o fato de o estrangeiro não ser, pura e simplesmente, uma questão de origem. Trata-se de ser um "outro" e, como tal, um estrangeiro. O luso-africano e o novo luso-africano estão, portanto, num lugar que não é propriamente seu e dentro do qual têm de criar um território e defendê-lo de modo constante. A defesa vai, então, desde a confirmação do espaço, na forma pela qual os imigrantes constroem seus barracos e seus bairros até a forma pela qual estabelecem as relações com quem é do grupo e do lugar e com quem não é. Daí os portugueses afirmarem que, muitas vezes, para se chegar a um bairro de lata, é preciso conhecer e ter autorização, pois *"esses núcleos de negros fecham-se sobre si, que só deixam entrar o branco se esse branco lhe incutir confiança".*

A lógica da experiência que o grupo vive define a própria dinâmica das relações com o mundo português e é responsável também pela configuração do espaço e pelas vivências que são aí construídas. Mais aberto ou mais fechado, as configurações assumidas pelas "Aldeias d'África" ordenam as representações em torno de si mesmas, seja para os grupos que aí constituem suas vidas, seja para a sociedade inclusiva que os acolhe.

Quatro bairros e um debate

As "Aldeias d'África", ou os bairros de lata, sejam quais forem suas configurações e realidades, serão sempre fruto das relações vivenciadas com o "outro", que é o branco e europeu, no caso do português e, em igual medida, com outros sujeitos, africanos ou não. Em alguns casos, a própria topografia do espaço conduz a lógicas diversas, como nos casos do Alto de Santa Catarina, Alto da Loba, Prior Velho e Quinta Grande, num breve retrato da diversidade dos bairros d'África em Portugal, ao final dos anos de 1990.

Quando H. Martins (1997) fala do Alto de Santa Catarina, fala de uma situação isolada de bairro, situação geográfica que faz com que eles desenvolvam um "modo de vida", "um contexto facilitador de um modo de vida africanizado ou cabo-verdiano" (p. 62). Por estar no alto de uma colina, cria-se um vazio entre o bairro negro e o mundo português ao seu redor, e cria-se também um imaginário de perigo para aqueles que, não sendo dali moradores, pensam em subir a colina.

A configuração do espaço e a sua ocupação determinam assim muito da relação dos homens entre si com o meio onde estão. Não é uma questão de determinismo, como se pode ver no exemplo de um outro bairro – o Prior Velho. A configuração e ocupação do espaço lembram aí uma aldeia africana, um espaço enorme, uma favela imensa, fechada para dentro, sem esquinas ou definições claras de ruas. Os caminhos deslocam-se, formando um caracol e, portanto, os seus limites são fechados a tal ponto que, não os conhecendo, torna-se impossível chegar sozinho, saber como entrar, saber por onde é ou são os acessos internos, isso tudo no meio da cidade. A ocupação do espaço ali determina uma configuração labiríntica que tem a ver com aquilo que os sujeitos estabelecem entre si como de domínio daquele espaço. Ele se torna um espaço interdito para quem é de fora, com lógica própria, sem se ter claras as portas de entrada e de saída.

Em ambos os casos e em tantos outros, não é, porém, de forma consciente que tal acontece, como a ocupação vai acontecendo com os que chegam, no como se organizam a partir de alguém ou de famílias que, chegando primeiro no lugar, definem o espaço para os demais, é que este ou aquele bairro assume uma dada configuração. Por que? Porque, cercados pela sociedade branca de um modo intenso e negador, não lhes restam alternativas, senão se organizarem entre si e a seu modo, vale dizer, a partir do que conhecem e trazem consigo, do que percebem da realidade à sua volta.

O caso da Quinta Grande, por exemplo, é diferente dos anteriormente citados. Para chegar à Quinta Grande, há que se vencer espaços vazios que sugerem uma realidade de zona rural e o próprio bairro tem casas dotadas de pequenos jardins e quintais com hortas. A configuração aberta para ruas de intensa circulação e interação com os transeuntes e com outras moradias a torna convidativa e agradável, sobretudo na sua zona mais urbanizada, diferentemente da configuração do espaço de ocupação daqueles que estão no centro da cidade, no Prior Velho, cercados por todos os lados e que os levam a se fecharem em seus limites, se fecharem para o mundo de fora, que os acossa e oprime. Voltam-se então para o seu quotidiano, para o mundo de dentro, mas não como coisa pensada.

O Prior Velho, tinha em 1998, mil e tantas pessoas, bem diferente da Quinta Grande, um espaço bem menor e arrumado. Nenhum dos dois, porém, surgiu da noite para o dia com essas cem ou mil pessoas que tenham planejado e organizado o espaço tal como ele se configura. No entanto, independente dessa configuração e do montante de moradores, os dois bairros se organizam com a função de se defenderem frente ao mundo exterior, como também se defendem frente ao que pode ser o conflito interno e de vizinhança, dando a cada um e a seu modo a configuração de espaço e ocupação. Aqui também se revela a imensa diversidade física e social das muitas aldeias d'África em Portugal, cuja abertura – caso da Quinta Grande – ou fechamento – caso do Prior Velho – determina também possibilidade de abertura ou de fechamento cultural. No primeiro caso, trata-se de um espaço de ocupação familiar e, no segundo caso, o que se tem é um bairro de trabalhadores ainda sem família, posto que ficaram na África, em cujas casas moram muitos homens juntos, formando quase como um alojamento; não é o alojamento da obra, da construção, mas é uma espécie de alojamento provisório.

O Bairro da Quinta Grande tem dentro de seu espaço uma diferença que o divide em dois: a parte alta e a parte baixa, configurando significados diversos sobre morar numa parte e outra, uma dotada de alguns recursos e a outra destituída de tudo. O aspecto que une ambas está dado por aquilo que é o lar, que é a habitação: apenas o lugar em que se está, que se ocupa, onde se dorme para descansar e se sai para ir trabalhar de novo. Não é um alojamento, mas traz a marca da provisoriedade, como qualquer outro bairro africano. Como diz Sayad (1998), residente provisório por definição, o imigrante só deve ser alojado provisoriamente, o trabalhador pobre só deve ser alojado pobremente; entretanto, posto que o caráter provisório do imigrante e de sua imigração não passa de uma ilusão coletiva mantida, ele permite a todos que se sintam contentes com a habitação precária, degradada e degradante que se atribui ao imigrante. Isso mostra a que ponto a dissimulação, isto é, a ilusão do provisório que se encontra no próprio princípio da perpetuação da imigração, é aqui necessária. Quando a imigração deixa, de fato, de ser provisória, a habitação continua sendo, é a ilusão do provisório que permite mascarar o paradoxo de uma habitação para sempre provisória. Quer dizer, a permanência do imigrante em qualquer sociedade é sempre provisória, mesmo quando ela deixa de ser provisória.

A situação descrita por H. Martins (1997), quanto ao espaço do Alto de Santa Catarina, numa parte que se afasta da cidade, ficando mais para o alto, leva a que as pessoas ali acabem criando um mundo próprio, de tal forma que as ligações com o mundo de baixo, o mundo da sociedade branca, sejam feitas por caminhos usados para ir trabalhar, para ir à escola. Também se cria aí um mundo particular. Assim como os muitos bairros africanos existentes e mesmo a Quinta Grande, todos criam um mundo próprio e singular, o que não significa estarem em absoluto fechados para o mundo de fora, alguns estão mais voltados para si do que outros, é o caso de Santa Catarina e do Prior Velho. Outros estão mais abertos, como é o caso do Alto da Loba, um bairro de realojamento ou de Habitação Social[11] ou, como o caso da Quinta Grande, uma ocupação na região da Charneca e alvo de um processo de realojamento que se efetiva em 2001, apesar de ter um certo grau de urbanização, conquistada pela organização de seus moradores, em particular, na parte de cima do bairro.[12]

Ser mais aberto, no entanto, não facilita a entrada de estranhos mesmo na Quinta Grande. É possível perceber no olhar desconfiado dos moradores a pergunta: *por que ela* (pesquisadora) *está aqui? O que quer aqui?* O estranhamento é parte de um confronto entre o "eu" e o "outro" que não pertence ao lugar e ao grupo, e isso causa

---

[11] Bairro de realojamento, também chamado de zona de habitação social (HS), ou bairro social, constitui uma área de moradia construída pelo governo destinada a realojar as populações dos bairros de lata. Distantes do centro urbano de Lisboa, constituem-se como bairros populares, que também carregam a marca de serem "lugares de pobres e de imigrantes" ou ainda "zonas de pessoas pouco civilizadas".

[12] A Quinta Grande, por sua configuração, poderia ser alvo de reurbanização, o que foi descartado pela Câmara, segundo alguns, por seu alto custo, mas certamente há aí uma questão política de diferentes matizes, como se verá mais à frente.

estranhamento e às vezes até apreensão. O "outro" e diferente exige, assim, situar a si mesmo, situando seu lugar e pertencimento, como forma de saber de si mas também de fazer a defesa própria e a defesa do lugar. A razão está em que, independente de sua configuração e história, todos esses bairros são vistos pelo olhar do português comum e pelas autoridades sociais e políticas como espaços segregados, marcados por relações de violência e marginalidade. Tal imagem dos bairros é ainda reforçada pelos *mass media* e traduzida por todos como realidades sociais guetificadas.

Malheiros (2001, p. 442-423) define o gueto como área onde a totalidade da população residente pertence ao mesmo grupo étnico ou racial e isto a diferencia de outras áreas ou bairros de uma cidade. H. Martins (1997, p. 16) entende como gueto os bairros de alta concentração étnica em meio urbano que concorrem com a cultura oficial portuguesa por intemédio de comportamentos lingüísticos e culturais africanizados e, portanto, constituem espaços de vivências alternativas. Em ambos os casos, os guetos apresentariam dificuldades de coabitação e conviviabilidade com a população da sociedade de acolhimento. No entanto, os autores citados chamam a atenção para o fato de não serem os bairros africanos de Lisboa de exclusividade étnica. Vale dizer, são bairros que possuem, em maior ou menor medida, moradores de origens diversas que convivem quotidianamente, ainda que possa prevalecer, em alguns casos, uma predominância cabo-verdiana, angolana ou outras.

Neste sentido, Martins usa a expressão "quase gueto" para referir-se ao Bairro do Alto de Santa Catarina, enquanto Malheiros prefere a terminologia de "bairros étnicos", entendidos por ele como "área onde um grupo é maioritário sem ser dominante e estar aí exclusivamente concentrado" (MALHEIROS, 2001, p. 446). O autor lembra ainda que, no caso europeu, a maioria dos bairros étnicos são marcados pela heterogeneidade das populações e por um nível de abertura ao exterior, o que os difere dos guetos americanos, discutidos por Wacquant (p. 447).

Mas, o próprio Wacquant (2001) afirma que são outros os mecanismos de exclusão hoje no mundo europeu e que eles não conduzem à *guetificação* [grifo do autor], tal como os conhecidos pelo mundo americano no início do século XX. Os processos de agora não têm por base "conjuntos sócio-espaciais culturalmente uniformes"

(p. 17). É preciso compreender que "discriminação e até segregação não é guetificação". O autor complementa ainda que,

> realmente, se alguma coisa caracteriza o *bairro de exílio* [grifo meu] que se espalhou através do continente quando os mecanismos de reprodução da classe trabalhadora titubearam, é a sua estremada heterogeneidade de suprir necessidades básicas e abarcar a rotina diária de seus habitantes, duas propriedades que fazem deles *antiguetos* [grifo do autor] (p. 17).

Nessa medida, pode-se pensar que, para os bairros degradados de Portugal, o uso do termo gueto urbano seja uma generalização ideologizada que permeia o imaginário social dos que vivem fora desses bairros, o que tem implicações concretas nas atitudes individuais ou coletivas com que o morador desses bairros é percebido quando fora de seu lugar próprio, ou seja, o bairro africano ou degradado. Por sua vez, o mal-estar que tal compreensão gera permeia também o espaço público da sociedade portuguesa e impõe pressões sociais que demandam por políticas sociais em nome do bem-estar coletivo e de segurança social. Nesse contexto, as políticas de integração passam a ser pensadas como respostas necessárias e fundamentais para a sociedade. O debate será então em torno de algumas interrogações centrais: seriam os bairros africanos de Lisboa verdadeiramente guetos? O que isto significa em termos de marginalidade social urbana, desigualdade e direitos?

O comum nesse debate é a assunção de que a conflitualidade que envolve os bairros degradados diz respeito ao segmento mais jovem que os habita, principalmente o imigrante extracomunitário e, como tal, estrangeiro. No caso português, o mal se representa na figura dos jovens luso-africanos e novos luso-africanos, representados como "segunda geração", fonte dos problemas sociais dentro e fora do bairro degradado, na relação com outros segmentos no interior da sociedade de acolhimento.

Vala (2001, p. IV) comenta que a década de 1990 é aquela em que manchetes e relatos de insegurança crescem nos jornais diários, mostrando a existência de uma "segunda geração" de "gangues" nos subúrbios, o aumento da criminalidade que assusta o governo e a população lisbonense. Os jornais apontam essas "gangues" como os "órfãos" dos primeiros líderes criminosos negros presos em 1999 e que seriam todos a "segunda geração" de negros. Os jovens de origem africana são assim "um grupo problema", para os quais se voltam o olhar da academia e o olhar institucional e público, preocupados em desenvolver "necessariamente a pesquisa de soluções que remetem para as políticas e ações inovadoras" (MALHEIROS, 2001, p. 388).

A natureza dessas políticas e ações é, hoje, parte das discussões que envolvem instituições civis, religiosas e públicas, revelando que o "caráter inovador" da modernização que invade os países pobres da UE pode ser uma ilusão de óptica ou, ainda, que tais políticas atuem como "tapa buracos" de problemas estruturais e funcionais que tomam por base relações de poder entre desiguais. Nesse sentido, Wacquant (2001, p. 4)

> ressalta a dimensão especificamente racial da exclusão urbana (americana e européia) e confirma que as estruturas e políticas estatais assumem um papel decisivo na união de cor, classe e posição social [...] e, da mesma forma, na gênese e trajetória da marginalidade avançada de cada país.

Trata-se, segundo o autor, de discutir a territorialização urbana das relações sociais que, derivadas do sistema capitalista, fomentam a exclusão, a discriminação e a segregação capazes de equacionar o surgimento e o uso da violência e as representações mais ou menos preconceituosas delas decorrentes, tanto institucional, como socialmente. Territorialização essa que se opõe às muitas territorialidades construídas pelos sujeitos e entre eles.

Como diz Wacquant (2001):

> No nascer de um novo século, a incapacidade dos governos dos países desenvolvidos, ou a má vontade de suas classes dominantes convertidas ao neoliberalismo, em checar o acúmulo social e espacial de injustiça econômica, desfiliação social e desonra cultural ao deteriorar a classe trabalhadora e os enclaves etno-raciais da metrópole dual promete provocar inquietação recorrente a um desafio assustador à instituição moderna de cidadania. Esta é uma das maiores forças que alimentam a rápida expansão e o endurecimento uniforme da polícia e das políticas penais armadas contra a pobreza urbana nos Estados Unidos e na União Européia (p. 4).

Como então pensar a vida nos bairros degradados das metrópoles urbanas e compreender sua natureza, seus limites e possibilidades? Como ser jovem, negro e imigrante nos chamados *bairros de exílio* do mundo europeu, em particular nos bairros africanos de Lisboa? Como pensar a particularidade da Quinta Grande, um espaço aberto de trânsitos culturais e a vida de seus sujeitos, imigrantes e filhos de imigrantes, africanos e negros, portugueses e outros que aí constroem a vida?

Quinta Grande:
um bairro africano em Lisboa

> Na Quinta Grande [...]
> encontramos populações que
> vivem e constroem, todos os dias,
> os caminhos da diáspora
> africana no mundo.
>
> (MARTINS, 1997, p. 249)

A transição centro-periferia em busca do bairro africano da Quinta Grande, na Charneca "do Lumiar", foi o percurso percorrido por H. Martins (1997) para que com sua visão pudesse falar dos trajetos de africanos em Portugal. Instigada por seu relato, em 1998, como pesquisadora e "estrangeira", segui seus passos para abrir minhas próprias trilhas de compreensão do "outro" e treinar a observação sobre uma realidade que, como bairro africano e degradado, foi compreendida por H. Martins como espaço de amizades interculturais: a Quinta Grande.

> Era muito cedo, quando tomei o autocarro 108, logo ali no Entrecampos, bairro residencial e comercial de Lisboa. Enquanto esperava, observei as pessoas à minha volta na paragem (ponto de embarque): brancos portugueses de meia-idade e estudantes universitários (a Universidade de Lisboa é logo ali).Todos aparentam pertencer a uma classe média e possivelmente parte do segmento de trabalhadores do setor de serviços – das lojas, *boutiques,* restaurantes, bancos e consultórios médicos da região. Enquanto o autocarro cruza

a avenida em direção ao Campo Grande e Lumiar, vejo outros estudantes e outras escolas primárias e secundárias. Alguns desses estudantes descem do autocarro à medida que o autocarro percorre seu itinerário. O sentido do trajeto é da cidade de Lisboa e seu centro para os bairros mais distantes e depois a periferia urbana. A periferia que desfila diante de meus olhos não difere daquilo que se vê em São Paulo ou no Rio de Janeiro. Bairros pobres e antigos ou de implantação recente, todos muito semelhantes entre si, concentram-se em áreas de ocupação ou de invasão. Chamados de bairros de lata, muito semelhantes às favelas brasileiras, resultam de construções que surgem durante a noite, para se revelarem à luz do dia. Neles, imigrantes de várias origens e em maioria africanos vivem uma vida de dificuldades e privações.

Tal como foi percebido por H. Martins, também percebo que, à medida que o autocarro avança, a composição social e étnica de seus ocupantes se distancia daquela do início do trajeto. Lembro-me da leitura do seu trabalho, da fala de Alexandra, animadora cultural do ISU. Dizia ela: *o autocarro parece um laboratório*. Dou-me conta de como nossos olhares se cruzam e se assemelham. Realmente a viagem no autocarro é bastante reveladora. Dos grafites e pichações do veículo que falam da presença jovem aos termos e palavras desconhecidas para um neófito e estrangeiro, aos diferentes aglomerados habitacionais cada vez mais degradados, penso no que afirmou H. Martins com relação à ocupação física e social do espaço e à distribuição da população que aí vive. A transição no espaço físico é também uma transição urbano-rural, centro-periferia, classe média e bairros degradados. O olhar não pode furtar-se de ver aquilo que lhe é exposto através da janela, nem aquilo que lhe foi exposto pela leitura ávida de quem buscava caminhos. Tal como H. Martins, dou-me conta de que os grafites, os ditos, as palavras ali pichadas, revelam a condição africana dos usuários da linha 108, mas também da linha 101, que igualmente cruza esses bairros.

Ao que é dado observar e perceber, pode-se deduzir que a primeira etapa da viagem de autocarro é branca, portuguesa e envolve uma classe média de trabalhadores, empregados ou reformados (aposentados). Na transição entre o centro e a periferia, coincidindo com a aproximação da Charneca "do Lumiar" e seus bairros africanos – Musgueira, Quinta Grande, Quinta do Pailepa, Quinta do Louro –, a composição social e racial muda. Tudo que se vê agora é uma maioria negra e pobre que transita pela periferia, cujas marcas estão dadas pelos "fenômenos de auto e hetero-exclusão social, econômica e racial", segundo H. Martins (p. 94). É ele ainda que observa: "a Quinta Grande é reconhecidamente o maior bairro degradado de toda freguesia da Charneca" (p. 94). Era para lá que o autocarro 108 me levava.

Diário de campo, Junho de 1988.

Tudo que vi na primeira vez que cheguei à Charneca foi sua população negra e africana e, sua imensa pobreza e, também, o intenso e alegre burburinho de crianças negras a caminho da escola EB1 n.º 66 ou dela voltando.

*

O bairro da Quinta Grande pertence à freguesia da Charneca, área antes denominada "Termo de Lisboa" (Carvalho, C. 1996), indicando o final da região de Lisboa. Entre 1999 e 2001, toda a região se transforma em razão do processo de expansão e urbanização da cidade, passando a região a ser designada como "Alta de Lisboa", o que indica sua inclusão aos limites da cidade e não mais sua exclusão. O sentido da mudança diz da história da região e altera a história do bairro e de sua gente.

Segundo diagnóstico da Santa Casa da Misericórdia de Lisboa (s. d., p. 3), Quinta Grande é considerado "o maior bairro degradado de toda a freguesia da Charneca e as suas problemáticas sociais [têm] influência negativa na dinâmica de toda a freguesia; [é] uma zona em constante expansão demográfica, nomeadamente com famílias dos PALOP".

Muitos dos moradores africanos da Charneca em 1998 diziam morar no Alto do Lumiar; assim, a Charneca era indevidamente referida no quotidiano como Charneca "do Lumiar", idéia que une a zona mais urbanizada do Lumiar com a periferia próxima representada por duas freguesias altamente estigmatizadas – Ameixoeira, de configuração social mista, e a da Charneca, bastante pobre. O fato, segundo um informante, irrita muita gente, pois *"os do Lumiar não gostam"*. A freguesia do Lumiar é assim descrita por uma de suas moradoras:

> *Moro no Lumiar e... ãh!... o Lumiar foi sempre uma zona de gente, bem... gente com dinheiro, muito estável, sem grandes*

problemas. Hoje não é. Eu para chegar a casa à noite (que chego muitas vezes), se vou do serviço, vou com o motorista, mas já tenho ido a pé... Honestamente, eu entro em minha casa, com medo. Não posso mostrar, mas tenho medo...

O medo diz respeito à população das freguesias próximas, vistas como pólos de drogas e de violência. *"Não há nenhum sítio de Lisboa onde não haja drogado"*, diz a interlocutora, mas complementa que no Lumiar *"os furtos são grandes"*. A razão é porque eles (os imigrantes, os africanos)

> *estão muito próximos, muito próximos, mas eu digo, eu acredito que eles (com a proximidade) também vão se educando [...] eu acho que este interagir tem que ser uma consciência das pessoas. Nós temos que saber lidar com eles, para que eles não se tornem ainda mais marginais...*

Um alto executivo diz:

> *Moro no Lumiar, faz tempo, mas o Lumiar mudou...*

Mas, o que mudou?

Ao final dos anos de 1990, H. Martins (1997, p. 93) afirmava que os espaços entre o Lumiar e a Charneca configuravam-se como de transição rural/urbana. Dizia, então, o autor: "Para quem viaja até à Charneca, a primeira imagem que fica é a de estarmos a entrar numa periferia em transição urbano-rural".

> [...] os percursos são significativos, representando uma transição, ao mesmo tempo real e simbólica, entre uma zona habitacional de classe média, que avança todos os dias na direção da Charneca, roubando-lhes as ainda existentes marcas de ruralidade, e uma zona habitacional [...] de bairros degradados.

Foi com esse breve retrato em mente que, em Setembro de 2001, refiz o itinerário no autocarro 108, na curiosidade de rever e reencontrar a paisagem de 1998. O que vi:

> No Entrecampos, enquanto espero na paragem do autocarro 108, percebo que a população ou utentes já não eram todos brancos, como também não eram só de classe média. Eram todos negros, brancos e mestiços. Senti como se a periferia

tivesse se deslocado para o centro urbano. Da mesma forma, já no interior do autocarro, observei que não havia tantos estudantes, embora a hora fosse aproximadamente a do início das aulas. Vi uma gama de sujeitos sociais mais envelhecidos e, em maioria, trabalhadores comuns e pobres.

O trajeto do autocarro era ainda o mesmo e pela janela busquei identificar o café da esquina, o metrô, o estádio de futebol, a vitrina do centro de Lumiar. Algumas coisas reconheci, outras eram novas, tal como a estação do metrô em construção no largo central do Lumiar. Na minha mente operava a imagem dos vazios de 1998, entre o Lumiar e a Charneca – o seu espaço "rural". No entanto, o que meus olhos foram descobrindo a partir daí não lembrava mais a antiga paisagem. A cada momento, de ambos os lados da estrada, complexos e mais complexos de prédios – de realojamento e de venda livre –, condomínios construídos e em construção, não permitiam descobrir os vazios. Senti então que não apenas as pessoas dos bairros de barracas – Musgueira e Quinta Grande, entre eles – tinham se deslocado para o centro, o centro urbano vorazmente se deslocara até à periferia. Impactada com a quantidade de prédios de habitação social do outro lado da estrada e pela frenética realidade da construção civil, marcada por novos empreendimentos e pelo ir e vir de operários, grandes máquinas, quais monstros a devorar o espaço, descubro ao lado dos prédios de realojamento o que chamei de – "triste cenário de guerra" – a Quinta Grande literalmente no chão. Demolida, era agora um espaço de restos de material de construção, de entulho do que antes eram casas, café, espaço associativo... Aqui e ali, um pedaço de muro ainda de pé ladeia uma sobra de jardim, acolá um resto de horta, onde um pé de couve insiste a resistir... Árvores frutíferas com galhos carregados de frutos pendem ao chão, sem ter a mão de quem as tome para si. Vegetações, arbustos de mata africana de uso para chás e mesinhas, tremulam à espera. Espera de quê? Triste Quinta Grande demolida.

Diário de campo, Setembro de 2001.

A mudança da paisagem em cerca de três anos e alguns meses – entre 1998 e 2001 – revela a lógica das políticas públicas locais e a intensa expansão e valorização do solo que alcança os bairros africanos da Charneca e lhes muda a vida, e também para os do Lumiar.

Antes, a barreira dos espaços vazios conferia distância e invisibilidade aos bairros degradados e aos seus moradores – os imigrantes –, de modo a proporcionar segurança aos do Lumiar. Hoje, próximos e visíveis, complexificam-se os sentimentos. Diz a moradora do Lumiar:

> *Eu sou aberta às pessoas e não faço discriminação, mas é difícil lidar com ciganos, com negros, com ucranianos, com pessoas pobres, pessoas pobres mas honestas, pessoas pobres mas não honestas...*

A realidade desse novo tempo já não é tão típica do que se possa chamar "*apartheid* português", próprio do momento anterior de intensa concentração espacial dos grupos de imigrantes. Mas nem por isso é um cenário promissor, por mais promissora que seja a paisagem (o bairro social) que se impõe aos olhos. Realojar, no caso de Lisboa, significa dispersar os sujeitos sociais, as famílias em meio a uma área maior. Neste caso, a Charneca, o Lumiar, e, como tal, muda a vida dos sujeitos sociais que a tiveram, por muito tempo, vinculada a existência do bairro degradado.

Mesmo que realojados, persiste, ainda que de modo reformulado, a segregação étnica e a segregação social (MALHEIROS, 2001, p. 447). A razão é que a sobre-representação dos grupos étnicos ou raciais com a questão da pobreza, do desemprego, da violência, e da criminalidade, não se altera com o realojamento. A abertura para o exterior e a ordenação dos diferentes grupos sociais em um espaço comum, não eliminam a idéia de desajuste social e de conflitualidade que envolve os imigrantes em geral e, de modo particular, os imigrantes de origem africana em Lisboa, como se nota na fala da informante portuguesa. Por outro lado, o bairro social – o realojamento – não assegura a permanência dos mecanismos que tornaram a existência possível no bairro degradado, entendidos estes como decorrentes de uma "comunidade" singular. Como disse um morador da Quinta Grande pouco antes do realojamento:

> *[...] estou aqui na Quinta Grande até hoje, não tenho nada a reclamar, tá-se sempre bem, com o amor e carinho de todos e foi donde construí a minha barraca com as minhas famílias, é uma dignidade muito mais importante talvez do que aquela que eu vou agora ficar...* [no bairro social].

O diálogo entre a pesquisadora e o morador e que se segue esclarece os sentimentos em jogo com o fim da Quinta Grande e a mudança para os prédios de realojamento:

P – Mas achas que sai daqui com tristeza?
M – Eu acho que quase todos saem com tristeza e não alegria.
P – Por quê?
M – Porque a comunidade que tem na Quinta Grande não vai ter noutro lado. Vai desaparecer essa comunidade.

A história passada e presente da Quinta Grande, na Charneca "do Lumiar", parece confirmar a visão do informante entre o que, ainda existindo, já é passado e memória – o bairro africano – e seu futuro próximo – o realojamento, o bairro social –, cheio de indagações e de poucas respostas.

Foi, assim, entre sentimentos que brotam dos afetos e que brotam dos desencontros pessoais e humanos que, em setembro de 2001, cheguei à Charneca, mas não vi sua gente, nem o alegre burburinho das crianças a caminho da escola. A Quinta Grande acabara e sua gente, dispersa no "novo" espaço da Charneca, buscava, não sem problemas recompor os próprios passos para recuperar a dignidade.

Breve história da Quinta Grande

A Charneca, diz C. Carvalho (1996, p. 73), "é um local que tem sofrido mudanças não desejadas, tanto nos aspectos materiais como nos domínios da vivência cultural". Diz ainda, "a Charneca [é] povoada por população pouco urbanizada" e constitui hoje "um mosaico étnico com todos os problemas inerentes à situação social e econômica que lhes é própria" – fatos que conduziram a freguesia, segundo a autora, a perder a boa fama de seu passado e fatos que, sem dúvida, hoje provocam arrepios nos moradores do Lumiar.

Entre os séculos XVII e XX, a Charneca foi um espaço ocupado por quintas e por nobres que optaram por viver fora de Lisboa. Dessas quintas resultam hoje os muitos nomes dos bairros populares habitados por africanos e portugueses pobres, tais como a Quinta Grande, a Quinta da Pailepa, a Quinta do Louro etc. Já no século XX, ocorre um aumento demográfico da área, provavelmente com migrantes rurais portugueses, mas, a construção do aeroporto internacional entre l940 e 1942 desaloja a população que aí reside, seguindo esta para um espaço mais além, conhecido como Galinheiras. As Galinheiras é hoje núcleo de maioria branca e pobre. Em 1950 já "proliferam os bairros clandestinos", com suas gentes simples e pobres e em Abril de 1974 (Revolução dos Cravos) a Charneca se encontrava "quase esquecida atrás do aeroporto, de certo modo desprezada pela cidade de que faz parte" (CARVALHO, 1996, p. 72).[1] Nos anos seguintes, a Charneca virá a conhecer novo incremento populacional com o aumento das migrações internas e depois com os imigrantes extracomunitários, nomeadamente os africanos dos PALOP. No final dos anos 90, a ocupação se torna densa, modificando o entorno da área da Charneca de modo definitivo e configurando a existência de muitas "Aldeias d'África".

Com isso, de 1998 até 2001, apesar do adensamento do espaço e de sua modificação, o centro da freguesia continuava ainda em tudo semelhante, quase que a dizer de uma paisagem imutável no tempo. Quase como uma ironia, a permanência do aspecto físico do centro da freguesia sugere uma solidez e uma indiferença à mudança, mas é só aparência. O centro da Charneca também está à espera da mesma fúria, que age em seu entorno, onde homens e máquinas estão a demolir e a criar um novo cenário – a "Alta de Lisboa". Dentro em breve, o centro também irá mudar para dar passagem a uma grande avenida, que talvez preserve algumas das construções históricas, mas que, segundo os planos da Câmara Municipal de Lisboa, deverá fazer desaparecer a escola EB1 n. 66 e outras construções próximas. É assim que os homens que aí vivem e que aí transitam contam outra história.

A história dos muitos bairros da Charneca, entre eles a Quinta Grande, que, como disse um morador já sob aviso da mudança para o bairro social, *"a Quinta Grande é... é aquela história bonita..."*, começa a ser mitificada na imaginação e na memória de seus ex-moradores, diante do novo que desconhece e que não foi desejado – o realojamento. Nesse novo momento retoma-se a história do nascimento da Quinta Grande e aqui ela se mescla com outras narrativas, de um tempo em que o novo era apenas uma promessa, longe e nada concreta.

---

[1] É ainda na vigência desse "desprezo urbano" que esta pesquisa tem início (1998) e será na revitalização imobiliária de seu espaço (2001), interferindo na vida do bairro da Quinta Grande, que ela se fecha numa miríade de indagações.

Um morador conta que vive no bairro há trinta e cinco anos e que o bairro *"começou a existir... há quarenta anos* [aproximadamente 1961] *e quando chegou havia 40 barracas em mil novecentos e... sessenta e cinco ou sessenta e quatro... sessenta e cinco".* Em 1965 eram

> quarenta e sete [barracas] *já foi quarenta e oito, depois começou a chegar o pessoal do Norte* [português], *Alentejo, Algarve, quase de todos os concelhos, bem isso mantém-se aqui uns dez ou doze anos* [início dos anos 70]. *Depois começaram a vir cá cabo-verdianos pra trabalhar e... e depois mais cabo-verdianos, angolanos, guineenses, são-tomenses.*

O bairro africano é, portanto, inicialmente branco e português. Só depois de 1975, com os importantes fluxos imigratórios da África e dos PALOP, outras famílias, agora africanas, emprestam ao bairro sua face negra. De área ocupada por imigrantes portugueses de origem rural e operária, surge um espaço majoritariamente negro e africano – um espaço de trocas, mas, como se verá depois, de disputas e contradições.

A especificidade de sua formação pode ser a gênese do que H. Martins (1997) define como o caráter central do bairro: sua realidade de espaço intercultural, no qual transitam brancos e negros, transitam culturas diversas, porém em diálogo. Para H. Martins trata-se de um "espaço de amizades interculturais", entendido por ele como uma realidade cultural em que "as experiências pessoais e familiares de contato com uma sociedade de acolhimento" diferem de outros núcleos de exclusividade africana (p. 88). Neste sentido, pode-se afirmar que a Quinta Grande, situada na Charneca "do Lumiar", a norte de Lisboa, até Maio de 2001, foi um bairro de população mista e de culturas múltiplas, fruto do mover-se no espaço que conduz pessoas e grupos de universos culturais diversos a partilharem a vida e o espaço, partilharem seus hábitos e seus sonhos.

Uma caracterização parcial revela que "a população é na maioria de nível socioeconômico baixo, apresentando as mulheres uma predominância de profissões ligadas a limpeza e empregadas domésticas e os homens profissões ligadas à construção civil. Em relação aos núcleos familiares, estes nem sempre seguem o esquema tradicional (pai, mãe e filhos). Sendo invariavelmente famílias muito numerosas e com outros graus de parentesco (avô, avó, tios, padrasto, madrasta, etc.)" (rel. ISU, [s. d.], p. 2):

> *É um bairro em que as pessoas são pobres, são famílias trabalhadoras que acabam por organizar o projeto de vida para eles e para os filhos e ter uma vida melhor. Depois daqueles que vêm completamente desinseridos, caem aqui no bairro de pára-quedas, têm um primo, têm um tio e tem não sei quem que mora ali. Se a nível de nosso país há problemas de desemprego, pessoas que venham de Angola, sem habilitação nenhuma, muito mais problemas vão ter, vão aos biscates, não há regularidade no trabalho, não há continuidade, acabam por viver com os mínimos que conseguem no dia a dia e quando conseguem, muito bem. Depois a família, estou lembrada que na cultura de Cabo Verde, as mulheres não trabalham. Trabalham os homens e as mulheres ficam muito mais em casa, apesar de a maioria delas ir para as limpezas* (mulher-a-dias), *mas é um trabalho que a nível familiar não é muito reconhecido e depois há muito aquelas senhoras que crêem que mulheres não trabalham. Ora, quando o trabalho já é difícil, se forem com 4 ou 5 ou mais filhos, mais complicado é.* [assistente social].

No entanto, ainda que um bairro dos mais populosos da cidade de Lisboa, a Quinta Grande não é daqueles que "registre(m) os mais elevados índices de criminalidade, mas como 'bairro de lata' que é, compreende no seu tecido socioeconômico, familiar e educacional todos os graves problemas deste tipo de bairro" (ISU, l995, p. 3).

Com isso, por suas características e pela história mais recente, dos anos 1960 para cá, a convivência quotidiana e os laços de vizinhança entre negros e brancos, entre africanos e portugueses, passaram por muitas fases.

Até Maio de 2001, a Quinta Grande foi um bairro misto, de amizades interculturais,[2] diferente do Prior Velho, que é a forma mais

---

[2] Para H. Martins, o interculturalismo significa miscigenação de toda ordem – da língua ao vestuário, passando pela alimentação e outros aspectos – e é entendido como tráfego cultural decorrente do contato interativo entre brancos e negros (1997, p. III). Nesse sentido, o bairro é tido como de amizades interculturais em razão da intensa conviviabilidade e sociabilidade de seus moradores.

extremada e fechada de relacionamentos e que vê com muita desconfiança quem é de fora, ou ainda diferente do Alto de Santa Catarina, também analisado por H. Martins e que é de exclusividade negra, quase um gueto. Outros bairros oferecem ainda outras leituras, como é o caso do Alto da Loba, um bairro de realojamento, também tensamente dividido entre seus moradores.

Se, portanto, o espaço da Quinta Grande é realmente de amizades interculturais, é também de conflito e tensão entre os que aí moram, negros, negros e brancos e com os de fora. Situações de crise, de tensão e de conflito também fazem parte de seu cenário. Seu universo é pequeno, mas sua realidade é múltipla e se expressa de diversas formas, não permitindo que se possa generalizar para a situação dos africanos em Portugal, ainda que grupos majoritários possam imprimir uma certa hegemonia na condução da vida nas relações internas, de modo que alguém de dentro desses grupos ocupe posições de representatividade no/e do próprio bairro.

A Quinta Grande se caracteriza ainda, por uma intensa mobilidade, constituindo-se num "espaço de passagem". Isto significa que os que aí estão, estão por pouco tempo, posto que Portugal é visto como escala para outros países da Europa, onde a comunidade dos PALOP é forte (MARTINS, H. 1997, p. 95). Nessa mobilidade incluem-se também os que têm residência fixa e estão legalizados e ainda os clandestinos. A intensa mobilidade geográfica atende a fatores de atração/repulsão dispostos pelo mercado de trabalho de modo geral mas atende também aos laços familiares e de amizades com outros sujeitos e outros lugares. Os "chamados" são assim freqüentes, como freqüente é o ir e vir, hoje aqui, amanhã...

> *Quinta Grande sempre teve essa característica* [de viajar com freqüência]... *acho que também por estar perto do aeroporto é uma das razões e tem a população angolana* [que] *faz muito isso, até mais que os cabo-verdianos, está lá uns meses, alguns anos, depois vai, depois volta... fica lá... tem muita mobilidade... Os cabo-verdianos vão mais nas férias e voltam para trabalhar. Os angolanos não, vão e voltam muito...*

A mobilidade geográfica as condições de um mercado de trabalho instável e adverso constituem elementos do que Sayad (1998) chama "provisoriedade": provisoriedade de moradia, de trabalho, de família, de vida. Diante disso, a população da Quinta Grande é vista como "pouco urbanizada", quase sem civilidade, com "ascendências étnico-geográficas diferentes: populações de pele branca, negra, bem como mestiça e populações ciganas". Todos coabitam em meio a

> situações de mau trato familiar, alcoolismo, instabilidade familiar, irresponsabilidade, vício da dependência, confronto de valores, relações conflituosas, tensões de vizinhança e falta de higiene [...] problemas que agravam as condições de vida quotidiana e o próprio sucesso escolar. (CARVALHO, 1996, p. 74)

O olhar desde fora parece contradizer a afirmação de H. Martins (1997) de que a Quinta Grande possa ser um espaço de amizades interculturais, ou seja, em que os moradores têm entre si forte rede de sociabilidades e razões de existência que ultrapassam a simples proximidade geográfica ou partilha de condições socioeconômicas – fato que, segundo o autor, permite estabelecer uma rede de relações na família, na vizinhança, capaz de acionar uma solidariedade mecânica como forma de superar o desequilíbrio que resulta do choque cultural e social na experiência de contato e integração na sociedade portuguesa (p. 92).

O que é possível afirmar é que a Quinta Grande, tal como outros bairros africanos e degradados, vive tensamente relações de caráter integrativo e outras de oposição e conflito. Na interioridade do bairro operam mecanismos de afirmação identitária, centrados na localidade, no que o bairro representa perante outros bairros e perante a sociedade portuguesa. Mas operam, também, relações marcadas pela presença diferenciada de grupos étnicos, grupos de idade e de nacionalidade, tempos e percursos migratórios diversos (SAINT MAURICE, 1997), gerando, porta adentro, conflitos diversos daqueles de porta afora.

Assim, a ocupação do espaço físico e social da Quinta Grande permitiu a definição de seu território, ao mesmo tempo que uma territorialidade múltipla, o que faz com que como bairro assuma características próprias em termos de suas relações internas e externas, dizendo desse espaço de modo particular e específico, com base em condições comuns e problemas comuns partilhados, dentro e fora do bairro.

As falas dos moradores da Quinta Grande são reveladoras de seu campo de tensão. Em alguns depoimentos, os moradores dizem:

"na escola a gente se dá bem", como a dizer *"no bairro nem tanto"*, posto que aí há outros critérios a operar as relações entre sujeitos. Porém, tal como foi possível perceber durante a "Semana do Mundo", atividade escolar realizada com crianças cabo-verdianas, angolanas, mas também moçambicanas, ciganas e portuguesas na escola EB1 n.º 66, em 1998, os espaços não eram, assim, tão divididos. O motivo: as desavenças entre os adultos durante a festa anual da Quinta Grande no interior do bairro, naquele ano, refletiram-se em animosidade e conflito entre crianças cabo-verdianas e crianças angolanas durante a "Semana do Mundo", na escola.

Uma briga durante as festividades da noite, no dia da festa, retalhara à faca o rosto de alguém. Houvera invasão da barraca de prendas, quebra e roubo dos brindes. A barraca de alimentação fora destruída. No domingo, um aspecto fundamental da sociabilidade africana, a comida, não estava disponível. O som estava lá, mas todos viam e ouviam "de longe", ninguém vinha ao largo da festa. Acontecera uma divisão da comunidade quanto à organização da festa, envolvendo a barraca de comidas típicas, pois os angolanos não se sentiram representados. Um dos grupos estava excluído e montou uma segunda barraca longe do largo e do palco da festa. Para os organizadores, a barraca *"não era comunitária"* – pois a comunidade estava dividida entre angolanos e cabo-verdianos. Como disse um morador, *"eles estão se estranhando"* – os angolanos e – os cabo-verdianos. Percebe-se então que a realidade do bairro envolve todos, adultos, jovens e crianças, no que garante à sociabilidade e às amizades interculturais mas as diferenças também os envolvem e atuam conflitivamente onde quer que o morador da Quinta Grande, criança, jovem ou adulto, se faça presente.

Por esse exemplo, pode-se dizer que, ainda que o bairro africano possa ser "palco de interações" (SAINT MAURICE, 1997), capaz de fomentar sociabilidades entre sujeitos de espaços segregados,[3]

---

[3] O debate sobre espaços segregados é de importância fundamental entre os autores da Escola de Chicago. Mais recentemente, outros autores preocupados com a questão da pobreza e do espaço urbano vêm se dedicando ao tema, e a própria Escola de Chicago é relida no mundo europeu, nomeadamente França e Inglaterra.

definindo pertenças e processos de solidariedade grupal, são tais bairros divididos internamente em função das diferenças sociais e culturais de seus moradores, pela posição que ocupam os diferentes membros de cada grupo ou segmento de grupo, configurando-se o espaço do bairro como espaço de tensão, competição e disputas.

Um morador mais antigo afirma que *"na Quinta Grande... tásse sempre bem com o amor e o carinho de todos...".* Diz ainda: *"[...] nós somos uma comunidade... que não vai ter noutro lado* [no realojamento/bairro social]". Jovens *e* velhos afirmam a união de todos diante do interlocutor de fora. Mas, é o jovem quem mais revela a tensão permanente existente no espaço do bairro. Assim, ainda que um jovem afirme *"aqui no bairro a maior parte é negro, mas dá branco que sabe dançar músicas africanas, sabe falar angolano* [calão]*..."*, outra jovem diz que *"existe racismo, o racismo que existe no Bairro da Quinta Grande é um racismo que existe em comunidades com muitas pessoas...".*

Para a jovem moradora, o problema tem a ver também com a história de cada país e com os "rótulos" que acompanham a pessoa quando migra. Diz ela:

> *Diz-se que em Angola há uma grande camada que é de mulatos, pretos. Dentro desses mulatos, pretos há aquela discriminação. Dos brancos em relação aos pretos... Os angolanos levam o rótulo de mais racistas, porque dizem que o cabo-verdiano é um misto, é um misto melhor do que o de... Angola. Os guineenses tem pouco* [na Quinta Grande] *e moçambicanos na Quinta Grande tem, mas é minoria mesmo... E daí eu diria... que meu bairro que praticamente de cabo-verdianos, 90% de cabo-verdianos, Quinta Grande também tem pessoas que querem drogas e tem jovens que consomem drogas...*

O que a jovem lembra é que, embora partilhando a condição de migrantes, africanos e moradores do espaço comum não são todos iguais. Trazem consigo uma história pessoal mas também a história coletiva e os valores de seu país de origem. Isso coloca barreiras para um processo de interação ou de fusão, mostrando que, se há união diante das condições impostas pela imigração, há também conflitos.

A assistente social da Santa Casa da Misericórdia de Lisboa que atua no bairro comenta:

> [...] *quando há pessoas com muitas culturas e modos de estar na vida diferentes, acaba por ter conflitos, agora não são questões de muito peso (quando dentro do bairro), pois convivem também com angolanos e cabo-verdianos, mas de modo geral uma vez ou outra, um problema....*

Os conflitos dentro do bairro são passíveis de negociação e reequilíbrio, de modo a garantir o quotidiano e, muitas vezes, o passado africano, que diferencia os grupos e que também os une. Como diz H. Martins (1997), o passado vivido na África e uma certa cultura "nacionalista" são acionados como parte das relações de sociabilidade e solidariedade diante das agruras da sociedade de acolhimento.

A heterogeneidade cultural marca, por diferentes critérios, semelhanças e diferenças, as alianças momentâneas e também os conflitos cíclicos. O clima no interior do bairro, qual vulcão inativo, prestes a uma erupção, está sempre a lembrar a fragilidade das relações entre os homens. Socialmente, a população é mais homogênea, em razão de viverem todos as mesmas condições que vitimizam o migrante, seja ele um estrangeiro de outras terras ou um camponês que migrou do campo para a cidade. Nesse aspecto, conta-se por vezes com a solidariedade, o auxílio de uns e de outros, independentemente de serem negros, brancos, nacionais ou estrangeiros. Conta-se ainda, com o apoio de entidades civis ou religiosas que atuam mediando as relações entre os moradores e destes para com o mundo português.

A Quinta Grande e as entidades parceiras

Muitas são as entidades que hoje adentram os bairros degradados de Lisboa na forma de associações, ONGs, grupos de ajuda e outros, objetivando assistência, desenvolvimento, formação etc., dos que aí estão e aí moram. Um olhar sobre as instituições e entidades que atuam em parceria no Bairro da Quinta Grande permite compreender a visão da sociedade portuguesa sobre o que Wacquant (2001) chama de "regiões problema", "regiões de banimento", permitindo a percepção do lugar que ocupam no interior da sociedade de acolhimento.

No caso da Quinta Grande destacam-se, entre outras entidades, a Santa Casa da Misericórdia de Lisboa – unidade do Lumiar, as Irmãs do Bom Pastor, da Congregação de mesmo nome, o ISU – Instituto de Solidariedade e Cooperação Universitária, a Associação dos Moradores da Quinta Grande, o Grupo de Jovens da Quinta Grande, a escola EB1 n.º 66 e a escola EB2 e 3 – Pintor Almada Negreiros. Em 1997, surge no interior do bairro a SOS Defesa dos Angolanos. Todas as entidades trabalham na área do bairro e intermedeiam as relações da Quinta Grande com a Junta da Freguesia da Charneca, que administra a área, com suas necessidades e problemas, além de fazer a ponte institucional com a Câmara Municipal de Lisboa, órgão central administrativo do concelho. As entidades e a junta conformam o Grupo Comunitário da Charneca, atuando em conjunto para a melhoria e desenvolvimento da freguesia.

Segundo um informante:

> *As Irmãs* (do Bom Pastor), *a Associação dos Moradores e o ISU eram no fundo as que estavam mais próximas* (do bairro e da população). *Um pouco a SOS Defesa dos Angolanos.*

A SOS – como entidade mais recente no bairro – iniciou seus trabalhos pelo mesmo segmento com que o ISU trabalha – os jovens –, porém não manteve esse trabalho, segundo alguns, *"porque não tinham vocação para trabalhar com os jovens, quer dizer não tem muita paciência para aquelas coisas deles* [dos jovens]*"*. Da entidade sabe-se pouco, pois sua atuação é muito parcial no bairro, o que a faz *"manter uma atitude mais isolada de uma série de coisas da vida do bairro"*. Para algumas pessoas há muita divergência entre angolanos e cabo-verdianos e esse pode ser o motivo que explica também a relação formal e distanciada com as demais entidades. Por essa razão, a SOS Defesa dos Angolanos, muitas vezes, está no centro de alguns conflitos internos do bairro, por exemplo, a citada festa anual da Quinta Grande em 1998, na visão da representante do ISU.

> *A minha versão da história é que nunca senti que houvesse muita solidariedade entre angolanos e cabo-verdianos no bairro* [...] *a SOS Defesa dos Angolanos que foi uma associação que se manteve mais isolada de uma série de coisas da vida do bairro, inclusive das outras instituições e que tinham*

uma forma de relacionar assim... e aí surgiu essa coisa, a barraca deles não fazia parte da festa, porque era uma festa comunitária e a organização era de todas as associações. Eles foram convidados... estiveram em algumas reuniões... nunca disseram do interesse de uma barraca à parte... de repente no dia da festa surge outra que não estava prevista, em frente à associação deles. "Mas o que se passa?" A questão é que os lucros da festa iam para o mesmo saco, toda para o mesmo bolo, que era para as Irmãs, para a Associação de Moradores, ou seja, era para ser distribuída, não de forma eqüitativa, mas conforme as necessidades... Quem como o ISU tinha financiamento, só as despesas... e a SOS Angolanos teria o deles naquele dia aparece a barraca, ou seja, pretendiam fazer o lucro. Sem dividir. Mais tarde perguntado "que houve?". Disseram que a barraca nada tinha com eles. Estava ali á frente... mas não... Pronto, mas eram familiares deles...

As Irmãs do Bom Pastor atuam no bairro desde 1991, com o apoio da paróquia da Charneca e associadas a muitas entidades presentes no bairro, desde muito tempo e em estreita colaboração no quotidiano dos moradores. Bastante queridas, as Irmãs são referência para quem chega e para quem necessita de auxílio. Atuam em ações conjuntas e mais estruturadas, fazendo levantamentos, mapeando problemas, encaminhando-os a quem de direito, e desfrutam de situação privilegiada, posto que residem no bairro e isso as torna parceiras privilegiadas nos projetos de intervenção local.

O ISU é uma organização não governamental para o desenvolvimento (ONGD), fundada em 1989 por estudantes universitários, e que pertence às organizações não governamentais portuguesas para a cooperação e desenvolvimento, desde 1991. No entanto, o ISU é também uma associação juvenil de âmbito nacional, reconhecida e vinculada ao IPJ - Instituto Português da Juventude. Esses dois estatutos são fundamentais na definição de sua atuação dentro da Quinta Grande, desde Junho de 1993, com atividades regulares de Apoio Escolar e com o Grupo Jovem, que em 1997 ocupou um espaço no interior do bairro e o denominou "Espaço Jovem". Outras atividades envolvem o Grupo de Danças Africanas Kukurumba, só de garotas entre 13 e 17 anos; atividades recreativas e culturais nas chamadas

ATL – Atividades de Tempos Livres – com a população escolar fora do horário de aulas e também durante os períodos de férias escolares. E, desde que foram iniciados os trabalhos com os jovens, muitos grupos se organizaram em torno de diferentes interesses, alguns mais ativos e permanentes e outros mais efêmeros. O perfil do ISU vincula-se por sua origem e atuação a espaços educativos e à população mais jovem de ambos os sexos.

Com tais características, o ISU atua junto ao Grupo Comunitário da Charneca e, ainda que tenha seus projetos mais intensamente voltados para a Quinta Grande, trabalha também com a Quinta do Louro, a Quinta da Pailepa e do Garrafão em razão de que é desses bairros degradados que provêm muitas das crianças da escola EB1 n.º 66 e da escola EB2 e 3 Pintor Almada Negreiros, espaços em que o Apoio Escolar acontece. Alguns jovens desses bairros também integram as atividades do Espaço Jovem na Quinta Grande. Com isso, o ISU acaba por atuar em toda malha espacial da Charneca, mas concentra suas atividades na Quinta Grande e aí recebe apoio das demais entidades, entre elas a Associação dos Moradores da Quinta Grande.

A história da Associação, fundada em 1990, confunde-se com a história do bairro e se inicia sob a forma de uma "Cooperativa dos Três Unidos", em 1975, dinamizada pelas Irmãs do Bom Pastor e tendo por "objetivo construir 250 fogos, o qual não foi concretizado; depois, com a extinção dessa cooperativa, instituiu-se uma 'comissão de moradores' [...] mais tarde desativada" (ISU, 1995, p. 4). Na mente dos moradores mais antigos, a lembrança é viva e a cooperativa confunde-se com a "Comissão de Moradores da Quinta Grande", sendo tida como o embrião da associação de moradores que existe hoje. A comissão de moradores construiu e ocupou um barracão denominado "Cantina", que funcionou durante muito tempo como centro cultural e de convívio. Nesse espaço, além das reuniões e busca de soluções para problemas do bairro, desenvolveram-se cursos de alfabetização e outros, tendo funcionado como tal até 1987. Foi depois de um intervalo de anos que membros da comissão começaram a defender a idéia de uma associação de moradores, novamente dinamizados pelas Irmãs do Bom Pastor:

> A gente fazia aqui algumas reuniões antigamente quando eu pertencia à comissão de moradores, mas aquilo acabou, ficamos dois ou três e nessa altura pensava nisso e não conhecia o Sr. Sérgio [...] mas conhecia o Fonseca [...] aí um dia começou pra aí a falar "tá, é capaz de dar bem". No dia seguinte fizemos logo uma reunião e nessa reunião saiu a idéia da associação....
> A Associação dos Moradores nasceu com o Sr. Sérgio, o Manuel, sinaleiro, Sr. Tavares, foi o Fonseca, foi uma das Irmãs, já cá não está, foi o que já faleceu, o Sr. Viriato, o taxista, e foram mais duas senhoras, não sei. Fundaram no dia 12 de Setembro de 1991.

Muitas melhorias alcançadas pelo bairro – ponto de ônibus, identificação das ruas, iluminação pública, balneário público etc. – se devem à atuação da Associação na Junta de Freguesia da Charneca. No entanto, tais melhorias acabam por também dividir o bairro, já que os poucos recursos urbanos disponíveis não se distribuem eqüitativamente entre os moradores. Em 1998, morar na Quinta Grande envolvia localizar-se no espaço em termos de uma "zona de cima" ao Norte e uma "zona de baixo" ao Sul do bairro. A realidade da primeira é de melhorias que ainda não alcançam a zona sul. Ruas com asfalto, água e canalização dos esgotos são conquistas que não atingem o bairro como um todo e como tal diferenciam o morador "de baixo" e o morador "de cima".

Como mostra H. Martins (1997):

> Existe um certo conflito entre os moradores das duas zonas do bairro, desde que a parte norte foi arranjada, em 1995, pela Câmara Municipal de Lisboa a pedido da Santa Casa de Misericórdia e das Irmãs do Bom Pastor. Todo o Bairro da Quinta Grande é clandestino. Não existiu qualquer plano urbanístico, pelo que as casas em alvenaria e materiais leves proliferam, por entre ruelas mais ou menos estreitas, becos e leves encostas de terrenos... O aspecto geral é insalubre e degradado, muito embora se evidenciem algumas casas com aspecto cuidado e com espaços exteriores arranjados – quase todas ficam situadas na parte norte do bairro. Algumas famílias iniciaram a construção de suas casas com materiais leves como a madeira e o zinco, tendo vindo posteriormente a

melhorá-la com tijolo e outros materiais. Num contexto marcado por condições de habitação precária, é interessante verificar que apenas 56% dos alojamentos dispõem de WC com banho, ou seja, quase metade dos moradores utiliza o balneário público no bairro ou outros métodos mais rudimentares em casa. Nem todas as casas do bairro têm casa de banho interior – e, mesmo das que têm casa de banho interior ou exterior, muitas há que não têm banho. Nestes casos, os moradores recorrem aos balneários públicos que ficam junto ao "campo de futebol" ou então vão a casa de vizinhos ou amigos que vivam mais próximo – no Verão é possível ver alguns indivíduos a tomar banho "de mangueira" [p. 260].

As condições de infra-estrutura e a falta de equipamentos acentuam a precariedade da vida quotidiana, atingindo a todos, mas, por serem desigualmente distribuídos, permitem que uns tenham melhores condições do que outros e uma diferença seja constituída:

> [...] *o ambiente na Quinta Grande, situações pontuais de atritos, mas as pessoas vivem bem uns com os outros, às vezes o que se tem é que a zona de cima do bairro já tem saneamento feito, as ruas asfaltadas e os de baixo não, há atritos, os esgotos para a rua... Na parte de baixo a população também se mistura, o problema é o ressentimento, são as conquistas da zona do alto e as pessoas da zona de baixo são mais conflituosas tem mais dificuldade de relacionamentos. Enquanto que na zona de cima, são pessoas mais organizadas, estão há mais tempo no bairro, moraram na Quinta Grande e em barracas por muito tempo...*

O padrão social de todos os moradores é em tudo semelhante, porém nem todos são iguais. Em 1998, na zona de cima, restavam poucas barracas, muitas casas eram já de alvenaria com jardins e alguns espaços eram ocupados por hortas domésticas e alguns pés de frutas. Por outro lado, a heterogeneidade cultural de que são portadores os que moram no bairro, por suas origens e histórias pessoais, se, por um lado, os une perante os confrontos diários que se têm que viver, por outro, em meio às relações de poder estabelecidas, os separa:

> *Penso que há muito racismo entre negros e brancos, penso que neste bairro (QG) não acontece tanto. Se há uma posi-*

> ção mais racista entre um e outro, isso não acontece mais.
> Há um racismo entre negros – angolanos e cabo-verdianos
> –, é... coisa que não dá bem...

Uma informante explica o *"não dá bem..."*:

> *Lógico que no bairro há segregação, basta ver onde eles estão, criou-se uma comunidade cabo-verdiana, é o gueto mas tá lá brancos, já lá estavam quando eles* (os cabo-verdianos) *lá foram e... convivendo perfeitamente. A comunidade cabo-verdiana é cabo-verdiana e a portuguesa é portuguesa mas no dia a dia há entrosado, mas sempre há mais coisa...*

Com isso, união, integração, oposição e conflito são equações de um mesmo processo no interior da vida quotidiana, dentro e fora do bairro. Esse mesmo processo e divisão se expressam nas relações do bairro com as entidades que atuam no seu interior, como, por exemplo, a Associação dos Moradores, dirigida por um cabo-verdiano e um português, e a SOS Defesa dos Angolanos, que muitas vezes entende não estarem os angolanos representados adequadamente nos projetos locais. Com isso, nem sempre a Associação dos Moradores conta com apoio integral das entidades do bairro ou das que aí atuam, ainda que, em maioria, todos atuem em conjunto.

Outro caso de confronto da Associação dos Moradores está na existência do Grupo de Jovens, nascido das atividades do ISU e que por suas características confronta-se com a Associação dos Moradores, dirigida por pessoas mais velhas e antigos moradores da Quinta Grande. O embate entre eles é representativo das tensões internas e divisões existentes no interior do bairro, na medida em que expressa um conflito de poder entre gerações e expõe as divisões no interior da própria comunidade. Dizem os jovens que há uma certa disputa e tensão para ver quem faz mais e melhor para o bairro, se o Grupo de Jovens ou se a Associação dos Moradores.

A história começou quando o ISU conseguiu junto à Associação dos Moradores que estes cedessem uma barraca que não utilizavam e nessa barraca surgiu o primeiro grupo de jovens do bairro no ano de 1997:

> *O grupo jovem surgiu e teve assim um impacto, muito grande... já que foi o primeiro e porque reuniu realmente e isso foi uma procura nossa (ISU)... A idéia era trabalhar a autonomia deles.*

O ISU determinou um número limite em torno de vinte jovens e tinha por meta fazê-los se responsabilizarem pelas atividades e levarem em frente os objetivos que tinham como grupo de jovens. O problema é que todos os jovens do bairro queriam fazer parte e os primeiros que chegaram foram incumbidos de fazer as regras do grupo e determinarem quem podia ou não participar das atividades e do grupo. Os que chegaram primeiro, atendendo ao convite do ISU, eram os mais ativos e mobilizados e neles centrou-se a organização do grupo com forte repercussão no bairro e nos diversos segmentos que aí vivem e atuam, entre eles a Associação dos Moradores. Outros jovens, vistos pelos primeiros como sujeitos problemáticos, foram alijados de participação, excluídos do novo grupo que se formou. O problema é então:

> *[...] eles criaram regras de exclusão muito à partida e as pessoas jovens do bairro, por serem muito confusionistas, como se diz, que estão sempre a criar problemas e confusões, a essa altura, sempre que saíamos* (ISU, Grupo Jovem) *em atividades de fim de semana, quando voltávamos a barraca estava completamente destruída, toda partida, cheia de tinta... suja... e, como tínhamos muita energia, dizíamos não! Vamos limpar tudo, vamos reconstruir tudo, vamos continuar, até que destruíram de tal forma que não dava pra continuar...*

Apesar de ser uma questão entre os jovens do grupo e jovens que estavam fora dele, para alguns jovens o que ficou foi a intervenção da Associação em relação a um espaço que lhes pertencia, e considerou-se então que foi a Associação que os desalojou de um espaço onde se reuniam no bairro, destruindo o que restava das instalações e deixando no lugar apenas o entulho. A Associação dos Moradores está nas mãos de adultos que exercem um poder de comando no interior do bairro, e o Grupo Jovem, que também se organiza no interior desse mesmo espaço, confronta o poder dos mais velhos. Há uma disputa para ver quem ocupa melhor e com mais eficiência o próprio espaço do bairro. Assim, em 1998, sem um espaço físico a ocupar no bairro, o Grupo Jovem ocupava uma sala da escola EB1 n.º 66, cedida pela direção e fora do espaço imediato do bairro. Os jovens então afirmavam que o problema entre o Grupo de Jovens e a Associação dos Moradores era uma questão de competência. A explicação que davam era que as festas dos jovens conseguiam melhores resultados, inclusive financeiros, mesmo quando ocorriam num único dia. As festas da Associação duravam uma semana e poucos resultados atingiam. Diziam então: *"A razão é simples, nas festas jovens comparecem jovens de todos os lados e nas da Associação, só os adultos do bairro."* Afirmavam, assim, sob seu ponto de vista, a competência de organizar, realizar e arrecadar fundos do Grupo de Jovens, em detrimento da pouca competência dos mais velhos, numa clara luta por afirmação diante não só dos pares mas também da comunidade-bairro da Quinta Grande. Com isso, afirmam a existência de grupos e subgrupos internamente ao bairro, as disputas em termos de poder, e evidenciam os processos de tensão aí estabelecidos – entre negros e brancos, entre negros, entre jovens e adultos –, como também expressam a tensão entre bairros.

Crianças e jovens entre as amizades e o conflito

A Quinta Grande, como a maioria dos bairros degradados de Lisboa, tem cerca de 50% de sua população com idade até 18 anos. Diz o ISU (1995, p. 3-4):

> Estas crianças e jovens vivem, assim, em condições pessoais, familiares, sociais, econômicas, educacionais, culturais, etc., de elevada precariedade humana, num ambiente intrinsecamente destruidor do salutar desenvolvimento integral da pessoa. De fato, o dia-a-dia desta juventude caracteriza-se por um "deambular" entre o furto, a droga, a prostituição – senão dos próprios, pelo menos de muitas pessoas que vivem à sua volta. A violência generalizada e arbitrária, o insucesso escolar, a rejeição social e, muitas vezes, a própria rejeição familiar ou sua destruição, pois uns desconhecem um dos progenitores ou ambos, vivendo ou a falta de estrutura familiar digna e humana, ou no seio de um ambiente que pouco ou nada tem a ver com pai, mãe e irmãos.

São crianças que, certamente por culpa alheia, se vêem privadas, quotidianamente, da mais básica formação moral, espiritual-religiosa, elementos vitais para o desenvolvimento cabal da personalidade e da pessoa como tal.

Por outro lado, são jovens privados de elementares meios para poderem progredir nos estudos com vista a serem trabalhadores, intelectuais ou não, de qualidade numa profissão consentânea com seus gostos, aspirações e capacidades. No fundo, essa juventude fica com uma noção distorcida dos valores em geral, principalmente da família, do bem comum, do bem e do mal, do trabalho, da paz, etc., e das virtudes humanas em particular. Numa palavra, serão os "continuadores", sem culpabilidade direta, do ambiente que os "gerou" e "deformou", porque não lhes foram proporcionados os meios pelos quais eles pudessem aceder a uma formação saudável da sua consciência, da sua pessoa, e, assim, poderem usar bem a sua liberdade.

Para terminar é manifesta a falta de contato e relacionamento destas crianças e jovens com pessoas (jovens) externas ao bairro e com outro nível sócio-cultural. Trata-se, assim, de um problema de índole mais qualitativa do que quantitativa, de um problema mais "humano" e social, do que econômico, logo, mais importante.

Um exame apurado dos termos com que o jovem é percebido pela instituição que trabalha no interior do bairro revela o olhar desde fora com que a juventude negra e portuguesa de origem africana é percebida pela sociedade de acolhimento, revelando também o imaginário cativo da sociedade dominante posta como modelo. Para ir além nessa percepção, outras vozes se fazem presentes, como também as vozes dos sujeitos principais aqui enfocados – os jovens da Quinta Grande.

A assistente social que atua no bairro diz:

> *Os jovens da Quinta Grande têm a idéia de que em outros lugares* [fora do bairro] *eles não são respeitados e isso tem sobreimportância, pois sentem-se superiores aos outros, sentem que têm umas vivências que são de qualidade e muito solidárias entre eles e que se ajudam muito em situações de conflitos com outras pessoas, já junta dois ou três e também, como é tudo irmãos, primos, tios, é extremamente fato eles se*

unirem entre si. Mesmo em termos de classe, de famílias, eles se apoiam, quando um tem de coisas e outro nada tem, são capazes de dar pontualmente, eles são solidários entre eles e daí, cada casa tem lá, dois agregados, três agregados, o primo, o tio. Dada a situação de pobreza em que vivem, por isso mesmo, por viverem numa situação de pobreza em que vivem, por viverem numa situação que não é muito vantajosa, é que eles se unem para sobreviver aos seus problemas.

São flagrantes as diferenças entre as falas, considerando-se que, no caso do ISU, trata-se de fala de projeto destinado a obter apoios institucionais, externos, usando, portanto, o discurso da sociedade envolvente, a sua linguagem. No segundo caso, trata-se de fala pessoal, de alguém de fora do grupo, mas que tenta compreender desde dentro a percepção dos jovens sobre si mesmos e a realidade que vive no interior do bairro degradado.

Os próprios jovens, por sua vez, se pronunciam, dizendo:

Viver na Quinta Grande com os amigos, por exemplo, já o pessoal tudo dessa mesma coisa (serem iguais), *tudo. Independentemente de ser branco, de ser preto, tanto faz...*
Há pessoas que sentem inveja da maneira que nós somos, da maneira que nós damos uns com os outros, porque a nossa maneira, epá, é diferente das outras...

A importância dos processos de afirmação como jovens e diferentes expressa-se nas imagens que constroem em relação a outras pessoas, no bairro e fora dele, para outros bairros africanos e para a sociedade portuguesa. Os jovens da Quinta Grande, como grupo, se contrapõem a outros grupos de outros bairros africanos e a eles se referem como pertencentes àquele bairro ou sítio para dizer que são "de fora". Assim, dois rapazes contam que irão até à escola onde o irmão de um deles estuda, porque um "cabrita" (branco que é mestiço) o chateia com freqüência e ambos vão lá dar uma "moral". A razão do problema, dizem, é por conta das dificuldades de relacionamento entre grupos, muitas vezes divididos entre eles, africanos, e entre bairros *"que não se dão"*. Como mais velhos e maiores, devem mostrar ao "cabrita" que os (jovens e crianças) da Quinta Grande não são sozinhos ou abandonados. Essa é a "moral" a ser transmitida, seja

qual for o meio – impor respeito, bater ou amedrontar o outro. É preciso compreender que *"na Quinta Grande todos se dão bem"*.
Nem sempre, porém, é assim. No interior do bairro também operam valores diversos e estereótipos de várias ordens. Além das disputas entre a Associação dos Moradores e o Grupo de Jovens, há dificuldades de relacionamento entre os próprios jovens, por conta de pais brancos que não querem os filhos misturados com esse ou aquele jovem negro, não querem namoros de seus filhos ou filhas com eles:

> *Só há um problema, uma barreira agora, os pais, mas os pais só vão deixar os filhos estarem em contacto conosco, quando souberem de nossos hábitos* [...] *Epá! Nós temos que mostrar aos pais que nós somos amigos pros filhos!*

Segundo os jovens, é preciso compreender que

> *há pretos que roubam, mas há também pretos que não. Podia acontecer com um grupo de "pulas"* [roubar], *os brancos é... nós somos os black, "bumbos", "bumbos black"*.[4]

É assim,

> *como eu estava a dizer dos pais* [...] *os pais, por não conhecerem os costumes das pessoas de cor, dos pretos, é por isso que os pais às vezes não deixam, por exemplo, uma filha* (branca e portuguesa) *namorar com africano, uma filha sair com africano ou uma filha lidar com um africano..*

Mas já há uma nova realidade (em Portugal e na Quinta Grande), *"eu acho que é bom e é uma nova realidade, tá, brancos com pretos, raparigas brancas com... epá!, não tem racismo, epá!"*.
Outro jovem continua:

> *Eu vou explicar: a minha namorada é branca, há três anos estudamos na mesma escola* [...] *andavam sempre três juntas e eram três brancas, eram as únicas que andavam separadas na escola e na nossa escola andam tudo (brancos e pretos) junto prá vê! É tradição que os mais velhos racistas*

---

[4] "Pulas" = brancos portugueses; "Bumbo" = jovens negros africanos, *Black* = negros (origem norte-americana) – ser "bumbo *black*" = ser negro e diferente – "negro, negro".

> *e os mais novos... as três não andavam – pretos com brancos, brancos com pretos – porque são racistas, não ligam para os pretos, concluindo as três vieram a namorar com pretos porque... até por causa de um passeio e passaram a conviver com a gente, pronto [...] então isso foi uma maneira de se aproximar uns dos outros!*

O que é preciso, acreditam esses jovens,

> *é tentar levar a essas pessoas* [que discriminam], *epá, a nossa maneira de ser, porque assim, por exemplo, um pai só deixa sair o filho, pelo menos meu pai é assim, só deixa sair com um amigo quando souber quem é o amigo. Tais a perceber? E lá está, pessoas de cor, quando souberem que nem todos os pretos são iguais.*

A discriminação, o racismo existe porque as pessoas não conhecem umas as outras:

> *O problema é não conhecer, por exemplo, os brancos, faz de conta vocês dois, tu és bandido, né? Eu sei, por exemplo, que há só dois brancos no mundo e eu conheço um que é bandido, se eu não conhecer o segundo eu vou pensar também é bandido!*[5] *Vivendo em bairros* (de má fama) *é o que acontece. Mas não é só o bairro, é também pela raça... nós habitamos na terra deles* (portugueses), *qualquer coisa que nós fazemos logo dizem: "vai lá prá tua terra..." é sempre assim.*

Dois rapazes, ao mostrarem fotos de atividades do Grupo de Jovens, comentavam em 1998 as dificuldades de relacionamento entre grupos africanos e entre bairros, situação que acabava por opor africanos a outros africanos. *"Há muitos conflitos, e são racismo de mesma natureza ao que os brancos fazem"*, diziam eles. Ser de origem cabo-verdiana,

---

[5] A fala do jovem evidencia com clareza o papel do *preconceito*, entendido como imagem que se tem sobre alguém ou sobre um grupo, geralmente de natureza negativa e que, independentemente de ser falsa ou verdadeira, é generalizada para todos os que fazem parte daquele grupo assim representado. A fala revela também que não é necessário dominar conceitos para se entender o que eles significam. O conhecimento e a consciência advêm do que é vivido e da reflexão dos sujeitos sobre suas próprias experiências.

angolana, guineense, são-tomense, também conta na imagem que se tem de cada um no interior do grupo, do bairro. Um diálogo entre jovens angolanos e cabo-verdianos da Quinta Grande é revelador:

> JOVEM 1 (angolano) *Aqui* [no bairro]... *tem angolano, cabo-verdiano. São-tomenses não são ninguém, são desgraçados... porque vivem a falar que não gosta da minha raça* [angolano]... *Olha a minha irmã casou com o irmão dele* [cabo-verdiano], *houve uma festa, acabou a bebida, os são-tomenses foram comprar e não queriam que ninguém soubesse. O que é isso num casamento?!*
> JOVEM 2 (cabo-verdiano) *Não podes ter tanto ódio assim de são-tomense!... quem fez as compras todas não foram eles, foram os angolanos... mas tu estavas lá a fazer o papel seu a comer e beber!*
> Uma menina são-tomense – *Mas você acha que todos os são-tomenses são iguais?*
> JOVEM 1 – *Acho! Acho! A maioria mesmo, já a maioria dos cabo-verdianos eu gosto...*
> MENINA – *É racismo entre os pretos mesmo! Que coisa...*
> JOVEM 1 – *Mentira! Não é racismo!! É de raças... um angolano e um cabo-verdiano se encontram numa festa, encontram* (outro) *de outra raça, há confusão entre eles mesmos. É mentira?*
> JOVEM 2 – *Oh! Mangolés* (angolano) *tu éres um barbarista... não sei o quê...* [confusão e risos] *O cabo-verdiano é muito desconfiado, o angolano é muito abusador...*
> JOVEM 1 – *Sr. Ad.* [provável origem são-tomense] *o senhor que é um branco, se for passar por um preto... o que tu fazes?*
> SENHOR AD. – *Depende do preto, depende do branco...* [gargalhadas] *essa pergunta não tem lógica, não tem sentido nenhum...*
> JOVEM 1 – *Tá vendo como não dá para lidar com são-tomenses?!! São mais difícil mesmo!!*

Nos momentos de conflito contam a origem dos sujeitos, sua nacionalidade e, por vezes, a origem tribal. A importância que, não raras vezes, se dá à origem tribal aparece na fala de um entrevistado ao perguntar a dois amigos donde vieram e, imediatamente, um deles responder: *"Guiné, mas eu sou balanta e ele é fula."*

As representações e imagens que são construídas de uns sobre os outros operam no quotidiano e, embora não impeçam a convivência, são acionadas quando há confrontos e disputas. Assim, diz um jovem angolano:

> *O povo angolano é um povo que gosta muito de festas, de dançar, de mulheres, de passear, de tar com os amigos, é isso. O povo cabo-verdiano é um povo que gosta muito de trabalhar, é um povo muito trabalhador, mas também gosta de festas, por exemplo, um angolano perde um dia inteiro numa festa, o cabo-verdiano perde só meio dia, o resto é pra trabalhar, é uma diferença...*

A jovem são-tomense confirma a visão sobre os angolanos:

> *Em Angola há uma grande união e não é só parente, são os vizinhos. A maioria dos angolanos não trabalha. Gostam da boa vida, muita farra, muita bebida e não sei o que mais [...] o rótulo de festa é mais para o angolano. O que sinto é que aqui* [Portugal] *há uma grande divisão, cada um para seu lado e toda aquela disputa, pequenas coisas que perde também sua identidade...*

Para as Irmãs do Bom Pastor, gostar de festas é um dado cultural, mas o que se percebe é que a união que se proclama como existindo em Angola e não existindo em Portugal tem a ver com as condições de vida do imigrante no país de acolhimento:

> *Em Portugal, de segunda a sexta é para trabalhar – são trabalhadores –, essa é a verdade. Só que vivem num quarto aqui, trabalham de segunda à sexta e o dinheiro deles não é necessariamente para cervejas, discotecas. Não conseguem viajar, não conseguem adquirir uma vida estável...*

Por essa razão, os cabo-verdianos, que também gostam de festa, surpreendem com o que conseguem ter "num pequeno aniversário", apesar das agruras sociais e financeiras. *"É que todos contribuem e, por vezes, a festa dura dois ou três dias... dura enquanto houver comida..."*, a comida é um dos elementos centrais de ligação com a terra de origem para a maioria dos imigrantes. Assim, nas festas há comidas, danças, músicas, cantos de cada região ou país. As crianças percebem o que é valorizado pelos pais, tios, primos, avós, vizinhos e vão crescendo, dando valor e aprendendo, independentemente de alguém que ensine *"as coisas da terra",* terra dos pais, sua terra. Com isso, afirmam ser cabo-verdianas, angolanas, são-tomenses, sem nunca lá terem estado. Dizem também: *"Eu falo crioulo tal e qual como se eu estivesse lá, a música que ouço é tudo música africana, o funaná..."*

Crianças e jovens afirmam uma identidade africana, outros a negam para afirmarem seu lado português, seu comportamento português, ainda que se possa ter pai e mãe, por exemplo, "100%" cabo-verdianos. Para muitos, a divisão entre ser uma coisa ou outra acontece quando a família é mista, *"um pouco de cada* [português e cabo-verdiano, por exemplo], *50% de cada, porque deixa entrar muita coisa... o meio que a pessoa está influencia bastante".*

Diz uma jovem são-tomense:

> *Eu vivo naquele bairro* [Quinta Grande] *mas sei muito pouco daquele bairro. Praticamente vivi mais fora do que dentro e... posso dizer que há algumas coisas em mim que mudou, não tudo, algumas coisas... Então eu continuo a ser uma africana portuguesa. Africana portuguesa porque assim quando eu tiver com meus irmãos e com minha avó* [...] *eles vão notar uma grande diferença em mim... Porque sou aquilo e mais outra coisa, porque convivo com pessoas, moro em casa africana eh!... eu convivo com pessoas das 9 da manhã até as 8 horas da noite, porque fico na escola até as 9 com pessoas portuguesas, com uma maneira de estar...*

Para o diretor da EB1 n.º 66:

> *A segunda geração talvez venha a ter algumas complicações que não são deles e não são nossas, mas... porque nós estamos a adquirir alguns hábitos deles e eles também os nossos... em termos de história o que se pode dizer? Há um rapaz que vive numa casa em que os pais vieram, sei lá, da Guiné e os pais todos os dias falam na língua, e eles não vivem rigorosamente nada da Guiné aqui, ele vive com pessoas, com o mundo dos pais, é outro mundo que ele vive. Ou ele passa radicalmente para a tradição ou se calhar, ele é*

> *capaz de entrar num processo de... confusão... porque nem é de lá, nem conseguem aprender o sistema daqui, os costumes daqui, das pessoas. Os pais falam lá é bom. Ele é capaz de entrar numa situação de conflito.*

O que se percebe das vivências no interior do bairro é que uma grande maioria de jovens possui práticas culturais e valores ligados à África, mas não está a ela vinculada de modo absoluto e fechado. Este é o caso da maternidade precoce entre as jovens, um valor entre os africanos, na medida em que insere a menina no mundo adulto, ganhando entre os seus um novo *status*. Entre os portugueses de origem rural, diz a assistente social, não é diferente:

> *Tanto na cultura portuguesa branca como na Quinta Grande, as raparigas são reconhecidas através da maternidade e aí elas se sentem na sua aceitação/papel na sociedade. Daí aparecem grávidas aos 14, 15, 16 anos. É habitual.*

Por outro lado,

> *vêem aos filhos como bonecos. Continuam a sair e se divertir como antes. Não são casadas, tem um companheiro que é pai do filho, muitas vezes o pai do segundo não é o pai do primeiro, mas normalmente vivem, vivem com a família dele ou dela, os pais, depois vive ela, mais o filho, o companheiro, os irmãos, uma família alargada.*

Muitos jovens são hoje companheiros de jovens brancos e portugueses e, tal como vem acontecendo no contexto português, a Quinta Grande já conta com um número crescente de casais mistos e filhos mestiços. O que é comum é que *"engravidam, deixam de estudar"* e, morando com pais de um ou de outro, vão trabalhar (principalmente as mulheres como domésticas, mulheres-a-dias nas limpezas) e *"antes de sair deixam tudo arrumadinho para os outros e pronto"*.

Os jovens brancos e portugueses que vivem na Quinta Grande *"vivem mais perto dos negros"*, aprendem seus hábitos, seus costumes, *"aprendem a dançar nossas músicas* [africanas], *acabam por aprender o crioulo..."*:

> *Eu digo quando a gente está a dançar aqui, quanto a isso não tem problemas* (de racismo por parte dos brancos), *pelo*

contrário gostam sempre. Por isso eu digo, os "pulas" vão mudando, qualquer dia são mais pretos que brancos. Pode ser. Por vezes, eu também parecer branca, mas sou pretinha. Outras vezes, os brancos são mais pretos que eu, percebes? Iah!... é assim!!

Um jovem angolano fala que na sua escola *"os brancos falam mais crioulo, tão a falar mal, mas tão a falar"*. Da mesma forma, um jovem angolano fala do fado e que gosta de festas portuguesas, mas entre um baile português e um baile africano ele não tem dúvida: fica com o africano.

Com isso, a cultura dos jovens da Quinta Grande, sobretudo os luso-africanos, passa por uma mistura em que há uma grande influência da cultura africana em certos aspectos da vida e em outros não. *"Entra em conta, os penteados, a maneira de vestir-américa, rap... não é uma forma de chocar é uma forma de estar, tem a ver com a moda musical, o vestir, o falar..."* Na Quinta Grande, *"os jovens querem vestir marca... só querem vestir roupas de marca [...] falar crioulo que é a língua cabo-verdiana, aprender calão... a maior parte é calão angolano"*.

O crioulo é a língua de comunicação por excelência entre os jovens e, ainda que todos saibam o crioulo, *"tem quem fale kibundo, quioco, banto..."*. No entanto, quando se vêem entre eles homens, é o calão que ocupa o lugar, pois é visto como linguagem masculina, ainda que seja falado também pelas "miúdas", pelas *"raparigas, é um misto... e pelas namoradas 'pulas' (brancas) também [...] há miúdas que se dizem dreads e isso é fishes..."*.[6]

Assim, é que *"negros e brancos na moda estão dreads e não há racismos... Isso é fishe!"* É fishe também andar pelas ruas do bairro e de Lisboa em grupos de pares, "zoando", falando "na língua", como dizem. O crioulo que os jovens falam não é mais, de modo preciso, aquele que os pais trouxeram da África. É um crioulo que é uma linguagem

---

[6] *Dread* = pessoa que tem uma forma de estar, de se apresentar publicamente que ajuda a redefinir as avaliações sociais construídas em torno da noção de raça. Se é *dread* não porque se é negro, mas porque se participa nos significados culturais, juvenis e locais valorizados positivamente pelo grupo. Envolve desde a forma de se vestir (calça de *grife*, Nike, bonés Chicago Bulls, etc.) até atitudes, comportamentos que marcam um modo de ser, um estilo alargado v. H. Martins (1997); fixes = que é bom ou "legal"

em que se têm elementos africanos, elementos do português e também do inglês, além de gírias locais e identificadoras dos vários grupos. Como diz Contador (2001, p. 19), o crioulo assume os contornos de um código lingüístico, intrajuvenil, num determinado contexto urbano. Para o autor, trata-se de "uma nova língua que mescla crioulo cabo-verdiano, luandês, kimbundo, *black english* e português", tudo reapropriado a partir do bairro de residência, e se expressa nos *raps*, na chamada música negra (p. 84). Para Contador, o crioulo se faz assim, elemento do "processo de identificação de uma cultura juvenil negra portuguesa,[7] experimentada tanto por jovens negros portugueses como por outros jovens portugueses [brancos]" (p. 85).

A gíria inglesa e dos guetos nova-iorquinos revela a condição dessa juventude globalizada e, ao mesmo tempo, é linguagem dos guetos negros, uma linguagem "enegrecida". Para fazer isso aprendem a língua de seus pais, aprendem o crioulo. Nesse movimento, os jovens acabam sendo privilegiados pelo domínio de uma linguagem maior, que se expressa através do uso dessas línguas e que os caracteriza, também, no sentido de ser uma marca para a sua juventude. Eles são então jovens de uma ordem globalizada, não apenas jovens do bairro *x, y,* ou *z,* embora também o sejam. A quotidianidade da vida no bairro é, assim, marcada por diferentes elementos – da habitação e moradia ao lazer e à língua –, mas é também marcada pelo deambular constante, com o nada para fazer, para se ocupar, alijados que são do mercado de trabalho (na maioria, os homens) e sem acesso a uma formação que os qualifique para enfrentar a competição em melhores condições no interior da sociedade portuguesa:

> *Durante o dia, uma das coisas que tanto as pessoas adultas como jovens e crianças fazem é dormir até tarde, depois andam pelo bairro os que não tem ocupação e no fim da noite vão para outras zonas ou ficam mesmo no bairro. Saem mais aos fins de semana. Os que saem são misturados (brancos e negros), mas são mais negros que brancos. Há os que vão para outros bairros em grupos de amigos, à Charneca (Centro antigo) vão às discotecas com música africana para Lisboa, o grande problema é que eles não têm ocupação*

---

[7] Cabe observar que não se pode falar de uma única cultura juvenil, seja ela negra ou branca, como bem esclarece o trabalho de José Machado Pais, *Culturas Juvenis,* Lisboa, Imprensa Nacional-Casa da Moeda, 1993.

e acabam por ficar muito tempo na rua, não trabalham, acabam por fazer mais uma coisa hoje (assaltar, roubar), *quando precisam de dinheiro.*

Não apenas assaltam e roubam, mas disputam os espaços da cidade com outros grupos de outros bairros e, nesse caminho, os confrontos são inevitáveis. Diz uma jovem são-tomense: *"Eu gosto, gosto de tudo* [em Portugal]. *Só não gosto é da guerra. De vez em quando há umas guerras que andam por aí..."* Uma dessas guerras é relatada pela assistente social do bairro. Diz ela:

> *A última vez que houve até uma guerra entre jovens da Quinta Grande e os de outro bairro que chegaram [numa festa na Quinta Grande] e começaram a provocar e depois havia uma rapariga que estava a conversar com um do bairro e depois foi dançar com outro [do outro bairro], isto é uma ofensa. Em relação às famílias, eles têm lá as irmãs e nelas ninguém toca. Nas mulheres não se toca, não faz confusão. Acabou por andar todos com facas, mortos não, mas em situações extremas...*

Situações que podem durar um tempo razoável até que os ofendidos se considerem "vingados". Nesse tempo, qualquer que seja, não se sai sozinho do bairro, sempre com mais alguém ou em grupo, muitas vezes armados, pois já se sabe que, caso os do outro bairro o encontrem, tudo pode acontecer. Por algum tempo também e pelos mesmos motivos, os do outro bairro não ousam aparecer nas festas da Quinta Grande.

Como diz H. Martins (1997), compreende-se aqui a valorização extremada aos que são do próprio bairro, os amigos, os parentes, os vizinhos – brancos e pretos –, todos unidos num forte sentimento de "localidade", e essas relações constroem e reforçam os processos de auto-estima e de hetero-estima dos que lhes são significativos em detrimento dos sujeitos de outros bairros, outras localidades.

Mediante esses aspectos, os jovens são reconhecidos dentro do grupo e têm aí uma identificação e uma identidade que se expressa no modo de ser, de se vestir, andar e falar o crioulo e o calão, e no modo de se relacionar com o bairro e com a sociedade à sua volta.

Por meio do crioulo e do calão, mostram seus vínculos com o campo musical e *"tanto gostam e conhecem o rap, como em relação* à *música africana em pé de igualdade...".* Nas conversas, entre um termo ou outro de crioulo, permanece o português. Mesmo os mais velhos, com muita dificuldade, procuram falar o português, mas *"quando se chateiam falam crioulo..."*:

> *O que querem é integrar-se a nível do grupo, ao grupo que tem os mesmos pontos de referências que eles na sociedade em geral. O que se nota, eu penso, é que isso não é muito pensado por eles, não é muito consciente porque eles tem aquela cultura, vivem daquela forma e pronto. Não têm travos culturais, né? Tudo depende da posição que possuem e do que está à volta deles* [assistente social].

Por oposição aos "de fora", os grupos jovens referem-se a si mesmos e ao próprio bairro como se fosse, ambos uma unidade, mas isso é com os de fora, já que internamente há grupos e subgrupos, e processos de tensão se estabelecem, não apenas entre os grupos de origens diversas, como entre negros e brancos que convivem, mas também entre velhos e jovens, em termos de esquema de poder. Com isso, Quinta Grande revela-se como um espaço de amizades interculturais, mas a realidade intercultural assenta-se num ponto de equilíbrio bastante frágil e instável, pronto a explodir a qualquer momento.

Parece ser exatamente por isso que no interior do bairro, para as crianças, os jovens são modelo daquilo que querem ser no futuro. O modo de ser das crianças inspira-se na cultura de seus pais, avós, e imita aqueles que são hoje o que eles pretendem ser amanhã – o jovem de seu bairro, um espelho do mundo onde estão e vivem. Exemplar é o caso das bolinhas acontecido no Apoio Escolar. Ao final da manhã a monitora solicita que as crianças peguem um dos três lápis nas cores verde, amarelo, vermelho, e que marquem com uma delas seu comportamento no dia. Verde é *bom*, amarelo é *mais ou menos* ou médio e vermelho é *mal*. Nem todos querem o verde, os mais calados querem marcar-se em vermelho e, se questionados, dizem que ficaram a empurrar uns e outros, não fizeram a lição escolar por inteiro. A razão da escolha do vermelho é, segundo a monitora, porque os mais levados, os insubmissos, são vistos como heróis, a quem se quer imitar. Essa é a razão também de assumirem os jovens como modelo daquilo que querem vir a ser.

É assim que, na roda de crianças do Apoio Escolar, na escola EB1 n.° 66 da Charneca "do Lumiar", em Lisboa, crianças luso-africanas provenientes de três bairros africanos – Quinta Grande, Quinta do Louro e Quinta do Pailepa – em maioria se dizem angolanas, algumas cabo-verdianas, uma ou duas são-tomenses. No entanto, apenas algumas possuem Angola, Cabo Verde ou São Tomé e Príncipe como lugar de origem, donde migraram em companhia dos pais e parentes. Indistintamente, porém, definem-se como tal. Isso não as impede de fazerem constantes elogios ao céu azul de Angola, às nuvens brancas e ao imenso sol claro e brilhante de suas respectivas terras "natais". Nas lembranças reais e imaginadas, constantemente, o calor e a claridade contrapõem-se ao escuro e frio das terras portuguesas, onde *"tudo é cinzento e a toda hora chove"*. É assim que a criança vê e sente Portugal.

O menino angolano recém-imigrado, bonito e vivaz, desenha os jardins de Portugal: em seu desenho não há sol, só nuvens. Outra criança desenha nuvens azuis em um céu branco, um sol que ostenta um sorriso alegre, montanhas, uma casa colorida com árvores e flores, e num pequeno texto escreve: *"Minha casa em Cabo Verde. Em Cabo Verde, tudo é azul. Gosto de lá, porque lá tenho amigos e um cão."* Outra diz, enfaticamente, *"minha ilha é linda! Toda azul!"*, referindo-se a São Tomé e Príncipe.

Por que gostam tanto desses países? *"Porque lá estão os parentes"*, diz um deles. Outro confirma: *"Por que lá está o avô."* Vivo ou morto, não se sabe, o que importa é que sempre lá distante está um ancestral importante que diz dela, criança, diz de seu pertencimento a um grupo de parentes.

Ao mais distraído dos ouvintes, o que essas crianças falam e sinceramente acreditam decorre do que viveram antes de migrar, mas ao se buscar conhecer suas histórias descobre-se que muitas delas nunca sequer estiveram em Angola, Cabo Verde, São Tomé e Príncipe. O que falam resulta do que ouvem dos relatos dos mais velhos – pais, avós, tios, os verdadeiros imigrantes – em seus momentos de saudade, nas festas e rituais do bairro e no convívio familiar.

Donde são ou vieram as crianças da Quinta Grande têm por referência as terras africanas, onde irmãos, tios, avós e, por vezes, um dos pais ainda está. Nem sempre se conhecem os parentes dos quais se fala, os irmãos das terras africanas, pois em Portugal há padrasto, madrasta, outros irmãos e primos, com os quais vivem e habitam. Cada casa comporta um número grande de moradores, entre pais, irmãos, tios, avós ou outros parentes, inclusive os "parentes por adoção".[8] As casas são então moradias coletivas, de diferentes sujeitos, muitos dos quais estão aí de passagem. São também um espaço familiar que muitas vezes comporta uma família constituída em Portugal. Entre a família portuguesa e a africana, muitas vezes se imagina se os que estão distantes serão iguais ou diferentes.

Uma menina angolana-portuguesa diz ter uma família que não conhece: *"Ficaram em Angola."* Assim, de seu irmão e das duas irmãs diz não saber se são iguais a ela, se têm a sua cor ou se são de outra raça. Encontros inesperados com irmãos ou meio-irmãos ocorrem no vai-vém da migração no interior do bairro ou em outros espaços da cidade, ou pode acontecer que, já crescido, o jovem luso-africano, em período de férias ou por algum tempo, visite as terras africanas de seus pais. Nesses momentos, se vale das experiências vividas no bairro africano, suas lembranças e memórias, de modo a descobrir se o quanto do que ouviu falar é de fato real ou não, o quanto dizem de sua imaginação e a fazem concreta e palpável.

A história da menina, hoje jovem são-tomense, que viveu em Angola e depois veio com a mãe para Portugal, deixando o pai e irmãos em São Tomé, é expressiva. Diz ela que cresceu ouvindo histórias de São Tomé e da família, a sua própria e a nova família de seu pai. Sabia que tinha irmãos, mas só pôde conhecê-los nas férias de 2001, quando para lá foi e descobriu, *"tal como num filme passando diante dos olhos"*, tudo aquilo que lhe era contado pela avó. Repete emocionada que, *"era tudo igualzinho! Igualzinho!"*, ao que ela, avó, contava – o céu, as palmeiras, a praia, a cor da água, as pessoas, os irmãos e irmãs de vários tamanhos, os afetos, o jeito do pai e a família, que antes eram só imaginação. Um reencontro que, segundo ela, não foi só emocionante, foi marcante, posto que tudo que ouviu e imaginou por grande parte de sua vida estava ali, tal e qual fora imaginado.

---

[8] Parentesco por adoção ou parentes fictícios resultam da presença no grupo familiar de pessoas, quase sempre em condição clandestina, que participam ativamente da vida familiar e que passam a ter uma espécie de estatuto familiar "adquirido", como parte de relações estruturais de entreajuda da "família alargada" (H. MARTINS, 1997, p. 60).

A imaginação do mundo distante cria uma história de diáspora que se alimenta do que os mais velhos contam e de como contam na interioridade da vida familiar. Assim, a criança luso-africana de origem angolana, exemplarmente, afirma que, só quando está junto com os imigrantes não se sente isolada, posto que aí encontra elementos significativos de sua vida e positivamente valorados, pelos pais e avós africanos, pelos vizinhos que também vieram de outros lugares, da África e de Portugal. Assim, crianças de origem africana e de origem portuguesa aprendem a comer pratos tais como o *calulu*, peixe, *cachupa*, sem estranhamento quanto ao lugar de referência dos mesmos. Dançam e cantam músicas tradicionais africanas, como também aprendem as canções portuguesas.

O que está em questão em cada um dos aspectos citados é o bairro e seus moradores, não importa se negros, brancos, africanos ou portugueses. No território do bairro, todos têm um lugar possível, dado por uma condição africana, nacional ou tribal, que vem dos pais e parentes, da vizinhança, e dado também pelo mundo português, por aquilo que é e que representa. No interior do bairro há rituais os mais diversos, religiosos ou não, que envolvem muitas festas, com músicas típicas, comidas das terras distantes, dos pais ou dos mais velhos. Ainda que nesse contexto não haja, necessariamente, intencionalidade de transmitir a tradição e a cultura, a simples participação naturaliza as práticas sociais e as valoriza de modo a gerar uma identificação dos mais novos, muitas vezes nascidos em Portugal, com os mundos de seus pais e avós, com as terras africanas e também com a terra portuguesa onde vivem.

Um dado significativo entre as crianças do Apoio Escolar é que muitas delas possuem dois nomes, um nome "de casa" e outro de Portugal. Um exemplo é Jéssica, que em casa é Naiola e deu trabalho à professora, pois ora assinava seus trabalhos com um nome, ora com outro. A professora precisou aprender. O nome de Portugal não é necessariamente em português, como o caso do menino Adam Smith, um inglês-cabo-verdiano, ou de Greta Garbo, uma angolana-portuguesa. O nome de casa nem sempre é africano, é de casa porque pela tradição é recebido dos mais velhos – avó/avô ou de um parente importante. Geralmente, trata-se do nome de algum parente não vivo ou ainda fruto dos *media,* que aproximam artistas, pessoas famosas em geral ao mundo comum, originando nomes como o de Greta Garbo, atriz de preferência de sua mãe desde Angola, ou do menino que se diz chamar Elvis e que já conheceu outro do Apoio que se chamava Presley. À parte, o cômico que a situação suscita, mostra que também os que viveram a maior parte de suas vidas em África – pais e avós – não estavam isolados do mundo e que realidades culturais de outras terras influenciavam já as realidades em que viviam antes da migração.

Não é apenas em relação ao nome que a criança e o jovem operam com dois registros. O crioulo e calão são as línguas de uso corrente no próprio grupo ou turmas que se formam nos bairros e se tornam uma linguagem[9] identificadora de cada grupo, seja ele de jovens ou de crianças, estabelecendo entre seus membros costumes, hábitos e gostos comuns, criadores de um "estilo", um modo de ser, mas também uma identificação e uma identidade. Neste eixo, expressam uma condição de pertença a um espaço de *africanidade* e de *negritude,* porém, mais do que tudo, o que querem é se afirmar no lugar em que eles estão, no lugar onde vivem – um lugar de dupla face –, o bairro africano, as terras portuguesas.

Para os jovens, a África é próxima e distante, e serão eles, mais do que seus pais, a compreenderem melhor a questão da distância. Para eles, a África, no máximo, é um lugar para se ir a passeio ou em férias. O que querem é estar em Portugal e, a partir daí, seguir muitos destinos, *"hoje aqui, amanhã..."*. Se isto incomoda aos pais, posto que supõem que seus filhos querem ser portugueses e não africanos, a estes não lhes parece existir nenhuma incoerência. Não negam o que são – portugueses e negros –, como também não negam a origem africana posta pela condição

---

[9] Para Geraldo Mello Mourão, a diferença entre língua e linguagem é o fato de que esta "é a forma pessoal, íntima, que veio do fundo do coração, das raízes, dos afetos, da pessoa". A língua, diz ele, pode ser de todos, comum, a linguagem não (v. Geraldo M. Mourão, *Comentários à IV Mesa Redonda Afro-Luso-Brasileira,* Pré-Textos II: Idéias e Culturas, Praia, Cabo Verde, AEC/Fundo Nacional da Cultura/INAC, número especial, Novembro de 1996, p. 50). Por esta razão, o crioulo usado pelos jovens também não é um só: fala-se crioulo cabo-verdiano, guineense, etc. Como lembra Munanga (1986), trata-se da carga afetiva que diz de si, de seu grupo e lugar e aqui, o lugar diz respeito principalmente ao ser e estar em Portugal, no bairro africano, tendo como singularidade a origem ou descendência africana.

familiar. A condição de *ambigüidade* e de *ambivalência* lhes dá a possibilidade desse trânsito e, em verdade, pode-se afirmar que é a própria juventude que os impede de viverem apenas com a "cultura reificada" que os pais tentam manter. O que isto quer dizer?

Os pais viveram a condição de africanos, eles não. Eles vivem a condição africana pelo que é a sua família, pelo que são o bairro e a vizinhança no interior do mundo português. Eles têm uma representação, um imaginário do que é a África, é o sol, o mar da África, mas eles nunca foram lá. Eles são jovens num país globalizado, numa metrópole. Seu modo de ser e de pensar é o mesmo do jovem ou negro de Nova Iorque, da periferia de São Paulo, consumidores e vivenciadores de elementos culturais de uma juventude que se globaliza e que acaba ligando todos eles num processo transcultural. É claro que, às vezes, em determinados lugares, tende a se afirmar mais um aspecto do que outro, e nisso está a diferença de um negro brasileiro e um negro português ou americano. Para os negros portugueses, a presença da África é muito mais próxima, está dentro de casa, na família, no bairro e, muitas vezes, na sua nacionalidade ou naturalidade.[10]

Por outro lado, não se pode esquecer que, naturais de terras portuguesas, muitos não dispõem de nacionalidade e isso envolve uma condição muito complicada com implicações no mundo português e europeu. É na busca por uma nacionalidade européia que lhes é negada, que se lhes nega o direito de serem portugueses, com um passaporte europeu e o livre trânsito num espaço delimitado por fronteiras legais para o imigrante extracomunitário. Ainda que eles próprios não sejam bem um imigrante, tais fatos atuam sobre a realidade de sua vida, impedindo-os, como portugueses que são, de serem sujeitos de direitos, com todas as leis que protegem o cidadão português e comunitário, ou seja, europeu. Esse benefício, os jovens luso-africanos ou novos luso-africanos, em maioria, não têm.

---

[10] O negro brasileiro não tem dificuldades em definir sua naturalidade e nacionalidade como brasileiras, ambas estão inteiramente coladas e definidas legalmente. No entanto, não pode por meio delas definir sua condição africana, posto que esta já se desvaneceu na história de seus ancestrais e da escravidão, que os tornou, em geral, desconhecidos. Assim, será por uma categoria de filiação política e ideológica, a de ser afro-brasileiro, que tal afirmação se fará, constituindo uma diferença significativa ao caso português.

O conflito que se dá em nível institucional, governamental, se reflete dentro dos bairros africanos de Lisboa e coloca senões à idéia plena da Quinta Grande, como um espaço de amizades interculturais, tal como é proposto por H. Martins (1997).

Num diálogo, ao trocarem impressões sobre o que são as suas vidas de jovens, um coloca que o outro faz assalto, que rouba, deixando entrever que o outro do bairro é parte de uma relação de proximidade, é um amigo. Mas essa relação não é determinante, permite formar grupos que se reúnem em torno de interesses comuns, que não necessariamente os fazem participar das mesmas coisas.

A proximidade espacial, econômica e social entre eles se dá mais pela vida no bairro e diante aos desmandos de uma sociedade que os exclui do que por outros motivos. Percebe-se, assim, uma identificação muito frágil em termos de equilíbrio. Recorrendo ao que diz Marc Augé (1994), o problema dessa população é a contemporaneidade que envolve a disputa para se ter acesso aos bens de toda ordem, ao mercado de trabalho e à habitação. O que se tem é uma estrutura de competição que faz com que o outro, o irmão na cor, na origem, seja aquele a quem se junta no bairro, mas lá fora estão ambos disputando para conseguir um emprego, conseguir a escola, etc. Assim são fronteiras muito frágeis que sustentam as "amizades interculturais", e que não são firmes, podendo ser rompidas a qualquer momento. Por essa razão, os acordos esporádicos no grupo e entre grupos no interior do bairro são recomposição permanente de equilíbrios que implicam em representarem-se todos como parte de uma *comunidade* e, como tal, ser a Quinta Grande *locus* de união e harmonia.

No entanto, todo o processo se constitui por meio de relações dinâmicas, diversas e múltiplas, sendo estas flexíveis de acordo com os sujeitos em presença e os interesses entre si. No bairro, uma situação de conflito pode implicar um rompimento violento entre dois grupos, mas, se houver qualquer coisa que pressione o bairro de fora para dentro, esses dois grupos vão imediatamente se unir para resolver o problema, o que não significa que eles resolveram o problema entre eles. A mesma coisa acontece nas relações entre os jovens, que fluem entre grupos que possuem mais ou menos uma configuração estável em "ponta de faca", isto é, num equilíbrio precário.

Da mesma forma, se ao saírem pelas ruas de Lisboa falando crioulo os jovens luso-africanos buscam afirmar uma identidade por contraste formada por referências diversas, seus pais serão aqueles que defendem a África como origem, com sua história, com sua cultura, mas anseiam que seus filhos saibam falar o português e perfeitamente. Os pais entendem que só possuindo o domínio culto da língua, no sentido formal da escrita e da fala, é que os filhos vão encontrar "um lugar ao sol", que, como pais imigrantes, não conseguem porque não se comunicam plenamente nas coisas que querem e têm a dizer. Na aparente contradição dos fatos, a escola é significada e significante, posto que é vista como a instituição capaz de permitir aos filhos uma outra ordem de realidade que não oprima pela diferença da cor, da pobreza e da língua. A pergunta que fica é: será a escola o veículo para superação dessas dificuldades? Será a língua uma barreira crucial no processo de integração na sociedade portuguesa? Para jovens nascidos em Portugal, esse problema se coloca? Afinal, o que move o campo das diferenças?

O jovem é um mediador, em termos do mundo português e do mundo africano, ao mesmo tempo em que se confronta com ambos em termos da relação que mantém com um mundo transnacionalizado. O modo de ser e perceber o mundo à sua volta permite ao jovem atuar, juntando todos os elementos que conhece, desde o tribal, passando pelo urbano, pela cidade, até o plano mais global; mas este "juntar" não é fruto somente do contato entre culturas ou de um processo sincrético. Ocupando espaços e nele transitando, o jovem mistura tudo, usa do que conhece e do que aprende de suas vivências e é assim que vive sua vida de modo particular, manipulando os recursos de que dispõe e operando com eles em sua mente cultural. Com isso, tem a possibilidade de sair da sua "aldeia africana", de dentro do bairro, indo até outros espaços da cidade, da escola à Feira da Ladra, da periferia à Praça do Comércio, à Praça d'África, à Bélgica colher laranjas, à França em busca de um trabalho ou só para estar com amigos e parentes. Pode também sonhar com ir à África ou aonde sua condição o levar.

Assim, o que o jovem luso-africano sabe é que por mais longe que vá, há um lugar ao qual pode sempre retornar: *o bairro* onde cresceu e viveu, o bairro da periferia de Lisboa, onde estão parentes, amigos e vizinhos – *um lugar* que não é um lugar qualquer, é um lugar ao qual pertence, ao qual sente-se referido. A referência de si mesmo e o que isso representa possibilitam ao jovem a sua mobilidade, permitindo-lhe circular por todos os espaços sociais a partir do bairro, donde se tem a presença maciça de negros, até os espaços ocupados por negros e africanos mas também por brancos, portugueses e europeus de diferentes camadas sociais. Aqui a *mente cultural* e a *experiência* operam a realidade de dois mundos – Portugal/África – como *ambivalência cultural,* mediadora de/e mediada por outras relações e espaços, além de possibilitar trânsitos diversos, reais e simbólicos.

Escola primária EB1 n.º 66 da Charneca

Do mesmo modo que o bairro, a escola é um espaço de vivências e de trânsitos de diferentes sujeitos, negros, brancos, africanos, ciganos, portugueses, indianos... Ela representa um espaço complementar e necessário de inserção e integração na realidade portuguesa. No entanto, tal como o bairro, revela as contradições próprias do mundo português, colocando em questão as muitas faces da nação portuguesa. Nesse sentido, a *educação* e a *escola* são parte do grande nó no qual se encontram emaranhados muitos dos problemas sociais que afetam os migrantes de modo geral e, principalmente, os moradores dos bairros pobres.

Num breve olhar para a zona da Charneca, num espaço até pouco tempo limítrofe da cidade de Lisboa, nota-se, na pequena área entre o Aeroporto Internacional de Lisboa e a Av. Santos e Castro, de intensa movimentação, a escola EB1 n.º 66, que recebe alunos da 1.ª à 4.ª séries do ensino básico, uma escola que se destaca pela área construída significativamente *grande,* como dizem os alunos, cujo edifício, construído em acordo com o plano centenário U3 da época salazarista, lembra um espaço militar, voltado para o interior e com pouco verde.

No entanto, pela conservação exterior e interior, o prédio sugere um aspecto agradável, em contraste com outras escolas da região, fisicamente mais degradadas e visualmente poluídas, como é o caso da Escola Secundária da Ameixoeira – escola para a qual seguem, em maioria, os alunos da EB1 n.º 66 que conseguem concluir o 1.º ciclo, depois de passarem pela EB2 e 3 – Escola Pintor Almada Negreiros, na mesma freguesia, e aí também vencer as barreiras existentes para concluírem a escolaridade obrigatória.

Segundo H. Martins (1997), na escola da Ameixoeira há a presença constante de polícia à porta, o que não se vê na EB1 n.º 66, e a mesma é vista como espaço de risco *"por ali haver muitos pretos..."*. A escola é fisicamente má e a ela é associada a imagem de marginalidade social, econômica e cultural" (p. 118-120). Como se verá depois, a comunidade portuguesa da Charneca "do Lumiar" temia em 1998 que a EB1 n.º 66 viesse a sofrer essa mesma degradação e, com isso, exerça muita pressão sobre a direção da escola frente a abertura da mesma para as populações africanas da freguesia, ou seja, para as famílias imigrantes e a comunidade – fato esse previsto como meta pelo projeto de educação multicultural do Ministério da Educação.

A escola EB1 n.º 66 é efetivamente grande, conta com dezesseis salas de aula, uma biblioteca, um gabinete de atendimento do Serviço de Orientação e Psicologia (SOP), aulas em regime duplo – matutino e vespertino –, dois pátios internos inteiramente cimentados. Com auxílio do projeto de educação multicultural de 1995-1996, criou-se também um espaço pré-escolar (jardim-de-infância). Há professores efetivos, de apoio e de ensino especial, complementados por auxiliares de ação educativa, encarregados da manutenção escolar, limpeza, alimentação etc.

A escola já viveu momentos plenos de utilização com mais de novecentos alunos, e no período escolar de 1997-1998, enfrentava a subutilização do espaço escolar expresso na pequena população estudantil, cerca de 394 alunos, o que era explicado como decorrente da baixa natalidade (principalmente entre as famílias portuguesas, ao contrário do que acontece com as famílias africanas) e pela intensa circulação das famílias, nomeadamente as de origem africana. Por atender a um conjunto de bairros degradados, tais como Quinta Grande, Quinta do Louro, Quinta do Pailepa, Amoreiras e outros, esta escola é tida como profundamente multicultural, no sentido estrito do termo, ou seja, pela diversidade social e cultural que a caracteriza.

O bairro da Quinta Grande respondia, entre 1997 e 1998, pela maioria do alunado: 31% do total. O Bairro da Quinta do Louro, vinha em segundo lugar, com 19,3% dos alunos, e em terceiro lugar a Quinta da Pailepa, com 8,9% dos alunos matriculados. Os demais bairros englobados pela categoria "outros" distribuíam-se em proporções menores de alunos, respondendo juntos por 40,8% do total de alunos. Pelos nomes dos bairros percebem-se as múltiplas origens do alunado, que é constituído em sua maioria, quase 60% deles, por filhos de imigrantes africanos e moradores dos chamados "bairros de lata" ou "aldeias d'África", o que explica os temores da diminuta comunidade portuguesa tradicional da Charneca, em relação ao destino futuro da escola, orgulho da freguesia. Em 1998, no 1.º ano estavam matriculados 20,6% dos alunos, proporção que saltou para 34% já no 2.º ano e caiu para 24,4% e 21% na 3.ª e 4.ª séries, respectivamente, indicando possível evasão escolar.

A escola EB1 n.º 66 atende a um público muito específico, em razão da diversidade dos alunos que aí estudam. Segundo o diretor,

> aqui na Quinta Grande há praticamente todas as etnias [nacionais] dos PALOP. Muita gente de São Tomé, muita gente de Angola e de Cabo Verde, essas são as três, os ciganos não são daqui: são mais da zona do Louro, na outra ponta da freguesia.

Em 1998, os "nacionais" formavam a maioria do alunado, respondendo por 59,1% dos matriculados; em segundo lugar apareciam os cabo-verdianos, representando 14,5% do total de alunos; em seguida vinham os angolanos, representando 12,9%; é ainda significativa a proporção de são-tomenses, que respondiam pelo quarto maior número de alunos (6,9%); os guineenses e moçambicanos representavam pequenas proporções: 0,3% e 1,8%, respectivamente. Outras etnias, entre elas os ciganos, somam 4,6% dos alunos.

A designação "nacionais" atribuída pela escola deveria ser destacada com muitas aspas. Trata-se de uma nacionalidade portuguesa que não representa necessariamente aquilo que se entende por "português". Muitos desses alunos considerados nacionais portugueses são filhos de pais imigrantes africanos oriundos dos PALOP e, por terem nascido em Portugal, supostamente teriam a nacionalidade portuguesa, ou seja, uma condição européia. Na prática não é assim, pois muitos têm a naturalidade portuguesa, mas não a nacionalidade, fato complexo na prática quotidiana do bairro, na prática da escola e certamente na vida dos indivíduos e na sociedade como um todo.

No caso particular dessa escola, muitas crianças são aceites e matriculadas sem que suas famílias estejam em situação regular em Portugal, ou seja, a condição de boa parte dos pais é a clandestinidade. Assim, ao buscarem o ingresso na instituição, os pais não possuem documentos que assegurem o direito das crianças à educação obrigatória, garantida por lei. Muitas vezes a própria criança não dispõe de documentação. Um caso exemplar é relatado pelo diretor:

> *No meu currículo, tenho a história de uma menina, êh... que parecia um rapaz mas era uma rapariga. Usava farrapos, não tinha nem roupas, nem lápis, nem nada. Perguntei, como te chamas? Ela não sabia dizer, foi um aluno da 3.ª classe que lhe perguntou em dialeto e ela disse, Isabela. Mas como Isabela, tu não és um rapaz? Aqui tem Pedro na certidão e o miúdo (criança) chegou e disse, não é menina. Ah ié? Então tem que fazer nova certidão, novo registro. Mas como?*,

lembrando certamente a pobreza, a clandestinidade e o estratagema usado pelos pais para garantir a escola, um documento de outra criança, um outro filho talvez.

Um diferencial significativo na prática da EB1 n.º 66 é o princípio de não recusar matrículas aos filhos dos não documentados. A direção afirma que a educação não pode ser negada, que as crianças não são responsáveis pela situação de seus pais e que o problema é de Portugal, nos dias de hoje. Até 1998, a escola conseguia garantir esse direito, mas até quando não se podia saber. Também não se podia saber se, completado o ciclo inicial, os alunos que chegavam a concluir o 1.º ciclo podiam ser ou não aceites no segundo ciclo, pois a EB1 n.º 66 só podia oferecer uma declaração, mas não a documentação oficial necessária.

O acolhimento nas escolas responsáveis pela educação obrigatória em cada um de seus ciclos pode ou não ocorrer, ficando dependente de maior ou menor grau de institucionalidade por parte da diretoria escolar. Esta é uma das situações que bem podem se enquadrar no que Abrantes (s. d., p. 19) chama de "ficção" no campo educacional, ou seja, a existência de um discurso que diz garantir escola para todos, quando na prática tal não se verifica, então, ou pode até acontecer o fato de o aluno estar na escola, mas oficialmente não existir. A existência social e legal de um não documentado (sem registro de qualquer ordem, sem bilhete de identidade, sem autorização de moradia etc.) faz dele um fantasma, que tem vida própria, que é real, mas não tem direitos e, como tal, existe sem existir.

A postura da escola quando aceita um aluno nessas condições pode acarretar problemas administrativos, institucionais, mas, no caso da EB1 n.º 66, seu diretor defendia um princípio de humanidade do qual não abria mão, afirmando que a EB1 n.º 66 *"é um olhar ao longe"*, voltado para a África, que ele não pode negar, pois viveu e trabalhou muitos anos em Moçambique, sendo ele próprio um pouco africano.

Com isso, percebe-se na condição da EB1 n.º 66, na de seus alunos e na de seu diretor, a ambigüidade e ambivalência já discutidas, que faz claramente no caso do diretor ser este um português que, como muitos outros, tem a África por referência. Essa duplicidade coloca-o de modo aberto diante do "outro" e permite abrir as portas de sua escola para negros e africanos imigrantes e seus filhos, porém o faz não sem dificuldades. Muitos abaixo-assinados de moradores (brancos e portugueses) tradicionais da Charneca têm sido entregues à câmara local, numa tentativa de impedir as ações do diretor por apreensão de uma "africanização" da EB1 n.º 66.

Em Julho de 1998, mais um desses abaixo-assinados chegou à câmara, afirmando que o diretor estava *"entregando a escola aos pretos"*. A razão dessa nova investida estava na cessão de um espaço da escola para o uso dos jovens da Quinta Grande – o Grupo de Jovens –, que se reuniam numa sala independente do prédio principal, com acesso exterior (sala do Apoio Escolar, dirigido pelo ISU), e de uma das quadras da escola para aí realizarem festas, também um espaço com acesso independente do corpo principal da escola.

Numa dessas festas um grupo de rapazes negros de outro bairro foi posto para fora pelos da Quinta Grande, por estarem armados. Saindo dali, esse grupo foi a um café da praça central da Charneca e lá, noutra confusão, alguém atirou em alguém. Imediatamente os comerciantes locais organizaram o abaixo-assinado acusando o diretor e solicitando providências à Câmara. O diretor, ao ser intimado, comentou que tais pessoas não sabiam a confusão que estavam criando. *"Já imaginou"*, diz ele, *"se os pretos ficam sabendo do abaixo-assinado, o que acontece?"*. A preocupação procedia, primeiro porque não há espaços de lazer possíveis a serem ocupados pelos jovens que se sentem excluídos da sociedade portuguesa e que nela reivindicam uma maior participação. Por outro lado, o diretor cedeu o espaço da escola num acordo que implica a escola não ser depredada e assaltada, mas isso, naquele momento, não vinha acontecendo. Com isso, o diretor ficava desarmado perante o bairro e a Câmara para continuar liberando o espaço da escola. *"O que fazer"*, diz ele, *"se aqui são todos muito pobres?"*.

A escola tinha em 1998 cerca de 66% da população estudantil carenciada e cerca de 16,8% de não carentes. Outros 17,2% não se enquadravam em um ou outro grupo, mas poderiam em maioria engrossar as estimativas dos mais carentes. Assim, a condição socioeconômica que a escola consegue visualizar já é, por si só, expressão da pobreza lembrada pela fala do diretor.

As marcas da população escolar como sendo majoritariamente africana e negra, pobre e imigrante, coloca a população de imigrantes e de seus filhos luso-africanos como habitantes de um espaço que é, também, de pessoas brancas, porém muito pobres, vindas das áreas rurais de Portugal e os grupos de indianos, de ciganos etc., todos efetivamente pobres e vivendo em condições extremas de vida. Com isso, a dispensa da escola torna-se alvo de "visitas" periódicas. Exemplar é o fato de que, num dos momentos de conversa com o diretor, ainda durante o dia e em período de aulas, um grupo de adolescentes negros adentrou o portão principal e seguiu para uma quadra já no interior da escola. Preocupado, o diretor pediu que a representante do ISU fosse falar com eles para que viessem para o pátio externo. Eles, então, pediram leite do programa do governo e o diretor autorizou a entrega de um litro para cada um, que assim se retiraram, "quebrando" a pressão e tensão instauradas.

Pressionar, tensionando as relações sociais no quotidiano, é prática comum nos bairros conhecidos como "degradados", que não possuem infra-estrutura, em que as condições de vida são péssimas e degradantes, sendo então exemplos da pobreza e exclusão. Apesar de esses bairros terem condições comuns e problemas comuns, há também muita diferenciação entre seus moradores e destes em relação aos moradores de outras áreas da freguesia. Assim, além de uma população pobre e negra, acrescenta-se a população branca, que também disputa múltiplas formas de ocupação do espaço e de definição de território. Este ambiente multicultural que caracteriza a paisagem da freguesia e seus bairros é marcado por conflitos e, se a aparente semelhança de etnia e condição social no interior dos bairros negros gera "amizades interculturais", gera também conflitos, crises e distanciamento entre os grupos que aí vivem e que muitas vezes se encontram no espaço da escola – encontros que ocorrem nas atividades escolares em sala de aula, nas atividades extracurriculares, como no ATL – Atividades de Tempos Livres –, no Apoio Escolar mantido pelo ISU, nas festas anuais do bairro e da escola e em outras eventuais situações, decorrentes de reuniões da comunidade, de representantes das associações e entidades etc.

Não se pode deixar de considerar que, apesar de todas as crises e mesmo que de modo precário, há um convívio entre os jovens, as crianças, as mulheres, enfim, toda a vizinhança, que é sempre afirmado e auto-afirmado nas ruas, nas danças, nas festas, na escola, em nome da pertença ao bairro, e isso evidencia em grande medida a dimensão negra e africana da Charneca. Tal fato causa impacto na população tradicional que aí mora e provoca reações como as já relatadas. A escola se faz então espaço e realidade não apenas das atividades curriculares e de ensino, mas espaço e realidade de confronto e de mediação entre grupos, entre bairros e destes com as autoridades locais de governança pública, atuando sempre em parceria com as entidades civis e religiosas, associações diversas, ONG's etc. As relações sociais são assim mediadas e se processam como parte do contexto local e também mais amplo.

Frente ao contexto até aqui descrito, pode-se afirmar que a EB1 n.º 66 é o espaço comum de todos os sujeitos que moram nos bairros da Charneca; é uma escola de ensino básico do 1.º ciclo, mas é também um espaço físico e social de uso e trânsito de adultos brancos e negros, portugueses e africanos, entre eles os jovens africanos, luso-africanos e novos luso-africanos da Quinta Grande, muitos dos quais, quando menores, estudaram na EB1 n.º 66. Crianças e jovens são então elementos-chaves para compreender as muitas relações em jogo em termos da população dos bairros degradados, entre eles a Quinta Grande, a população da Charneca e de todos para com a escola e desta para com todos eles.

Infância e juventude: vivências e representações

> seres entre dos aguas marginales de ayer y de mañana:
> es esto que hicieron de nosotros.
>
> (PACHECO, in ARENDT 1972)

Crianças e jovens são sujeitos sociais significativos, pois entre outras coisas, por suas vivências, expõem e revelam o emaranhado dos problemas sociais que os envolvem e envolvem a todos, no contexto mais imediato e também, no bojo da sociedade portuguesa. Como afirma Spósito (1996, p. 97),"torna-se necessário admitir a diversidade, as diferentes orientações e representações, os ritmos, tempos e espaços que gestam práticas. Enfim, é preciso ousar conhecer tanto a escola como os movimentos e atores coletivos, na condição de universos que gestam representações e práticas polissêmicas de produção cultural".

Assim, na EB1 nº 66, acredita-se que convivem todos mais e melhor do que

> *aquelas grandes lições didáticas através de manual de que nós devemos ser todos iguais, não no convívio das dificuldades... mas, quem vê, que entra (na escola), vê que há negros e brancos, há os mais escuros que são os guineenses, há os mais claros até os olhos azuis (cabo-verdianos). Há gente do Algarve, há gente do Alentejo (portugueses e brancos) e tudo se mistura aqui... se calhar somos nós que não conseguimos controlar, mais existe ligação entre as pessoas".*

Uma boa porcentagem de pais que vivem na Quinta Grande foi aluno da escola e convivem com ela enquanto moradores do bairro. A escola parece ter um papel na definição das relações que se processam, pois *"todos vivem ali ao pé* (no bairro) *e continuam a viver na escola e não há confrontos. Está perfeito, percebes?"*. Nem está tão perfeito assim, como se pode notar no enquadramento da escola, feito em 1995, pelo Departamento de Educação e Juventude da Câmara Municipal de Lisboa e pelo Conselho Municipal das Comunidades Migrantes e Minorias Étnicas Lisboa (1995, p.16). As autoridades públicas diziam então:

> É possível identificar quatro grandes grupos de escolas quanto à especificidade e incidência de problemas de integração de crianças de Minorias Étnicas. [...] Grupo 4 – Agrega os estabelecimentos que pela presença de um maior volume de crianças de Minorias e pela coexistência de um leque mais diversificado de etnias apresentam potencialmente maiores problemas de integração dos alunos. Encontram-se nessa situação as Escolas n° 66 e n° 185.

Para os que atuam diretamente no quotidiano da escola, a argumentação que prevalece é da mesma natureza da do diretor, ou seja, em diversas falas, o que é sugerido é sempre o convívio racial e a afirmação de que os problemas existentes são de ordem social e cultural. A pergunta é se é possível separar aquilo que os sujeitos são de sua história pessoal, de suas marcas sociais, de suas expectativas, desejos e desilusões? Dayrell (1996, p.140) afirma que os jovens (e também as crianças) que chegam à escola são sujeitos socioculturais, que possuem

> uma historicidade, com visões de mundo, escalas de valores, sentimentos, emoções, desejos, projetos, com lógicas de comportamentos e hábitos que lhe são próprios. O que cada um deles é, ao chegar à escola, é fruto de um conjunto de experiências sociais vivenciadas nos mais diferentes espaços sociais.

Escola, experiência e cultura

A questão da experiência vivida implica pensar que, desde que o indivíduo nasce, sua vida consiste num "trabalho" que o constrói como sujeito histórico, não enquanto "ser" dotado de "natureza", mas produto e produtor de experiências. Tais experiências decorrem da heterogeneidade social e cultural e são uma construção tanto individual quanto coletiva, já que o individual só existe quando reconhecido e partilhado pelos outros (DUBET, 1996, p. 104). Mais que isso, Dubet afirma que a experiência como construção "se insere em registros múltiplos" e mesmo "a dominação mais absoluta não consegue reduzir a experiência dos atores aos papéis impostos" (*id*., *ibid*., p.99). Os atores coletivos "não se reduzem àquilo que o sistema, seja a ordem ou o mercado, faz deles" (*id*., *ibid*., p. 100). Isto quer dizer que "a socialização não é total, não porque o indivíduo escape ao social", como diz Dubet (p. 98), mas porque, diz o autor citando E. P. Thompson, "a experiência humana" envolve "um conjunto impreciso de situações e de emoções que uma classe social constrói e que se opõe às condições que lhe são criadas" (p. 99). Isto quer dizer que, por mais socializado que se possa ser, sempre permanece um espaço "em aberto" ou "vazio", a ser preenchido pela experiência vivida, imaginada e refletida, geradora de várias lógicas de percepção e construção do real.

Trata-se, segundo Dubet (1996), de uma atividade que é cognitiva e que, por sua vez, se justapõe a uma experiência que é emocional. Em jogo, para o autor, estão a heterogeneidade dos princípios culturais e sociais que organizam as condutas humanas, a distância relativa dos sujeitos em relação ao sistema e a experiência coletiva substituindo a noção de alienação. Em jogo, também, está a reprodução da ordem instituída frente a uma ordem instituinte da vida humana, dado que as pessoas não experimentam suas experiências apenas como idéias, pensamentos, procedimentos etc., mas, como já citado por Thompson (1981, p.189), o fazem também, no universo dos sentimentos, e lidam com eles na cultura.

É aqui que a noção de escola como universo sociocultural é significativa, posto que permite resgatar o fato de que

> os alunos que chegam à escola marcados pela diversidade, reflexo dos desenvolvimentos cognitivo, afetivo e social, evidentemente desiguais, em virtude da quantidade e da qualidade de suas experiências e relações sociais, prévias e paralelas à escola. [...] (DAYRELL, 1996, p.140)

Com isso, conforme afirma Dayrell (1996, p. 140), os sujeitos "experimentam suas situações e relações produtivas como interesses e antagonismos e elaboram essa experiência em sua consciência e cultura, agindo conforme a situação determinada". Aqui a escola torna-se um espaço de contradição, pois ela representa um lugar onde se pode ter o que não se tem em casa e ainda, acena com a possibilidade de conquistas no mundo em que se está, mas, que também não se concretiza. Acredita-se, de modo geral, que é na escola que crianças e jovens africanos e luso-africanos encontram oportunidades iguais ou semelhantes aos que os colegas portugueses possuem.

> *Têm os mesmos professores, usam os mesmos livros... a altura, que não tem nada igual, nem à casa, aos transportes, nem... os hábitos, nem o dinheiro para gastar, ao menos aqui (na escola) quando aparece um africano, sei lá, com roupa, um relógio [...]. Outros perguntam, quando vou comprar um? Se calhar, aqui (na escola) é onde ele tem mais oportunidade de conviver, do que lá fora. Há mais igualdade, se calhar nas escolas, do que vistas na sociedade... mas acredito que as escolas, discriminam os pobres, pelo menos as oficiais.*

Com isso, todo discurso da igualdade se abala, pois que o espaço da escola não se separa do espaço fora da escola e aí, as relações não são simplesmente de convivência e de contato cultural. Portanto, diversos são os problemas que de uma maneira ou outra se refletem na escola e são por ela refletidos, à começar pela questão da língua. As crianças nascidas ou não em Portugal, mas filhas de pais africanos, têm dificuldades na escola devido à diferença entre a língua falada em casa, geralmente o crioulo e a língua falada na escola, o português formal, culto. As crianças apresentam dificuldades de se expressarem no português padrão e embora entendam as palavras, nem sempre as usam em acordo quando das construções complexas de frases e tempos verbais. Como disse uma jovem:

> *Eu falo crioulo mas não é aquele crioulo igual o da minha vó [...] eu falo português mas não é o português que nem o da minha professora [...] é um português que se percebe...*

Para o diretor o problema está no currículo escolar e na estrutura do ensino em Portugal que despreza as expressões em crioulo e pune as crianças que não conseguem acompanhar aos demais. A ordem institucional que pune pela forma como se organiza é a mesma que propõe uma educação de cunho multicultural. Os fatos da vivência escolar revelam aí a existência de uma distância entre os discursos oficiais e a prática educativa. Para a escola importa o aprendizado do português correto e douto, como língua instituída e não instituinte, ou seja, não se considera a experiência social da língua, enquanto linguagem[1] e sua relação com a língua formal. Conforme já apontou Munanga (1986), o que está em questão é o fato de a criança e o jovem transitarem entre dois reinos psíquicos e culturais distintos e conflitantes – a língua própria de uso quotidiano e marcado pela historicidade e afetividade e a língua formal, douta, que a escola e a sociedade exigem como condição de participação social.

A origem deste problema está no fato de que, segundo o diretor, uma coisa é falar português, outra é se expressar *"pelo que tem dentro da cabeça"*. E o que se tem dentro da cabeça (a mente cultural) é, por um lado, parte da história de formação no interior de uma cultura singular e própria e, por outro, parte dos valores dominantes na sociedade em que se está e onde se vive. A questão é vivenciada diferentemente pelo professor e pelo aluno, como ilustra o caso de Nuno, imigrante cabo-verdiano, logo ao chegar à Escola EB1 nº 66.

Nuno não fala português, apenas o crioulo. A professora sente-se despreparada para entendê-lo, não sabe o que fazer, porque não entende o que ele diz. A diferença é que Nuno entende tudo o que ela diz em aula. A professora pede ajuda a outros alunos da sala para que se façam intérpretes de Nuno. Em três meses, Nuno já fala o português, mas a professora continua a não falar crioulo e a não entender o "português" de Nuno, embora todos entendam (inclusive esta pesquisadora). O exemplo de Nuno levanta duas questões para uma séria discussão: o preparo do professor para um ensino verdadeiramente intercultural e o fato de que a socialização no interior de uma cultura em que nascemos não é meramente zerada quando se passa a viver uma outra cultura e realidade. Neste sentido, Nuno, como tantos outros filhos de imigrantes, desenvolveu uma estrutura de pensamento que pensa em português como se estivesse falando crioulo. Para o

---

[1] A linguagem, relembrando Mourão e também Munanga, ambos já citados, diz respeito aos afetos e as raízes dos sujeitos, vem do fundo do coração, como carga afetiva que diz de si e do seu lugar.

professor, ele continua impossibilitado de desenvolver a aprendizagem – inteiramente centrada no português – e, como tal, está fadado ao insucesso escolar, independente de quanto demonstrou em pouco tempo ser capaz de aprender.

A dúvida que a história de Nuno postula é: até que ponto a língua é a verdadeira barreira? Abrantes ([s.d.a.], p. 11) afirma que diversos autores já demonstraram que "as diferenças lingüísticas são apenas a face visível de um acentuado contraste entre sistemas ideológico-culturais distintos" e que o âmago da questão está no conflito entre uma cultura escolar baseada no saber erudito e letrado que se pensa superior.

Para além da língua, as referências de tempo e espaço das crianças africanas e luso-africanas também são diversas. As crianças, sejam elas brancas ou negras, não estão socialmente "adestradas", habilitadas para se enquadrarem no espaço escolar com carteira, quadro e professor.

> *Os pequenos quando aqui chegam, isso é outro mundo! O miúdo que vem de uma escola angolana que tem apenas bancos, ou tem que levar catró para se sentar, quando vê falando português... que escreve e depois apaga facilmente... é algo estranho, esquisito, naqueles países (nos PALOP) não há (quadro negro/giz), a menos que se pertença às elites.*
>
> *Não há papel para escrever, tem que se aproveitar as margens para escrever, o miúdo quando cai numa escola (portuguesa) vai para as margens!*

As crianças de origem africana possuem outras formas de se relacionarem com o espaço, o tempo e o corpo. "Pelo seu corpo, o sujeito fala, expressa-se, mostra-se ao outro e faz-se presente no mundo. Ele se apresenta, fazendo-se sentir e enxergar ao outro, da mesma forma que o vê, imagina, percebe e sente" (TEIXEIRA, 1996, p. 182). O corpo negro não é, porém, qualquer corpo. Como território comunicativo do sujeito negro, o corpo traz consigo a presença de uma cultura particular e as marcas da cor. Nessa medida, expressa uma forma de ser, estar, marcada pela expansividade, pela alegria, pelo contato e é, ainda, portador de um estilo, uma estética própria que aparece nos campos da música e da dança (MARTINS, H., 1997; CONTADOR 2001), bem como na forma de se vestir. No Apoio Escolar, essa dimensão corporal se manifesta com intensidade.

> Era a primeira vez que ia ao Apoio Escolar e ao chegar não sabia o que fazer com tantas mãos à me tocar e abraçar. Ao mesmo tempo, as crianças pulam, dançam, se tocam e me tocam. Falam alto, de modo concomitante uns com os outros, ensaiam passos de RAP, em seguida desfazem o pequeno grupo de dança para ir atrás de um amigo ou amiga. Meus olhos chamam-lhe a atenção. A curiosidade e a descoberta de quem sou – brasileira? – os fazem explodir em perguntas sobre as novelas brasileiras, seus atores, quem fica com quem, como é o Brasil, perguntando tudo e todos ao mesmo tempo. Imensa a curiosidade de me ouvir "falar brasileiro", disputando aos empurrões, no corpo-a-corpo o espaço próximo de mim (Diário de Campo).

Outro exemplo no caso das crianças da EB1 nº 66 foi a visita que um ator da TV portuguesa fez à escola para vê-los numa peça teatral. É o pessoal do ISU que conta: *"...teve festa (alegria quando ele chegou de surpresa), os miúdos rebolaram sobre o chão, literalmente. Riram. Foram para cima do homem, deram beijos, tudo... (o professor não os conseguiu conter)"*.

É nessa medida que a fala de uma cabo-verdiana pode ser entendida, ao dizer que as crianças africanas ouvem histórias e são educadas de um modo muito diferente do que é comum em Portugal. Afirma que,

> muitas vezes, os professores não sabem lidar com isso, pensam que é desrespeito, indisciplina, mas não é! Dá pena dos jovens de hoje (em Portugal). Em Cabo Verde as pessoas riem muito, é comum duas pessoas encontrarem-se na rua, pôr-se a cantar e depois gargalhar! Aqui é a cultura do não. É preciso educar, mas assim é muito duro! Não tem essa coisa afetiva, corporal!

As crianças africanas, mesmo quando nascidas em Portugal, vão mal na escola, mas afirmam saber o que é ensinado pelos professores. Os professores têm dificuldades de compreender os modos de ser e estar dessas crianças e necessitam entender melhor a cultura que vivenciam, já que em suas casas convivem diariamente com a cultura de seus pais e parentes, convivendo também com a vizinhança e com os jovens. Nesta convivência, o corpo tem um lugar significativo por conta das brincadeiras, das danças, do trabalho, do leva e traz entre os grupos pelas ruas do bairro. Na sala de aula, essa mesma dinâmica se expressa, levando-os a transitar entre as carteiras, entre um amigo e outro, ao mesmo tempo em que conversam, brincam, brigam, sempre em tom muito alto e o professor nem sempre entende tal comportamento.

Por não ser compreendido a partir de tudo isso é que "*o miúdo quando cai numa escola vai para as margens!*". A sensibilização do professor pode conduzi-lo a buscar alternativas para sua prática pedagógica ou pode levá-lo à indiferença com relação ao aluno que foge ao padrão, aos comportamentos esperados pela instituição escola. Por sua vez, uma professora com muitos anos de trabalho afirma que o professor ainda vê o aluno como seu inimigo e o medo, muitas vezes, o faz agressivo para com ele. Muitas crianças do Apoio Escolar contam da violência de professores que ainda batem, puxam orelhas, beliscam ou jogam apagador e giz à cabeça dos mais inquietos. Porém, é a indiferença um dos pontos de que mais reclamam os jovens que foram excluídos do processo educativo. Como disse um jovem angolano: "*A senhora é professora? É? Responda! É? Então, olhe pra seu aluno, ouça o que ele diz. Ele também é gente!*". A contradição que o espaço escolar produz e reproduz exige, então, que se pergunte: a quem interessa integrar filhos de imigrantes africanos e negros num país europeu, branco e cristão?

Para uma das professoras da EB1 nº 66, não há projeto educativo que efetivamente aconteça de modo a

> *sobretudo recuperar em termos pessoais. Recuperar a auto estima, principalmente na escola, porque se sentem [os alunos] diminuídos, não lêem, não fazem contas se não têm alguém para ajudar... E então, é um pouco no sentido da auto estima aumentar.*

A questão da auto-estima envolvendo o corpo negro aparece na história de um jovem angolano: "*eu gostaria de ser modelo, mas uma coisa que não gosto é de tirar fotografias. Não gosto de ver-me nas fotografias. Não gosto de mim. Eu estava procurando um incentivo para eu me escrever (inscrever) para modelo, mas fiquei com vergonha*". De sua fala fica evidente a razão: a cor da pele. Aqui, tem-se outra dimensão do corpo negro, o de ser "lugar de confluência/

convergência da tensão entre 'o que se é' e 'o que se quer ser'" (CONTADOR, 2001, p. 32), fato que é crucial na educação da criança e do jovem negro, no campo da educação.

Nesse sentido, na EB1 n° 66 e no Apoio Escolar, têm-se buscado a realização de atividades extra-curriculares que permitam a *"auto-estima e valorização lá em cima"*, como acontece nas atividades de teatro e de dança.

No teatro,

> *trabalha-se com as emoções, afetos, auto conceito, há responsabilização, tem que estar ali as X horas, tem que saber de cor o papel. É uma responsabilidade. Ao se fazer um trabalho que no fim sentem-se reconhecidos por ele, como se costuma dizer, essas pessoas (crianças) ficam felizes.*

Do mesmo modo que a representante do ISU, pensa também a professora que, por iniciativa própria, criou uma sala para encenar peças teatrais. O cenário com grandes painéis pintados com florestas também foi feito pelos alunos-atores, crianças de diferentes classes que apresentavam problemas de aprendizagem e de comportamento. Para ela, o teatro serve de motivação e recupera a auto-estima – *"pode-se dizer que a auto-estima torna-se um acontecimento..."* –, mas, é preciso saber fazer acontecer. Aqui conta a proximidade e a afetividade entre sujeitos como chave para a construção de uma imagem mais positiva de si mesmos garantindo a passagem à aprendizagem; razão pela qual a percepção da criança e do jovem sobre seu próprio corpo, um corpo negro, e a percepção do outro, um professor que educa, não pode ser atravessada pelo estranhamento da diferença e mascarado pelo discurso de igualdade da escola.

Iturra [s.d] afirma que o processo educativo é dependente da afetividade entre crianças e adultos e, certamente, pode-se acrescentar entre esses, jovens, brancos, negros e muitos outros. "A capacidade de amar existe como a pedra mármore que o pensamento e a experiência histórica vêm talhando, esculpindo, dando forma e direção, hierarquia e orientação" (ITURRA, [s.d.], p.43). No entanto, diz o autor que, no processo educativo institucional, o que conta são as regras do capital. Neste sentido, são imensas as dificuldades do processo educativo em unir emoção, empatia, sentimento à razão.

Por tudo que já foi dito, as dificuldades dos imigrantes numa metrópole como Lisboa extravasam a questão da língua e dizem respeito aos problemas de inserção na sociedade portuguesa, tanto para aqueles que vieram da África, como para aqueles que aí são nascidos. Não é diferente, também, para aqueles que ensinam. Percebe-se, assim, que o problema de Nuno não é apenas uma questão de língua. Os que efetivamente vieram da África, pais e filhos,

> *nunca quiseram aqui ter, vieram trazidos pelas contingências da realidade africana e quando aqui chegam tudo é diferente. Ninguém consegue andar na chuva [...] ninguém conhece o frio, a frio aqui é complicado [...] o sistema alimentar é diferente [...] Além disso a questão geográfica é diferente, quem vem de Angola, São Tomé é mais complicado. O sol ao meio dia fica ao norte, a água no lavatório à escoar é ao contrário daqui. Este mundo é um mundo completamente diferente [...] o próprio transporte é pago, porque na Europa não é próprio de se caminhar a pé. Aqui é outro caso, é preciso pagar [...] tudo tem hora, hora de entrada hora de sair, hora para comidas... no caso africano, o tempo é outro, deixa correr... A Europa (e Portugal) é um choque!*

O contexto social que um imigrante encontra em Portugal saindo de um país africano é substancialmente adverso. Diz o diretor da EB1 nº 66, *"num país de mercado livre é assim que as coisa funcionam, primeiro o dinheiro e depois a pessoa humana"*.

As condições de vida às quais os imigrantes são obrigados a se submeter em Lisboa são as piores possíveis, porém, as condições que ficaram para traz são ainda piores, por isso eles chegam e ficam.

> *Muitas dificuldades que os imigrantes africanos passam aqui em Portugal [...] são infinitamente menores do que aquelas que eles passam nos países deles. É por isso que resolvem vir para cá. Quando eles decidem entrar em Lisboa eles não sabem que estão sujeitos a serem presos, deportados? Eles sabem, mas por que eles entram? Porque nos países de origem deles as coisas são infinitamente piores,*

sintetiza o diretor. Por mais que possa ser ruim na África, em Portugal também o é, e serão as crianças africanas e luso-africanas que irão apontar aspectos positivos e negativos de sua vivência, por meio de sua escrita e de seus desenhos,[2] enquanto formas de representação, emoção e sentimento, enquanto vida vivida e experiência.

A escrita vem ao encontro de complementar ou mesmo explicitar conflitos de percepção expostos pela imagem, permitindo descobrir as tramas do social por meio das falas dos próprios sujeitos, seus discursos, extraindo deles as representações possíveis, sem preocupação com suas competências lingüísticas e de expressão. Nesse esforço de compreensão das vivências, se constrói o cenário – a Quinta Grande e a EB1 n.º 66, como espaços sociais considerados – e se busca explicar os atores, as crianças nesses espaços,[3] entendendo-as como sujeitos socioculturais e, como tais, produtores de cultura, ou seja, produtores de uma "teia de significados" (GEERTZ, 1989), que orienta a vida social e a organiza em relação ao mundo onde estão e onde vivem. Em acordo com Pinto e Sarmento (1997, p. 20), reconhece-se aqui a "capacidade simbólica por parte das crianças e a constituição das suas representações e crenças em sistemas organizados, isto é, em culturas" e cuja interpretação não se realiza no vazio social, senão que se sustenta "nas análises das condições sociais em que as crianças vivem, interagem e dão sentido ao que fazem" (*id., ibid.*, p. 22).

A atividade – *Meu Retrato*[4] – realizada durante a *Semana do Mundo*, de responsabilidade do ISU, junto à escola, consiste na

---

[2] Textos e desenhos feitos por crianças africanas em dois momentos diversos, um durante o projeto de educação multicultural de 1995/1996 e outro já em 1998 pela presente pesquisa constituem aqui a referência de análise e foram obtidos nas atividades "Meu Retrato" e outras atividades livres no Apoio Escolar. Os desenhos do primeiro período foram analisados por CARVALHO, Conceição dos Santos Pires. Permanências, adaptações e sincretismos culturais. Vivências de dois grupos de alunos das escolas do 1º ciclo do Ensino Básico, Charneca, Lisboa. Mestrado em Relações Interculturais. Universidade Aberta, Lisboa, 1997, tomando como objeto a Escola EB1 nº 66 e nº 185. Enquanto imagens visuais, tais desenhos não se encontram presentes nesta edição, mas podem ser encontrados em GUSMÃO, 2004 (edição portuguesa) e GUSMÃO, 2003 (Tese Livre-Docência, FE/UNICAMP).

[3] Aproprio-me aqui da feliz expressão de Dulce C. A Whitacker, em seu trabalho ainda inédito *Nas franjas do rural – meninas entre a tradição e a modernidade*, 2002.

[4] A atividade Meu Retrato foi desenvolvida com crianças de diversas idades e diferentes turmas. Consistiu em solicitar à criança que pintasse num mapa de sua escolha – o continente africano e seus diferentes países ou o europeu, com seus países – o lugar onde nasceu. Em seguida deveria anotar alguns dados pessoais e de informação num breve questionário.

realização de diversos ateliers de expressão plástica, gastronomia, jogos tradicionais, músicas e danças alusivas a diferentes culturas,[5] no decorrer de uma semana de maio a cada ano. Outros desenhos considerados foram feitos em atividades livres junto ao Apoio Escolar, não resultando de atividade escolar ou obrigatória, realizada fora do âmbito escolar, junto ao ISU, e não orientada tematicamente. Nesse caso, trata-se de crianças de diversas turmas e séries, distribuídas por diferentes salas e professores quando na escola. No cruzamento dessas fontes, os desenhos procuram apreender a percepção, representação e memória do universo infantil com respeito à realidade em que se encontram inseridos e de onde emergem possíveis formas de representação de si mesmos e dos demais sujeitos com os quais compartilham os espaços da escola e do bairro.

No conjunto das análises feitas dos desenhos do Apoio Escolar e dos da Semana do Mundo, confirmam-se os fatos que marcam uma realidade de imigração, em particular da imigração dos PALOP, como aqui se tem observado. Em todas as atividades consideradas, as crianças apresentam defasagem entre idade e classe cursada, podendo o fato ser representativo não apenas do insucesso escolar que os atinge, como também da intensa mobilidade familiar que não permite completar o ano escolar, obrigando sempre a ter que recomeçar numa escola nova, numa nova turma.

É visível que a criança tem clareza daquilo que vive, pois expressa, por diferentes meios, as marcas de sua condição de classe, de raça. Neste último caso, expressivo é o sol desenhado pela criança no

---

[5] Até 1998, a Semana chamava-se "Semana da África" e tinham esse continente por referência. A partir de algumas reflexões, o ISU optou pela mudança para ampliar o leque multicultural e torná-lo abrangente. Porém, em 1998, a centralidade ainda era a África dos PALOP e incluiu-se o Brasil, provavelmente em razão da participação desta pesquisadora no evento.

Apoio e que lembra um rosto humano, porém não qualquer rosto, mas um rosto fenotipicamente africano.

Enquanto imigrante e filha de imigrante, a criança vive, também, contraditoriamente a pertença a dois mundos, percebendo-se como portuguesa e estrangeira e se expondo às injunções sociais e políticas de seu mundo, tal como percebe que seu mundo é um mundo em mudança. Por esta razão, "o duplo e a duplicidade das orientações culturais", conforme H. Martins (2001, p. 25), se torna "a base da criatividade do seu ajustamento na sociedade de adoção, um ajustamento autoafirmativo e de afirmação de sua diferença". Tal situação é expressa pela história do menino Adam "Smith", como ele próprio se identifica.[6]

O menino de onze anos me dizia: "*Me chamo Adam Smith, porque nasci na Inglaterra. Minha mãe é inglesa e meu pai, caboverdiano. Eu vivo em Portugal*". Diante de meu espanto e de minha pergunta "*e você se sente o quê?*", responde sem titubear: "*sou caboverdiano!*".

Adam é o retrato de um universo complexo, difícil de conduzir com clareza um debate sobre origem no singular ou de uma tradição centrada numa terra e suas raízes, como sendo a cultura deste ou daquele grupo. Em questão, portanto, está a multiplicidade de referências em que diversidade social se expressa, gerando sentimentos, ambigüidades e confrontos entre o vivido e o percebido, por grupos e segmentos de grupos no interior de uma mesma sociedade, todos partilhando um patrimônio em comum, mas que nem por isso se fazem, se vêem ou se sentem como semelhantes.

O menino Adam pode se dizer cabo-verdiano, sem nunca ter estado ou vivido em Cabo Verde, posto que sua presença é real, já que se inscreve e se impregna na textura social de seu quotidiano – a vida no bairro e com a vizinhança de origem cabo-verdiana –, enquanto imagem, rotina e ruptura, e enquanto universo significante que é parte da vida vivida, pensada, sentida e concebida.

Para continuar com a história do menino Adam Smith – um cabo-verdiano em Portugal (quem dirá que não o é?) –, peço-lhe que

---

[6] A história de Adam encontra-se publicada em GUSMÃO, Neusa Maria Mendes de. Linguagem, cultura e alteridade: imagens do outro. Cadernos de Pesquisa, São Paulo, n° 107. Fundação Carlos Chagas, julho de 1999.

desenhe o lugar em que vive, um bairro de lata de Lisboa, a Quinta Grande, onde moram imigrantes de diversas origens e, principalmente africanos. Desenha, então, um indiano – "*Porque gosto*", explica. Pergunto: "*e você não vai se desenhar?*" Responde "*Não! Eu já estou aqui*!", apontando para si mesmo e balançando o desenho em minha direção, como a dizer que sua fala e o desenho são uma só e mesma coisa – uma só e mesma forma de comunicação que integra a linguagem do gesto com a fala e estas ao desenho. Múltipla, diversa e ambígua, a linguagem expressa também a cultura e a alteridade que marcam sua trajetória de vida e a de sua família como migrantes.

Estar aqui na fala dele é estar onde? Ele está na sociedade portuguesa, mas sabe que não é de lá. Tem mãe inglesa, mas não vive com ela, não vive na Inglaterra. Vive com o pai num bairro africano de Portugal. Aí vivencia a condição múltipla de ser migrante, negro, pobre e criança. Vive e compreende todos os estigmas que permeiam as condições de sua existência: não é inglês, não é português, mas entre os seus, na família e no bairro, é um cabo-verdiano, encontra aí um lugar. É, então, cabo-verdiano em razão da ascendência paterna e por opção. Uma opção que considera a realidade vivida enquanto prática real e concreta e elege a cultura como mediadora de ser, estar e se representar enquanto "*eu*". É assim que se sente cabo-verdiano e se vê como tal, é assim que toma da cultura como mediação e se vê no outro, o indiano – um imigrante e diferente –, um duplo de si, simultaneamente seu espelho, seu mesmo.

Dentro das regras de uma cultura instituída, Adam seria um não sujeito, sem lugar, cativo de sua pobreza, de sua cor e de sua condição social de migrante. Pelo caminho da cultura instituinte e dinâmica, a imaginação lhe permite abrir outras portas e, então, estabelecer uma dimensão favorável de si mesmo, expressa na oralidade de sua fala, no gesto e na imagem desenhada – linguagens que ultrapassam a sociedade da escrita e revelam que a cultura é uma linguagem que não se exaure na língua ou línguas adotadas por um grupo. Mais que isso, a cultura não é nunca uma essência, é uma autocriação, uma negociação de sentidos, que, segundo Boaventura Souza Santos (1996a), torna-se compreensível apenas na trajetória histórica dos grupos e na posição que ocupam no interior do sistema.

A questão do duplo reaparece em muitos casos de crianças com dois nomes, na prática do bilingüismo, no viver em moradias com muitos parentes, como fatos recorrentes que independem da condição de origem. De tudo o que contam as crianças em seus textos e imagens produzidos na "Semana do Mundo", destaca-se aqui a criança que, nascida em Portugal, se diz portuguesa, porém gosta de Cabo Verde e não gosta de Portugal, fala crioulo e, instigada a falar de Portugal, nada diz. O fato permite que se deduza a existência de dificuldades em assumir uma única identidade, resvalando para as multivalências e contradições de uma vida entre dois mundos.

Na medida em que se partilha de duplo processo de identificação identitária, ser português e cabo-verdiano ou português e angolano etc., apresentam-se limites e dificuldades para a criança lusoafricana na operacionalização de seu universo, mas são essas barreiras que tornam possível a conflitualidade criativa dos que estão à margem, como diz Martins (2001, p.26). Como tal, positividades ou negatividades acabam por serem expressas conforme se tenham diferentes contextos por referência – o bairro, a família, a vizinhança; a escola, os colegas, os professores – e, mais que isso, tornam-se fontes necessárias de ajustamento, identificação e afirmação da diferença. Assim, no bairro vigora a identificação da origem africana, no contexto da escola, para salvaguardar seus direitos legais, mas, frente a uma sociedade que discrimina imigrantes, negros e pobres, a criança confirma uma identidade portuguesa.

Com esse breve retrato, compreende-se a condição polissêmica do bairro e da escola, enquanto espaços nos quais transitam relações grupais marcadas por experiências que envolvem o ser branco, o ser negro e tudo o mais que vem junto – sentimentos, desejos, aspirações, vontades, perdas etc.

Trata-se, então, de perguntar: com que olhos as crianças da EB1 n.º 66, da Charneca "do Lumiar", vêem o seu mundo? Como nas atividades escolares, a escola, o bairro e os sujeitos com os quais se relacionam, brancos, negros e mestiços, são percebidos? Ao buscar as representações presentes no universo simbólico de crianças migrantes e/ou filhas de imigrantes dos PALOP, considerou-se, em primeiro lugar, dois períodos letivos – manhã e tarde –, a distribuição e composição das turmas entre o primeiro e o quarto ano do primeiro ciclo, e se levou em conta turmas que, por escolha de suas professoras, faziam parte do Programa de Educação Multicultural/Entreculturas, do Ministério da Educação português.

Do levantamento realizado para toda a escola, chegou-se a duas turmas do período da manhã e suas professoras: A e B. A professora A abriu as portas de sua sala de aula e enquanto falava de sua experiência docente com alunos de diferentes origens, administrava, sem ansiedade, a finalização das atividades do dia, em meio à intensa movimentação dos alunos que conversavam e riam; vinham até ela que, sem pressa, os orientava, mostrando estar com visita na sala. Ponderou ser angolana de nascimento, embora de nacionalidade portuguesa, viveu dezessete anos em Angola e que gostaria de voltar, pois sente muitas saudades, no entanto, pensa ser difícil, por ser casada e ter filhos. Acredita que gosta de seus alunos porque, por sua trajetória, se sente próxima a eles. *É e se sente um pouco africana* (grifo meu).

A professora B sempre trabalhou com crianças de diferentes procedências e busca conhecer sua família estando sempre atenta aos alunos. Quando esses adoecem vai com sua turma visitá-los, caminhando pelo bairro de Quinta Grande, e já se tornou madrinha de algumas crianças africanas nascidas no bairro. Ambas justificam, assim, o trabalho que realizam, por laços afetivos que informam suas práticas e estabelecem uma diferença entre elas e os demais professores. O convívio, as relações estabelecidas entre as crianças e as professoras e com a escola e ainda com o bairro em que moram, com as próprias famílias, são, portanto, fundamentais para o que aqui se apresenta. Assim, não foi por acaso que ambas foram as únicas professoras que efetivamente assumiram a proposta da Educação Multicultural do Entreculturas junto à Escola EB1 n.º 66, em caráter experimental, e aí também a razão da escolha de suas turmas para as atividades com desenhos temáticos.

O solicitado para as duas turmas selecionadas, como atividade de aula, foi que fizessem desenhos temáticos sobre a *escola*, o *bairro* e a *casa* onde vivem, o *negro* e o *branco,* e elaborassem um pequeno texto escrito sobre a história de seus desenhos. Vale notar que os temas, embora circulem em torno do mesmo eixo temático, foram propostos de forma diferenciada, obedecendo ao estilo pedagógico de cada uma das professoras e ao conhecimento pessoal e particular que elas têm de sua turma.[7]

Nesse contexto, os desenhos e textos são expressão dos alunos com respeito à realidade em que estão inseridos, constituem uma forma de representarem a si mesmos e ao outro que com eles compartilham os espaços do bairro e da escola, em termos da educação intercultural proposta.

A Escola

Antes de tudo, as percepções referentes à *Escola*, em termos físicos e sociais, são muito diversas entre si, impossibilitando uma classificação dos desenhos e a observação de algum traço mais geral. Por vezes, as crianças desenham somente o espaço físico da escola, retratam-na a partir de diferentes ângulos, tanto a partir de um olhar que vem de fora, quanto a partir de um olhar lançado de cima, como a desenhar a planta do prédio escolar. Os dois casos pontuais e aparentemente opostos colocam a escola como espaço físico que se olha de fora. Num deles, o prédio apresenta-se com portas e janelas fechadas, tal como um espaço interdito. Noutro, inteiramente aberto, as janelas e portas inexistem, sugerindo um espaço aberto que acolhe. A oposição se resolve no texto escrito do segundo desenho, o de portas e janelas inexistentes, quando diz: *"nesta escola está o meu amigo Ricardo que se foi embora, o meu amigo Bruno que está noutra escola, o Fábio e o André que moram ao pé de mim"*.

Dos dados textuais, ressaltam-se aspectos comuns da vida do imigrante e de seus filhos: a intensa mobilidade e trânsito no espaço social português; os que foram embora, mas se fazem presentes na lembrança por terem pertencido àquele espaço; os que estão em outra

---

[7] Na sala da professora B foi feito um total de dezoito desenhos em uma turma de dezenove alunos que se encontram nas 2ª e 3ª classes (doze alunos na 3ª e seis alunos na 2ª). Os alunos desenharam em folhas de papel A4 cortada ao meio, ficando sem muito espaço para poderem criar e expressar de modo livre aquilo que foi solicitado. Não se sabe a razão que levou a professora a optar por tal formato. Na sala da professora A, uma turma mista com alunos de quarto, terceiro e segundo anos ou classe, composta por vinte e um alunos com idades entre oito e onze anos, os três temas foram desenvolvidos em três dias diferentes, sem o controle do uso de papel.

escola, mas já estiveram na EB1 n.º 66. Simbolicamente aberta, sem portas e janelas, a escola parece representar a esperança de sempre poder voltar e também as possibilidades de se poder partir, quando, então, portas e janelas se fecham. O ir e vir é uma realidade que não depende da criança e não depende estritamente da escola. Depende da realidade do mundo do trabalho de pais, irmãos, os mais velhos e, portanto, depende de algo que está fora dela, daí o registro de quem olha de fora para o espaço físico que acolhe mas que também não retém quem está em seu interior. Não reter pode ainda ter outros significados, caso se considere que essa criança pode já ter experimentado o "falhanço" escolar (repetência).

Alguns desenhos representam a escola por seus espaços externos, principalmente os pátios, onde ocorrem os encontros de lazer, de namoro, espaços de conviviabilidade por excelência, significando a escola como não sendo apenas o prédio e as salas de aulas, mas como espaço onde se situam a sociabilidade, a vivência e o lazer. *"A Tânia e a Mi estão a namorar. O Ivo está a cantar e saltar ao mesmo tempo".* Segundo a criança *"os meninos vão para o recreio para brincar. O Tiago vai-se embora porque ele saía mais cedo. A escola é grande, bonita, tem muitas flores e plantas".* E continua, *"o que eu gostava era de uma escola com 'baloiços'* (balanço) *e uma piscina grande".* Idealizada pelo que não tem, por recursos que deseja para brincar, a criança desenha não propriamente a escola, mas apenas o que deseja, um balanço e uma piscina, ou seja, o que a escola não tem. Assim, a escola que a criança deseja não é de fato a escola que ela tem ou é uma escola que não atende suficientemente com espaços de lazer que ela valoriza e que também o bairro não lhe oferece.

Os sujeitos do processo educativo colocam-se desde um campo de visão que é exterior, mas há desenhos que apontam para o interior do prédio. Nos desenhos em que as portas aparecem abertas muitas vezes não se vêem pessoas por trás delas, mas objetos que caracterizam o ambiente interno retratado (arquivos na biblioteca, cadeiras e lousa na sala de aula etc.). A escola assim desenhada parece ocultar as relações que nela se processam, mas que, no entanto, os textos explicitam. Os textos são elogiosos, exaltam o espaço amplo, com árvores, brincadeiras, amizades. As crianças dizem *"esta é a escola com os meninos que vão estudar";* outras dizem *a escola é grande e tem crianças*, a escola é muito bonita e muito grande, tem muitos meninos e meninas e tem muitas flores. Também tem dois recreios, vinte e duas salas, cantinas, professores que gostam de ensinar e tem um senhor diretor que é muito bom para nós.

Olhando os textos, percebemos que a escola aparece como palco de relações amigáveis, que se dão tanto com os amigos, como com professores e com o diretor. Assim escreve um aluno: "*o diretor é uma pessoa simpática e a minha professora também. Eu gosto muito da escola*". Da mesma forma, outra criança afirma: "[...] *eu gosto muito de ir prá lá* [...], *gosto dos amigos, colegas e professores*".

As expressões de carinho pela escola são freqüentes, chegando a aparecer como desejo que a escola fosse a própria casa: "*Eu gosto muito desta escola. A professora é muito boa. Eu gostava que a escola fosse a minha casa*", escreve a aluna. Aparece ainda o desejo de que a escola permaneça tal como está: "*Eu gosto da minha escola e por isso não quero que ela mode [mude] porque está muito bonita*". Aqui é bom lembrar que em 1998, quando desta atividade, a idéia do realojamento e mudança da Quinta Grande envolvia também a destruição do prédio da EB1 n.º 66, para alargar a avenida e modernizar a Charneca, fato esse que ainda está por acontecer. Cerca de dois anos antes, o mesmo dado aparece em desenhos e textos obtidos junto a alunos da EB1 n.º 66, por Carvalho (1997) no momento de sua pesquisa com respeito às casas em que moravam. Diziam os textos desses desenhos: "*a minha casa vai ser deitado* (derrubada)"; "*a minha casa vai ser butada abaixo*"; "*eu vou sair do meu bairro porque vão destruir as casas e vão fazer uma estrada*"; "*eu não gostava de viver em outra casa mais eu vou ter que modar*". A criança mostra, assim, que não é indiferente ao processo, que sabe o que irá acontecer, e expressa seus sentimentos.

Na escola, a maioria das crianças exalta e respeita a figura do professor e principalmente a do diretor. A afeição e o respeito pelo diretor não são gratuitos, basta recordar sua postura frente aos africanos imigrados e seus filhos e a forma pela qual tem sustentado os impasses da comunidade da Charneca frente aos que consideram os pretos como uma ameaça, um "grande perigo". A atitude de receber, apoiar e defender os imigrantes não passa despercebida para a criança que é pequena, mas ouve e vê, mais que isso, compara o que vê e o que ouve (ITURRA, 1992), faz desse procedimento uma forma de construção de seu saber no mundo, um saber social que envolve o que encontra dado à sua volta e que recebe como tal, mas que redimensiona na relação que estabelece entre iguais – outras crianças –, por meio de um imaginário capaz de reordenar as regras do mundo onde está e vive. É assim que a criança avalia o que vê e percebe seus significados, estabelecendo uma compreensão de quem ela é, de quem é quem. Neste sentido, é grata a professores e ao diretor que se importam com ela e com os seus.

Finalmente, um desenho sintetiza a percepção da escola e das relações que aí se processam de modo muito claro. Trata-se de um desenho com muitas crianças em volta do prédio ou nos espaços de recreação e o texto interessante diz: *"eu fiz um desenho que tem os meus melhores amigos. A minha escola é grande, é bonita e a cor da minha escola é cor-de-rosa e por dentro dela há muitos meninos de várias raças e várias cores que gostam de brincar, fazer jogos e muito mais"*. A escola é, então, um espaço que acolhe sujeitos amigos, porém diferentes – *"de várias raças e várias cores"* – num reconhecimento da multiculturalidade presente na EB1 n.º 66 e que é também a realidade do bairro.

A ênfase em todos os textos e desenhos sobre a *Escola* é relativa aos espaços de sociabilidade mais que de socialização, processo esse que se centraliza nas relações de ensino no interior das salas de aula. No entanto, a escola e seus espaços são lugares de sociabilidade, em que as brincadeiras, o improviso, o inesperado, a descoberta, o novo, se fazem presentes.

A *sociabilidade humana* consiste num território comunicante e interativo, *locus* de mediação entre individualidade e sociedade, entre expressão e identidade, cujo ponto intermédio é dado pela cultura enquanto esfera do social, propiciadora de trocas e capacitadora de diferentes tipos de vida. A sociabilidade faz-se, assim, forma lúdica de associação entre sujeitos diversos, forma pura desprovida de intencionalidade (cf. SIMMEL) e que, por isso mesmo, possibilita a reciprocidade e a interdependência e estabelece pontes comunicantes em termos de significado e significantes, de imaginário e imaginação. Neste contexto, a sociabilidade e a cultura constituem os suportes de integração de um universo, dividido pelas diferenças entre um *"eu"* e um *"outro"*, entre os que têm poder e os que não têm.

Parece ser esta a razão de o aluno falar ou desenhar a escola, não demonstrando o conflito ou lhe fazendo críticas fortes, pois as relações com as pessoas da escola são vividas agradavelmente no interior da EB1 n.º 66.

O que de mais grave aparece faz alusão ao diretor e aos problemas que ele enfrenta na escola. Diz o texto da menina de nove anos: *"Eu não gosto de ver o senhor diretor sofrer por causa da escola"*. A razão está em que é o diretor que abre a escola para a comunidade africana, não só para recebê-los enquanto pais e alunos, mas para efetivamente proporcionar-lhes um espaço de convivência e lazer. Em 1998, era em espaços determinados da escola que os jovens de Quinta Grande realizavam suas festas e também a Associação dos Moradores. O fato não era bem visto pelos moradores portugueses da Freguesia da Charneca "do Lumiar", mas o diretor insistia dizendo: *"se não fora assim, a situação* (de discriminação e violência) *fica maior"*.

Entre moradores da Quinta Grande e a escola EB1 n.º 66, havia acordos tácitos que permitiam à escola manter-se bem conservada, sem sofrer depredações e daí ser ela *"linda e grande"* para os alunos. A escola pôde, por meio desses acordos, diminuir o número de roubos que sistematicamente sofria, com relação à comida estocada de merenda escolar e de outros bens. Por outro lado, dizia o diretor: *"eles* (os africanos, principalmente os jovens) *não têm lazer e nem espaços no bairro para tal. A escola é da comunidade e é assim que há de ser"*. O sofrimento do diretor, na visão da criança, decorria da "quebra das regras", quando, uma vez ou outra, ainda ocorria invasão e roubo e decorria também das constantes pressões que sofria por parte dos comerciantes e das famílias da Charneca.

Assim, o carinho pela escola demonstra-se como muito forte neste grupo de crianças, na preocupação com respeito a elementos que possam tirar da escola sua harmonia. As falas são bastante claras: *"Assaltam muito a minha escola"* e, em seguida, *"eu não gosto de ver o senhor diretor sofrer por causa da escola"*. A preocupação com a escola mostra-se até mesmo na crítica aos próprios colegas, se estes desrespeitam os funcionários: "[...] *os meninos deviam ter mais respeito às senhoras contínuas e às professoras e não irem para cima do telhado"*. Note-se que é um menino que escreve e não uma menina, como se poderia supor.

Um último desenho torna-se muito significativo, pois nele aparecem, bem ao alto, três personagens juntos: as professoras A, B e o diretor, conversando entre si, chamando para ensaiar a Marcha da Charneca, festividade que ocorre no bairro. A professora B pergunta: *"A., vamos ensaiar a Marcha da Charneca?"*, a que a professora A responde: *"Também B!"*, segue ainda a fala do diretor: *"Posso ir com vocês?"* Tal diálogo mostra que a aluna percebe essas três pessoas como envolvidas com as coisas da escola e do bairro. É significativo que sejam essas e não outras as pessoas desenhadas, o que sugere a especificidade destas dentro da escola, já que a são elas as únicas de todo o corpo docente da EB1 n.º 66 a desenvolverem o programa educativo do "Entreculturas".

Uma vez mais, a criança parece reconhecer aqueles que com ela se preocupa, não apenas enquanto aluna da EB1 n.º 66, mas como um sujeito social que quer ser reconhecido em sua especificidade. A escola se faz assim espaço físico com suas salas e seus espaços, mas é mais do que isso: é o palco no qual se desenvolvem as amizades, as relações com diversos sujeitos e com a vida.

O Bairro

O *Bairro* apresenta-se por meio de suas muitas faces, os espaços públicos – a rua, praças, estabelecimentos comerciais – e o espaço privado da casa; suas condições físicas e sociais; e, ainda, pela vizinhança, pelos sujeitos sociais que transitam pelo bairro.

As condições das moradias se mostram de forma clara nas referências que apontam um número significativo de pessoas morando juntas em casas pequenas. *"Na minha casa moram muitas pessoas que são Maria, Alexandre, são os meus pais Andresa, Domingos, Natália, Carla, Rui, Nuna, Ana, são os meus irmãos. Vanessa, Vanda, Antônio, Nasa, são os meus sobrinhos. Eu chamo-me Cláudia, moram muita pessoas, mas a minha casa é pequena"*.

A aluna refere-se a uma realidade constante nos bairros degradados, às *famílias alargadas* de que fala H. Martins (1997, p.52), ou seja, são famílias que incluem não só os consangüíneos que vivem na mesma casa deixando-a tão logo surjam oportunidades para isso, mas também os parentes por adoção e, ainda, aqueles que estão "de passagem", recém-chegados da África. Assim, com freqüência nos chamados bairros degradados, bairros pobres, as casas são pequenas, simples e super povoadas.

Diz a criança: *"o bairro onde eu vivo é grande. Há gente à luta* (que trabalha para viver) *e há muitos acidentes de carros e motos".* A proximidade com a avenida atrás do aeroporto, que tem intenso tráfego, traz riscos de acidentes e marca a percepção desse espaço como de perigo.

A diversidade étnica dos moradores do bairro não deixa de ser percebida e com ela emergem alguns elementos de valor, posto que tal diversidade pode ser boa ou não. Em um desenho aparece nitidamente a diversidade étnica no bairro, mais precisamente na vizinhança, e a criança afirma em seu texto: *"meu bairro tem muitas casa e tem pessoas escuras que são sempre amigas mas algumas não são".*

A realidade dos bairros degradados em termos físicos e sociais é assim expressa de modo claro e contundente: os conflitos fazem parte do seu contexto. Dois desenhos são pintados com cores fortes: um é todo vermelho e preto, o outro tem uma chaminé enorme em cima da casa, nuvens escuras, com o texto atrás da folha dizendo *"eu não tenho amigos lá na rua".* O que dá para entender é que a Quinta Grande é um espaço de muitas amizades, como de resto atestou o trabalho de H. Martins (1997), mas os conflitos não são ausentes e de modo constante, há nuvens escuras que pairam no ar. As crianças que percebem tal fato são as que, muitas vezes, sugerem a possibilidade da mudança para os prédios de Habitação Social como solução de todos os problemas.

A imagem de prédios de apartamentos, ainda inexistentes em 1998, já aparecia nos desenhos, como reflexo do tempo de espera e da expectativa do realojamento. Prédios aparecem pintados: a questão da verticalização pode ser vista como um sonho ou uma solução para os problemas do bairro, que são muitos.

Assim, a questão presente nessas imagens é que aí opera um elemento de valor cuja referência são, na verdade, os bairros de classe média que a criança observa por toda a cidade, já que não havia em

1998, uma concepção de valor negativo quanto ao que seria um prédio de Habitação Social, hoje visto por muitos como "prisão". Isto fazia com que os prédios de apartamentos prometidos pelo realojamento fossem vistos como lugar de *"pessoas bonitas porque elas são ricas"*. Os pobres são feios, não possuem status com o qual se possa sonhar, e suas casas são barracas que devem ser destruídas.

Um texto expressivo desse fato afirma: *"o meu bairro tem baloiços, casas pequenas e tem flores. Eu gosto das pessoas de lá"*, mas em seguida comenta: *"eu gostava de um bairro que tivesse prédios porque as pessoas precisam de casas boas. As pessoas são bonitas porque elas são ricas"*. Gosta, então, das pessoas, vizinhos e amigos, mas não das casas em que moram – as barracas. O texto mostra que é preciso casas boas e dinheiro para que as pessoas possam ficar bonitas, expressando um desejo de *status* que reconhece no "outro" um igual que saiu das barracas para os bairros de realojamento, tipicamente verticais, sendo esta mudança compreendida como uma "melhoria" de vida e, portanto, de uma condição de maior prestígio. É também, a partir dos prédios de apartamentos de uma classe média branca e portuguesa que a criança vê nesse "outro", tão diferente, uma condição de status que almeja ter.

Muitos desenhos enfatizam o interior da casa. As casas são em geral grandes e espaçosas, muitas vezes contando com sala, cozinha, dispensa, mais de dois quartos, além de pátio e piscina. A vivência interna a essas casas, chamadas de vivendas, mostra que são fartamente mobiliadas e que a figura da mulher, por vezes identificada como mãe, não é a de doméstica, posto que aparece assistindo telejornal, enquanto as crianças com o pai brincam na piscina. Os desenhos que caracterizam a casa desta forma são minoria, mas refletem a condição socioeconômica diferenciada não só dos alunos da Escola EB1 n.º 66, mas também da própria Freguesia. Ao se compararem os desenhos de dois alunos, percebe-se tal diferenciação já que as casas de ambos ficam próximas (Quinta Grande e Paço do Lumiar), mas para ambos o bairro se representa de formas distintas.

Para André a casa é – uma barraca – pequena, simples e pobre, em um bairro com outras casas iguais, parecendo isoladas por terrenos vazios – a Quinta Grande. Para Débora, a casa é – uma vivenda – grande, com muitos cômodos, pátio e a referência ao bairro aparece no texto: *"o meu Bairro, Paço do Lumiar, é muito movimentado com gente e carros"*. A clivagem social que divide a Freguesia da Charneca e a do Lumiar, com seus muitos bairros – de portugueses bem estabelecidos e de africanos pobres –, revela-se de modo a ressaltar também as vivências diferenciadas dos alunos da escola pública EB1 n.º 66.

Por existirem clivagens sociais que são percebidas pelas crianças, muitas vezes estas são levadas a dividirem seus desenhos em duas folhas, aparecendo pintadas na primeira página crianças e casas com aspectos de pobreza, porém com forte desejo de mudança, já que na segunda página, as casas são em forma de prédios. A criança diz na primeira página: *"o meu bairro é pequeno e tem tantas casas com tantas pessoas"* e continua na página seguinte, *"eu queria que o bairro fosse bonito, com prédios grandes e que tivesse baloiços"*. Um outro desenho sugere uma área rural, mas nota-se a presença de uma estrada, um carro e um semáforo, dizendo o texto que o acompanha: *"eu queria que o meu bairro fosse como os dos ricos, com estradas e carros"*.

A alusão parece clara, caso se considere que a Quinta Grande em 1998 ainda se mantinha distanciada dos pólos mais urbanizados e contava com imensos vazios lembrando uma área rural. No entanto, quando a criança expressa seu desejo, reporta-se à imagem que tem da cidade de onde se vê excluída e expulsa, para dizer do desejo de fazer parte desse universo.

O espaço do bairro, percebido a partir da rua, traz com freqüência a imagem do urbano. São desenhos que mostram avenidas, ruas, cruzamentos, carros, bares, mercados, igreja e campo de futebol. Há um desenho muito interessante, no qual a criança desenhou um menino usando roupas da *Nike*, uma avenida com carros em alta velocidade e um menino no meio da avenida.

No texto a criança diz *"no meu bairro os carros andam com muita força e não tem passadeiras* (faixa de pedestre). *Lá há muitos desastres e muitos bandidos"*. A criança une, assim, dois tipos de violência que são tidos como problemas do meio urbano e que são também problemas de seu bairro. Os anseios com relação ao bairro ou as reclamações são constantes: *"Cá no meu bairro há muitos assaltos. As casas são todas esboracadas"*, diz um menino, referindo-se à Quinta Grande.

A fala corresponde ao que é mostrado no desenho: um bairro pobre, no qual o aluno desenha a si mesmo e próximo dele, uma cena de assalto posta nos diálogos: *"isto é um assalto; Não me mate"*. Mostra-se, assim, a dura vida nos bairros degradados e tal como a sente, expressa na imagem e escrita de seu desenho. Como resposta a isso e expressão de desejos, em outro desenho se observa um carro com velocidade reduzida, uma placa de limite de velocidade, uma faixa de pedestre, duas crianças na calçada, uma criança brincando num parque com balanços, como a sugerir a paz que se deseja.

É interessante notar, em muitos desenhos, a ausência das pessoas nas ruas e o bairro representado, sobretudo, através de coisas – casas, estabelecimentos comerciais e carros. As referências às pessoas aparecem com freqüência nos textos e de modo positivo: *"Eu gosto muito do meu bairro tenho muitos amigos. No meu bairro tem crianças e eu brinco muito com elas. Emprestamos coisas umas às outras e brincamos sempre juntas (...). No meu bairro somos todos amigos"*. Fala também quem são os amigos: *"no meu bairro há muita gente angolana. Eu gosto muito de ser amigo deles não me batem gosto de ser amigo deles"*.

Em geral, os desenhos mostram, próximos a casa, parentes e amigos da criança que desenha, como a mostrar que pensar na casa ou no bairro é pensar também nos familiares e amigos que ali vivem, num claro exemplo de que nos bairros degradados, parentes e vizinhos constituem os nexos da vida social. O que fica claro, também, de todas as imagens e textos, é que a criança sabe o que vive, sabe como de fato as coisas são e sabe o que quer para si mesma e para os que com ela vivem, parentes ou não.

O Negro e o Branco

As temáticas da *Escola* e do *Bairro* remetem a espaços físicos da realidade social, como espaços em que se processam relações entre indivíduos diversos, portadores de histórias sociais também diversas. Nesse sentido, escola e bairro constituem espaços-tempo de relações grupais claras e hierarquizadas. No interior desses contextos, *Negros* e *Brancos* dão curso à sua vida, tramando os fios da realidade concreta em uma urdidura social que fala de sentimentos, emoções, apreensões que advêm das relações entre sujeitos, em termos de valores, afetos, desafetos, desejos etc.

Um menino revela no que escreve esse emaranhado de coisas: "*os negros são bons e alguns são maus. São bonitos e simpáticos. Os negros são amigos dos brancos. Os negros tratam bem as pessoas. Os negros respeitam as pessoas*". Por sua vez, "*os brancos são bons alguns maus. Os brancos são bonitos alguns feios. Os brancos são simpáticos e alguns racistas. Os brancos gostam dos negros mas nem todos. Os brancos respeitam os negros como os negros respeitam os brancos*". As escritas mostram uma aparente semelhança nas falas. Porém, o menino diz que os negros são "*bonitos e simpáticos, por outro lado os brancos são simpáticos e alguns racistas. Os negros são amigos, os brancos gostam dos negros mas nem todos os brancos gostam dos negros*". Ou seja, não se pode dizer que esta criança seja negra ou branca, mas sua fala expressa a discriminação nem sempre explícita que existe na sociedade portuguesa, demonstrando as dificuldades dos relacionamentos intra e interétnico, ainda que prevaleçam relações amigáveis.

A discriminação aparece com força num texto em que a criança desenha o negro com características tribais e escreve atrás da folha, "*os negros são maus e são feios e muito antipáticos. Mas os meninos cá da sala são bons e amigos*", ou seja, os negros de uma maneira geral são feios e maus, mas os da sala dele são amigos. Esta "aceitação" se dá na sala de aula, mas pode não se dar na casa ou no bairro, o que vem confirmar a fala de Brandão (1986) de que as salas de aula podem ser um espaço de encontro e que o que é aí vivido não necessariamente se reproduz em outros espaços.

Uma outra criança diz: "*acho que somos iguais. Aqui estão* (na folha com crianças brancas desenhadas) *só meninos brancos mas devemos brincar todos juntos*". A criança desenha negros e brancos em folhas diferentes, expressando, assim, o mesmo sentido presente em sua fala escrita: há uma realidade que ainda apresenta dificuldades a serem superadas.

Outros desenhos mostram negros e brancos numa mesma folha, praticando algum tipo de esporte, jogando bola, brincando. O lazer como campo de relações sociais parece unir, momentaneamente, sujeitos sociais diferentes, fato esse que remete às afirmações de Gusmão (1993, p. 58) no tocante à convivência/aceitação no campo do lazer, como pressuposto de uma igualdade que remete ao contexto ideológico de que o negro "só é bom de futebol e de samba", reforçando um "lugar de negro" existente nas relações sociais no caso brasileiro, e que, em alguma medida, parece ser referência também no caso português. O diretor da EB1 n.° 66 fala que "*o ritmo é africano. Os indivíduos tem um ritmo prestimoso. Um bom baterista é africano. Há também as letras das canções, tem muito a ver com eles (africanos)*". Na mesma lógica, Euzébio, o grande mito do futebol português é tido como símbolo nacional e, como negro, exemplo do espírito aberto do português, de seu não-racismo. Valeria aí dizer "um negro diferente"?

A diversidade de pessoas num mesmo espaço aparece em imagens de crianças com o cabelo pintado de amarelo, porém cujos rostos estão pintados de cores diferentes, numa exposição provável do modo como a criança vê seus amigos: são meninas, meninos todos juntos, iguais e diferentes. No texto, a criança diz o seguinte: "*os meninos brancos são simpáticos e eu gosto de meninas brancas e meninas pretas porque é igual. A Raquel* (uma amiga) *é de cor branca*", o que sugere ser ela própria negra: o desejo de solidariedade e comunhão entre diferentes é, portanto, seu desejo.

Há desenhos e textos que não separam, não segregam brancos e negros. O texto da menina negra diz: "*eu gosto muito dos meninos brancos porque eles são meus amigos e eles brincam sempre comigo porque eles são bons*"; uma menina branca diz "*os meninos castanhos são muito meus amigos porque eles brincam comigo sempre que eu estou sozinha e triste. Eles não gostam que chamem nomes* (xingamento) *aos pais deles*". São desenhos e falas muito significativas, pois refletem um Estado desarmado em que negros e brancos podem brincar e serem amigos, ainda que, neste último caso, denunciem também um certo conflito. Muitos desenhos mostram crianças negras e brancas no mesmo espaço físico e mantendo entre si contatos amigáveis, embora nem sempre seja possível saber a que espaços – se o bairro, se a escola ou outro – estão referenciadas as relações entre negros e brancos como relações amigáveis.

Em alguns casos as relações entre o negro e o branco são explícitas, com ambos se cumprimentando, mas o tema se faz mais claro quando se recorre ao texto que a criança produziu explicando seu desenho. Um aluno diz: "*este branquinho sou eu e aquela é uma amiga minha, eu costumo brincar muito com ela à apanhada às escondidas etc.".* A referência às brincadeiras sugere o bom relacionamento entre crianças negras e brancas e aparece ainda em outros textos. Um menino diz: *"o preto é um amigo meu que mora ao pé de mim ele chama-se Igor. O branco também mora ao pé de mim. São dois meninos e brincam num jardim".* A referência *mora ao pé de mim* permite perceber o bairro como o lugar onde estão presentes negros e brancos.

Em muitos desenhos é comum que os traços físicos do negro e do branco (cabelos e boca) não se diferenciem. Apenas em um desenho, o cabelo da criança negra aparece mais enrolado. Também não aparecem diferenças significativas na forma de se vestirem. O artifício utilizado para diferenciar o negro do branco é o de pintar a pele ou a roupa de um e do outro de preto ou branco, conforme o caso. Tal artifício parece sugerir que a criança não percebe outros traços que diferenciem um do outro, ou seja, a diferença é expressa unicamente em termos de cor.

A criança desenha ora um fato real – desenhar a si mesma ou outras crianças que conhece –, ora um fato fictício – em que as crianças contam uma história em que negros e brancos estão brincando ou cumprimentando-se. Em ambos os casos, o que parece se destacar é a amizade entre o negro e o branco. Um desenho é exemplar quanto ao texto que diz: *"o menino* (negro) *está a sair de casa para ir brincar com os outros meninos* (brancos) *que estão a espera dele uma menina* (negra) *disse nunca mais vem ele já está a vir. Olá Rui Olá vamos brincar sim vamos lá estavam a brincar muito bem".*

Se for na brincadeira e no lazer que as crianças se unem, isto não quer dizer que caso estejam num mesmo espaço possam estar unidas. Alguns desenhos mostram que crianças negras e brancas podem estar no mesmo espaço, mas sem contato aparente, já que as figuras são independentes entre si. A diferença entre ambos, brancos e negros, se explicita em razão de que não é só a cor que diferencia negro e branco, mas também os traços físicos, a fenotipia, mostrando existir uma diferença clara. O negro tem o nariz largo, cílios exageradamente grandes e escuros, orelhas muito grandes, traços que aparecem, enfim, como a marcar não só a diferença, mas uma estranheza por parte de quem desenha, a criança branca.

A referência ao termo "raça" aparece num texto eloqüente e combativo, em que a criança se posiciona contra o racismo:

> *há muitas raças mas a que eu vou falar aqui é de duas raças que são o preto e o branco há pessoas que são racistas e há outros que não são. As racistas são pessoas más que não aceitam pessoas que não gostam das outras de outras raças e só da cor deles e há pessoa que não são racistas são as pessoas que aceitam muito bem os outros.*

Tal discurso, partindo de alguém bastante jovem (nove anos), mostra quanto o racismo está presente na vida da criança.

O desenho intitulado "as raças branco e negro" mostra disposta na folha duas crianças, uma negra e uma branca. O sugestivo é que, além das crianças, dispostas na folha, apareça um avião. O avião parece simbolizar, numa eloqüência silenciosa, a viagem ou as viagens pelas quais o imigrante negro passou, antes de ali estar. Mostra que ele não esteve sempre ali, que a sua presença ao lado do branco se deu por intermédio de uma viagem anterior. Desenho e texto mostram simultaneamente a condição de imigrante e de negro, vividas ambas com dificuldade, por expressarem as condições de não-pertencimento ao lugar onde se está e vive. Sugere também o espaço físico em que habita – a Quinta Grande – e, em que estuda – a EB1 n.º 66 – , ambas situadas ao lado do aeroporto.

Por vezes, o desenho mostra crianças negras e brancas separadas por linha divisória na folha, porém seus traços são parecidos – tamanho, feição do rosto (nariz, boca) e roupas. O que irá diferenciá-los serão a cor e o cabelo, notando-se, no entanto, que, caso se pinte a roupa de preto mostrando que a pessoa é negra, o rosto não é pintado, ficando parecido com o do branco. O cabelo crespo aparece como marca do negro, mas o cabelo do branco aparece enrolado, aproximando-se do desenho do cabelo do negro. Percebe-se, assim, que diferentemente de desenhos anteriores, que utilizavam somente a cor como elemento de diferenciação, aqui se soma o detalhe dos cabelos, embora os demais traços continuem semelhantes. Supostamente, pode-se afirmar que a inversão das características sugere tanto a miscigenação, que já é fato em Portugal, quanto a igualdade entre brancos e negros, já que as características de um se tornam características do outro. Contudo, os textos enfatizam a diferença e se mostram, por vezes, com referências racistas.

Em dois desenhos, sob forma de ficção, narra-se a estória de branco que não gosta de negro. Na primeira história, a menina branca *"cheirosa e bem vestida"* não responde ao cumprimento do menino *"mal cheiroso e mal vestido"*, a correspondência só vem quando o menino *"toma banho"*, encaminhando-se a estória para um final feliz, pois os dois *"apaixonam-se e casam-se"*. Percebe-se no texto que o negro é visto como diferente e inferior, estereotipado com características pejorativas; mas o contato e a harmonia entre ele e o branco é possível, desde que ele abandone tais características e se torne "parecido" com os brancos.

No segundo texto, conta-se uma estória parecida com a anterior. Uma menina *"que não gostava de falar com pessoas negras"*, em certo momento, precisando de um conselho para curar uma dor de dente, o recebe de *"um menino preto"*, tornando-se *"todos felizes"*. O interessante neste texto quando se escreve *"uma menina que não gostava de falar com pessoas negras"* é sua diferença com relação ao texto anterior em que se descrevia o negro como *"mal vestido e mal cheiroso"*, aqui não se explicita o motivo pelo qual o personagem não fala com pessoas negras, diz apenas que não gostava de falar e pronto, deixando implícito um preconceito enraizado, que não precisa se justificar.

Em nenhum dos textos, porém, a barreira entre negro e branco aparece como indissolúvel, embora apareça sempre como barreira. O rompimento dessa barreira se dá através de casamento interracial, já que tanto os desenhos como os textos mostram pessoas de sexos diferentes. Note-se, porém, que para que se rompa a barreira é o negro que deve mudar, só assim se torna digno de casar com o branco.

Com características muito distintas dos desenhos anteriores e entre si, parte dos desenhos parece não abordar a temática pedida e dificulta sua compreensão aos olhos mais desavisados. Trata-se de crianças que parecem ter entendido a proposta do desenho do *Negro e do Branco* em termos de cor e não de raças. Como nos anteriores, é assim que um dos desenhos mostra uma menina que o texto explica *"que não gostava de roupa preta"*. Outro, em que se desenha um lápis preto e branco e, ainda, um terceiro em que, além de um lápis preto e branco, a própria folha do desenho é pintada nestas duas cores.

A análise mais detida, sobretudo, quando se cruzam desenhos e textos, trazem sugestões muito relevantes. Um dos desenhos chama a atenção pela aparente contradição com o texto que o acompanha. O desenho é de um lápis preto e branco, fazendo pensar que a temática sugerida pela professora tenha sido entendida em termos de cores diferentes e não de pessoas.

O texto, no entanto, desfaz essa impressão, pois aí o que se tem é uma referência direta à pessoa negra, metaforizada na figura do lápis: *"este lápis é preto e branco, ele já andou por muitos sítios e muitas cidades..."*. A trajetória do lápis na folha identifica-se com a trajetória do negro, estrangeiro e viajante, mas também identifica a trajetória do branco, pobre e português que migra para a cidade. Assim, esse lápis, preto e branco, já "viajou" pelas terras de Portugal, *"já passeou pelas ruas de Lisboa, Coimbra..."*.

O segundo desenho, também com limites de interpretação, mostra um menino, sua mãe e um guarda-roupa. O texto mostra-se igualmente enigmático: *"era uma vez um menino que não vestia roupa preta porque dizia que era feia e a mãe gostava de vestisse roupa preta porque dizia que era muito bonito"*. O texto só se torna mais claro ao analisarmos o título: *"a roupa do preto"*, sugerindo que o que estava sendo recusado pelo menino da história não era só uma roupa, mas uma roupa que se parecia com "roupa *de* preto" e que, portanto, o tornaria parecido com um negro caso a vestisse. O preconceito aparece aqui duplamente, na forma de se referir a uma roupa preta como específica do negro e ao recusá-la.

Dos desenhos e textos considerados para as temáticas – *Escola; Bairro; Negros* e *Brancos* – percebe-se que o universo simbólico das crianças encontra-se permeado pela heterogeneidade presente em sua vida. Os desenhos revelam sentimentos, valores e desejos, bem como revelam as formas de representação que se ligam aos problemas gerais, permitindo perceber a consciência possível do social de forma explícita ou latente. Assim, nos temas da E*scola e do Bairro*, as pessoas não aparecem com características que as tornam dessemelhantes. Apenas quando a diferença já está implícita na temática – *Branco* e *Negro* – é que a questão da diferença se expressa de modo visível e intenso.

A *Escola* e o *Bairro* são percebidos como espaços de relações amistosas, prazerosas e pouco conflitivas, apesar de toda a contradição e conflito que possam existir em tais espaços. O fato relembrou um outro depoimento, de outra investigação realizada no Brasil (GUSMÃO, 1997, p. 66), em que o depoente afirmava:

> *a gente que trabalha com alunos, a gente nota isso* (o preconceito), *quanto mais tenra a idade, menos conflito aparece, ele só vai aparecer quando a idade aumenta.*

Nesse mesmo trabalho, percebia-se que o preconceito, a discriminação e o racismo na escola eram mais intensamente percebidos a partir do antigo ginásio, etapa final do atual Ensino Fundamental no caso brasileiro (2º e 3º ciclos do Ensino Básico em Portugal), e se faziam mais conscientes no Ensino Médio (antigo colegial no Brasil e Secundário em Portugal), ou seja, nos momentos correspondentes a uma mudança de faixa etária significativa, posto que é o momento de entrada para a adolescência e juventude. Assim, é bom lembrar que os desenhos e textos em análise foram obtidos junto à Escola de Ensino Básico EB1 n.º 66, em seu 1º Ciclo – momento de ingresso no sistema formal de escolaridade e, no qual, teoricamente,[8] estão crianças entre seis e nove anos de idade. Portanto, trata-se de crianças em primeira fase de escolarização e, em momento de descoberta da escola como espaço sociocultural – lugar de encontro e de convivência, tal como o próprio bairro e sua vivência nas casas e nas ruas. Significativo aqui é perceber que nenhum desenho ou texto refere-se à escola por suas atividades de ensino, seja a sala de aula, as disciplinas ou o estudo. A *Escola* é ponto de encontro, aonde se vai para estar com amigos e brincar. É assim espaço de alegria, de partilha e amizades.

Com isso, percebe-se que apenas quando a diferença já está implícita na temática solicitada – o *Branco e o Negro* – é que a questão da diferença se expressa de modo visível e intenso, confirmando a diferença de percepção existente entre o 1º ciclo e os demais ciclos. O fato se confirma também no depoimento dos jovens, ex-alunos da EB1 n.º 66. Diz um deles:

> [...] *é sério, já me vi mais português* (do que hoje se vê). *Tive a educação que meus pais me deram que são africanos. Mas*

---

[8] Lembramos que no caso em análise as crianças estão numa faixa que se estende até treze ou quatorze anos, em razão da migração e/ou de sucessivas repetências (falhanço escolar), e ainda, pela intensa mobilidade que caracteriza o contexto familiar.

em alguma altura da minha infância eu convivi mais com os portugueses na escola. Mas com o passar do tempo (na medida em que cresce), *eu passei a me identificar mais com o pessoal que mais ficava comigo* (os africanos do bairro). *Eu acho mesmo que sou um africano, não há dúvidas. Já penso mesmo que sou africano.*

O fato de ser *mais português* e depois *mais africano* remete ao crescer e substituir a referência da escola para o bairro africano, onde estão os amigos e a transformação da escola em lugar de passagem, no qual se entra e se sai com freqüência, tal como se vê na afirmação seguinte do mesmo jovem.

> *Estudei na 66... na secundária, estudei em várias escolas. Sou uma pessoa incomoda, quando sinto-me mal afasto-me. Na primária estudei onde minha mãe quis. Mas houve uma altura que eu já tinha opção* (2º ciclo). *Estudei onde me sentia melhor. Quando saí do nono* (1º Ciclo) *para o décimo* (2º ciclo do Ensino Básico) *fui para uma escola. Depois tive várias passagens por outras escolas porque eu não me sentia bem na escola onde estava. Não me sentia bem, por estar com pessoas que não falam a minha linguagem.*

Importante nessa história é que, os vinte anos, o jovem em questão tem apenas o 1º ciclo completo, nunca chegou a concluir o 2º e o 3º ciclo. O Secundário e o Ensino Superior permanecem como desejo, mas pensa que dificilmente chegará até esse ponto, pois acredita que *"para o negro"*, tudo é mais difícil. É possível perceber que entre os jovens negros de origem africana, o insucesso escolar e evasão ainda no 1º ciclo tende a diminuir, mas continua significativa nos ciclos posteriores, de modo a evidenciar existir aí um problema a exigir outros enfrentamentos.

A problemática da origem, da cor e da raça é um ponto crucial nas relações vividas na sociedade de acolhimento, a sociedade portuguesa. Ela o é, no momento de aproximação do mundo adulto, no momento em que se cresce e se adentra a outros contextos e relações. Enquanto criança, a escola é *"um lugar onde tásse bem"*, depois é um constante entrar e sair de muitas escolas por *"sentir-se mal"*, dando início a uma trajetória de muita mobilidade e incompletude. A razão disso é: a discriminação, o preconceito dos que *"não falam a minha linguagem"* – uma linguagem que é construída no bairro e no grupo de jovens – afirmando um modo de ser português, africano e negro. Assim, se é *"mais português"*, no início da escolarização, e se é *"mais africano"*, na medida em que se cresce. Ao crescer, cresce também a percepção e compreensão do mundo à sua volta, suas dificuldades e seus limites, aos quais reagem os mais jovens, mesmo que seja para dizerem numa outra "linguagem" – a da violência, da destruição, do vandalismo – o seu lugar no mundo. Nesse processo a escola ocupa um lugar que a revela ainda como espaço sociocultural, lugar de encontro, desejos e expectativas. Porém em lugar diferente daquele da infância, coloca em movimento processos que exigem outras leituras e encaminhamento, já que sua face mais visível é o insucesso escolar e a exclusão.

A questão da escola, das agências e dos agentes educativos, no caso português nesse e novo contexto, recoloca em questão a escola no interior do Projeto de Educação Multicultural, do *Entreculturas*, enquanto política e enquanto prática que, operando todo o Ensino Básico, do 1º ao 3º ciclos, atende crianças e jovens do chamado "segmento perigoso" – os filhos dos imigrantes extra-comunitários –, nomeadamente, os portugueses negros de origem africana. Da mesma forma, por meio do realojamento, as chamadas políticas sociais de habitação, nomeadamente o PER – Plano de Especial de Realojamento –, da Câmara de Lisboa, intenta construir uma realidade de integração desses mesmos sujeitos no contexto da sociedade portuguesa, entendida como realidade multicultural e, como tal, de convivência e solidária. Cabe então perguntar entre a *Escola,* o *Bairro* e a *Cor*: qual a realidade concreta do que é proposto no plano das políticas sociais e o que se efetiva no plano das práticas inclusivas que envolvem os imigrantes não comunitários de origem africana e negra?

Políticas multiculturais: igualdade e violência

> E agora eles [*os jovens*] estão lá,
> espalhados pelos prédios
> [...] Não ficam mais juntos...
>
> Ex-morador da Quinta Grande
>
> A senhora é professora? É? Responde.
> É?! Então, olhe pra seu aluno, ouça o
> que ele diz, ele é gente...
>
> Jovem da Quinta Grande

A prática da política em Portugal hoje se preocupa com os cenários de uma ordem social globalizada, com os desafios representados pela alteração das fronteiras internas ao mundo europeu e suas conseqüências. Em função dos objetivos propostos pela nova ordem mundial, políticas sociais, entendidas como ação dos Estados nacionais em consonância com os interesses vigentes, buscam desenvolver meios materiais e individuais de acesso a direitos sociais, tais como o direito à moradia, o direito à educação, entre outros, principalmente para aqueles que, em razão dos fluxos migratórios, alteram as paisagens de cada país membro da União Européia. Tais políticas colocam em questão o universo europeu em sua constituição, organização e projeto, constituindo-se em ações diversas que são planejadas e implementadas através de diferentes agências e agentes e, quase sempre, coordenadas pela intervenção do Estado. As ações assim planejadas implicam em programas voltados para processos substantivos de transformações da vida social, visando um Estado de bem-estar social, capaz de encaminhar os conflitos e as tensões para uma ordem social mais equilibrada. Tais políticas envolvem a população como um todo, imigrantes e não-imigrantes, nacionais e estrangeiros.

No universo micro de um bairro degradado – a Quinta Grande – operam dois grandes exemplos desse tipo de intervenção do Estado, visando basicamente a moradia e a educação: o PER – Plano Especial de Realojamento de Lisboa e o projeto de educação intercultural – o *Entreculturas*. No contexto específico do bairro, o que tais políticas representam? O que têm em comum?

Ambas podem ser entendidas como expressão da realidade multicultural experimentada como "nova" realidade portuguesa, unindo assim os processos migratórios dos anos de 1990 com as políticas sociais e públicas ensejadas pelo novo momento. Ambas revelam também o modo de se olharem portugueses e imigrantes, colocando frente a frente o modo de ser do português, seu sistema de valores e de representação, a forma pela qual pensa seu mundo, sua cultura e a vê frente ao outro que é o imigrante. Nesse processo, o outro, tão diferente do modo de ser português, é uma ameaça potencial à realidade social, e, como tal, faz-se necessário que se criem "espaços educativos" em que o considerado "outro" aprenda os princípios que regem as relações entre sujeitos no mundo onde está e vive para nele integrar-se, e, com isso, garantir a ordem social equilibrada que se tem por meta. Colaboram, para tanto, práticas pedagógicas diversas que, no dizer de Brandão (2000, p. 454), ao se constituírem entre os pilares do trabalho pedagógico, afirmam a *Educação* como

> a morada da prática cultural da diferença – ela [educação] se faz diferenciada para criar saberes e pessoas integradas em culturas e em modos de ser, de pensar, de saber e de viver diferentes, pois este é o caminho da própria comunidade humana.

No entanto, alerta o autor,

> Mas ela (Educação) não pode ser o lugar da oferta de desigualdades culturais em nome da reiteração da exclusão e da pretensa justificativa do inevitável das desigualdades sociais de oportunidades e de destinos humanos.

Nesse sentido, tomando emprestado o pensamento do autor e adaptando-o ao presente debate, pode-se dizer que a educação envolve uma dimensão sociopolítica que se expressa através da prática pedagógica daqueles que atuam junto aos grupos sociais para os educar, seja esse um educador, animador cultural, voluntário social, professor, atue em espaços educativos diversos, em associações, em igrejas, na comunidade, no bairro ou na escola. Tal prática pode se dar num processo de diálogo intenso, "o diálogo amoroso dos afetos, a comunicação livre e aberta a todas as diferenças, através do intercâmbio de idéias e de saberes de e entre pessoas e culturas socialmente igualadas..." (BRANDÃO, 2000, p. 461), ou ainda pode se dar numa dimensão de recusa ao diálogo, marcada pela não escuta do outro, e, com isso, reforçar os mecanismos de negação social. Qualquer que seja o caminho, entram em jogo não apenas os ideários presentes no processo educativo mas também as experiências e as realizações das diferentes propostas educativas que orientam o trabalho daquele que educa.

Em relação ao professor, Teixeira (1996, p. 181) afirma ser ele

> uma categoria social notadamente heterogênea, envolvendo pessoas vivas e reais – com atributos de gênero, cor, idade, visões de mundo, dentre outros. Pessoas com múltiplas e comuns experiências [...], não apenas profissionais [...] [que] vivenciam em seu cotidiano outras práticas e espaços sociais, como a família, o lazer, a cidade. Muito embora tais universos sejam articulados, apresentam territorialidade, rituais, linguagens e gramaticalidade próprias, ampliando as experiências dos sujeitos.

Em suma, "o professor é um sujeito sócio-cultural e parte desse sujeito é o professor". O mesmo se pode dizer com relação àquele que, não sendo professor, toma para si o desafio de partilhar saberes e construir um universo de referência para sujeitos que, por uma razão ou outra, encontram-se excluídos do acesso ao conhecimento posto pela sociedade como necessário à vida social.

Nesse sentido, educadores, em geral, são sujeitos sócio-culturais. Como afirma Velho (*apud* TEIXEIRA, 1996, p. 182),

> se constituem historicamente a partir de sua experiência quotidiana, de seu mundo vivido, inserido em estruturas, instituições e processos sócio-históricos. Os sujeitos se

constroem a partir de sua experiência num mundo que delimita potencialidades, circunstâncias e limitações."

O educador, como sujeito sociocultural, se faz agente educativo e participa na mesma dimensão de outros sujeitos sociais do processo educativo, onde quer que ele ocorra. Com isso, a instituição escolar por excelência, cenário da ação educativa, em que atua o professor, revela-se como realidade complexa que, para além de suas normas e regras, como já disse Dayrell (1996, p. 137), está sujeita a uma complexa trama de relações sociais, cujo teor envolve "alianças e conflitos, imposição de normas e estratégias individuais, ou coletivas, de transgressão e acordos", reveladores da heterogeneidade desse espaço.

Não é diferente com os demais espaços onde uma ação educativa se processe e, nesse caso, pode-se entender que o espaço do bairro e as entidades que aí atuam – na Associação dos Moradores, no Espaço Jovem, no Apoio Escolar e outros – estão sujeitos aos mesmos processos. Encontram-se todos submetidos a um amplo e complexo processo "de construção de saberes culturais e sociais que fazem parte do acontecer humano" (GOMES, 1999, p. 141), a que se pode denominar *educação*.

Nesse sentido, os processos decorrentes do movimento de globalização, como afirma Rial (1997, p. 178), antes de serem vistos "como produto de uma lógica cultural uniformizante, devem ser abordados a partir das práticas e experiências de grupos de indivíduos". Por essa razão e por esse caminho, as políticas do PER e do *Entreculturas* no micro-universo da Quinta Grande revelam a prática da política e a política da prática do mundo português.

Políticas de habitação: o fim de um bairro

A Câmara Municipal de Lisboa tem como uma de suas políticas de intervenção social o PER – Plano Especial de Realojamento –, fruto de acordo assinado com o Ministério das Obras Públicas em 24-5-1994. O objetivo do PER é a erradicação total dos bairros degradados de Lisboa por meio de uma política pública voltada à Habitação Social (HS), prometida em período eleitoral para estar cumprida até 2010, mas que a corrida eleitoral de 2002 quer capitalizar, mostrando aos portugueses que as metas estão sendo cumpridas. O lançamento do PER e a intensificação empreendedora de sua ação decorreram de intenso debate na imprensa durante o ano de 1995. O jornal *O Semanário*, em 23-1-1995, anuncia em manchete a natureza do processo como sendo uma ação da "Área Metropolitana contra guetos" e informa:

> [...] em causa está não apenas a erradicação das barracas, necessidade que ninguém contesta, mas a melhor forma de realojar as pessoas que nelas habitam, *sem que se criem guetos* [itálico meu], tarefa por vezes dificultada pela diversidade étnica e cultural das famílias, por sua articulação com os novos espaços físicos de construção e pela existência de franjas de marginalidade.

O jornal *Público*, de 24-4-1995, destaca também em manchete "Os perigos e as virtudes do PER" e em subtítulo afirma que "Com o Plano de Erradicação de Barracas a Câmara de Lisboa promete evitar a criação de novos guetos". A questão que é discutida na matéria tem por preocupação a maneira como será feita a integração social dos realojados. Em destaque, a matéria afirma:

> Acabar com os bairros de barracas pode trazer novos problemas sociais. Entre estes ressalta o perigo de novos guetos em bairros com excessivas concentrações de habitação social. [...] A Câmara de Lisboa [...] vai pedir a participação de instituições nos processos de realojamento. Vai *espalhar as famílias* [itálico meu] carenciadas pela cidade e defender a criação de incentivos à compra de casa própria.

Entre uma manchete e outra se destacam as seguintes questões: a visão oficial e popular sobre os bairros de barracas como guetos, sua vinculação com a marginalidade e a necessidade de se evitar nos novos bairros de realojamento a (re)criação de guetos. A resposta oficial traduz o que tem sido a ação concreta do PER e sua filosofia maior "espalhar as famílias pela cidade", ou seja, evitar que aqueles que viveram e conviveram por cinco, dez, vinte ou trinta anos em intensas relações de vizinhança possam no novo espaço manter os laços que foram responsáveis por uma maneira de ser e de viver nos bairros degradados, o que desde fora é visto como fator de fechamento e perigo para aqueles que vivem fora deles. A preocupação dos meios oficiais não é inteiramente desprovida de razões se apreciadas em comparação a outras experiências de intervenção levadas a termo em períodos administrativos anteriores, nomeadamente pelo PIMP – Plano de Intervenção de Médio Prazo –, que ao criar "autênticas cidades de cimento [...] esqueceram as ações de preparação das famílias a realojar, os espaços verdes, os equipamentos de apoio social, escolas e áreas de lazer...", de modo que nesses bairros "impera o betão e a violência urbana está sempre à espreita" (*Público*, 24-4-1995). Diz ainda que não se pode ficar "pela mera construção de casas". Este é o alerta que naquele momento – 1995 – instituições civis e religiosas faziam ao governo local da Câmara de Lisboa. Mediante a pressão, o vereador responsável pela Habitação em Lisboa afirmava na mesma matéria:

> O PER não é só construção de casa. É preciso o envolvimento das misericórdias [Santas Casas], instituições de solidariedade social [ONG's e outras], Igreja [ordens religiosas e paróquias], segurança social, escolas e outras entidades. Queremos saber que tipo de ajuda nos podem dar e de que meios precisam.

Ainda segundo o vereador, havia também o empenho em "fomentar a criação de associações de moradores, onde estas não existam" e se reconhecia a necessidade de programas correlatos de formação profissional para que os realojados pudessem auferir ganhos maiores e fazer frente a despesas que no bairro de barracas não têm, tais como gastos com gás, eletricidade, renda (aluguel de casa ou apartamento) e, no caso dos apartamentos, a taxa condominial. Para tanto, dizia o representante da Câmara, serão mobilizadas "as mais diversas instituições...".

O que as muitas matérias presentes nos *mass media* não dizem, mas será corrente na voz de muitos portugueses e parece fazer parte de uma certa crença também da política oficial, é que, ao espalharem-se os moradores de um bairro entre cidadãos, pessoas com costumes "civilizados", os moradores dos bairros degradados irão aprender outras formas de estar na vida e se tornar sujeitos mais integrados, vale dizer "de bons costumes". Estariam eles em condições de assimilar os valores da sociedade de acolhimento e, assim, certamente diminuiriam os perigos que proliferam no universo dos guetos: a marginalidade e a violência, fruto do fechamento dessas populações em seu próprio universo. No entanto, a matéria do jornal *Público* alerta que espalhar – próprio de uma política de *dispersão* – também pode acarretar "rejeição e possíveis atitudes racistas por parte das populações que recebem os realojados". Portanto, como se verá mais à frente, há, nas duas faces da moeda, um mesmo risco: marginalidade e violência.

Assimilar e integrar é o pilar do PER, que acredita que a habitação social construída no meio do tecido urbano da cidade, e não nos seus limites, como ocorreu com o PIMP, possa constituir-se em mecanismo de superação da segregação espacial e do estigma que a acompanha. Por essa razão, os núcleos habitacionais, em meio espacial e social diferenciados, não deveriam exceder os 300 fogos, "à exceção de um ou de dois casos", como meio de facilitar a integração.

Uma das exceções será o projeto "Alta de Lisboa", onde se situam a Charneca e o Bairro da Quinta Grande, com previsão de 4500 fogos dispersos entre 17 000 fogos de venda livre (destinados a populações com poder de compra, vale dizer uma camada média e alta da sociedade lisbonense). O gigantismo do empreendimento (Alta de Lisboa) lançado em 1995 e o que vem com ele – infra-estrutura, novas vias de acesso, extensão dos transportes públicos etc. – serão elementos-chaves da valorização do solo e da impossibilidade de permanência dos espaços físicos de ocupação clandestina, como o caso da Quinta Grande, entre outros bairros africanos da área. O que o PER desencadeia, antes mesmo de serem iniciadas as transformações locais, é a noção de propriedade capitalista do espaço e sua condição de mercadoria que expropria a posse e instaura relações de mercado que levam também a que se ocupem os espaços antes vazios em frenética e objetiva ocupação de outra ordem, ou seja, como propriedade pública (construção de parques e áreas de lazer) e privada (condomínios de luxo). Esta é a razão de não se urbanizar uma área como a Quinta Grande, evitando-se o realojamento em prédios de habitação social e a dispersão pela área de realojamento dos sujeitos que construíram suas vidas no interior do bairro africano.

O realojamento da Quinta Grande: modernizando o exílio?

A pergunta que se coloca é se o realojamento, tal como ocorre na Quinta Grande, seria uma modernização do exílio, no sentido de uma política de igualdade e inclusão que reforça e mantém uma realidade de exclusão e violência do mesmo tipo daquela que vigorava no bairro de invasão. Os fatos e atos da política inclusiva de cunho multicultural parecem indicar tal possibilidade. Quais foram então os fatos e atos dessa política?

Em 1993, os moradores da Quinta Grande foram recenseados oficialmente, tendo em vista o processo de realojamento e erradicação dos bairros de barracas. Desde então, no imaginário local se colocou a possibilidade do fim da Quinta Grande e teve início uma expectativa que foi gradativamente transmutando-se entre ser um fato ora próximo, ora distante. Outras vezes, pela ausência de informações por parte do governo local responsável pela política de habitação e pela ausência de ações diretamente visíveis a esse respeito, imaginava-se que o realojamento jamais aconteceria:

> *Desde que trabalho na Quinta Grande – 1995 – ouço falar no realojamento, "é para o ano, é para o ano", pronto e não sei há quantos anos era para o ano. Depois, às tantas, começou só a vir a meta do 2000.* (representante do ISU)

Em meio a esses desencontros, a vida fluía na normalidade do provisório, ou seja, na constante e intensa circulação de sujeitos, no aceite contínuo de novos agregados, parentes ou não, e, com isso, a Quinta Grande, além de permanecer como bairro degradado, se expandia.

Em 1998, pessoas e instituições envolvidas com o bairro tinham já a certeza de que o bairro seria demolido e seus moradores realojados. De fato, não se podia mais negar a existência de uma política pública voltada para os bairros degradados (o PER), mas o que essas vozes diziam era *não saber quando* [itálico meu], um dia, talvez – algo assim no horizonte, nem longe, nem perto – indefinido. Entre 1999 e 2001, os fatos se precipitaram por intermédio da implementação do projeto "Alta de Lisboa", que reorganizou o espaço físico e social da Charneca. Afinal, como diziam alguns críticos locais, um novo período eleitoral – 2002 – se aproximava e as promessas de campanha, entre elas a erradicação dos bairros de barracas, teriam de ser cumpridas.

A reconfiguração espacial da Charneca acelerou-se e atingiu a todos de modo intenso e sem volta. Ao mesmo tempo, a ausência dos serviços de apoio social previstos em campanha eleitoral e expressos como objetivos da política de habitação nas manchetes dos jornais do ano de 1995 gerou incertezas, insegurança e tensão. Desencadeou-se uma corrida contra o tempo, envolvendo as instituições atuantes no bairro, mas que pouco sensibilizou os representantes políticos locais e os responsáveis pelo projeto na área. Nesse embate, o que ficou foram os próprios sujeitos e as entidades envolvidas com os bairros locais e que não os abandonaram. Ambos vivendo agora, após o realojamento, um contexto de desarticulação, falta de perspectiva e em compasso de espera dos acontecimentos, para que possam reorientar suas vidas e novas ações sociais. Os ex-moradores da Quinta Grande, agora realojados, enfrentam o desafio da retomada de rumos e a reordenação das relações sociais dos grupos afetados pelo realojamento. Os ex-moradores da Quinta Grande, entre eles as crianças e os jovens e também as entidades que atuam na Charneca, confrontam-se com a incógnita de um novo tempo, um tempo de muitas promessas e de poucos resultados.

Com isso, pode-se inicialmente compreender por que os quatro dias de Maio de 2001 que antecederam a mudança definitiva dos moradores da Quinta Grande para os prédios de habitação social foram marcados por extrema violência. Não por acaso, como afirma Malheiros (2001, p. 107), a recriação de determinados espaços da cidade – as barracas e depois o bairro social – "tem efeitos sobre o conjunto da paisagem urbana" e implica alterações nas formas de apropriação e representação do próprio espaço. Envolve, como diz o autor, "uma relação dinâmica entre um 'nós' maioritário e pretensamente detentor de um poder e um 'outro' minoritário e constrangido" (p. 107). Como resultado: tensão e conflito. Em jogo, para os chamados excluídos sociais, o desejo e a necessidade de recompor a vivência anterior, seus processos de identificação, identidade e defesa.

Para ouvir as muitas histórias do realojamento que os realojados contam antes é preciso entender um pouco mais dessa política que para construir destrói não só a realidade física dos sujeitos, mas também a ordem de suas vidas, posto que essa não corresponde à ordem e ao poder dos que dominam o jogo social.

O Plano Especial de Realojamento – PER

O PER consiste num programa de habitação apoiado pela UE que, no caso de Lisboa, busca erradicar os bairros degradados por entendê-los como espaços de segregação étnica – "guetos" –, estigmatizados negativamente e núcleos geradores de marginalidade e violência.

Como aponta Malheiros (2001, p. 426), trata-se de uma política que não reconhece o bairro como espaço de recursos fundamentais na satisfação das necessidades sociais e culturais específicas dos grupos que aí vivem. E, nesse caso, a perspectiva que move o PER é integracionista, porém dotada de sentido único: integrar os que aí estão naquilo que é a sociedade portuguesa. Cabe pensar que essa é uma necessidade para os grupos imigrados, posto que vivem nessa sociedade, e é nela que reivindicam um lugar para estar e viver. No entanto, para as autoridades e para o próprio PER, o bairro social, em meio a um contexto diferenciado, vale dizer, envolvendo uma classe social mais elevada, é um espaço educativo de formação do cidadão. Por sua vez, o bairro degradado pela historicidade que o constitui, por suas redes de entreajuda, pelas relações de vizinhança, cooperação e solidariedade, não o é menos. Mas o que prevalece no âmbito da política oficial é a visão do bairro como fechado, *um gueto* e, como tal, fonte de muitos males sociais. Assim, dois critérios opostos parecem operar a mentalidade dos administradores públicos: o bairro degradado *não é* espaço de vida e formação, mas o bairro social em meio a um contexto diferenciado *é* espaço educativo de formação do cidadão [itálicos meus].

Desse princípio decorre a natureza do que é proposto pelas políticas de intervenção urbana e social, ou seja, da representação que é feita, duas idéias de intervenção se tornam emblemáticas. Conforme afirma Malheiros (2001, p. 449), as idéias que se colocam são: (*a*) *a dispersão* (das minorias); (*b*) *a heterogeneidade* (social e étnica). Para o autor, a *dispersão* é problemática de privação social (pobreza) e não é problemática étnica e demográfica. Desse ponto de vista, diz ele, importa criar recursos que, modificando a imagem dos bairros, os tornem integrados ao cenário urbano. Com isso, destruir e realojar só se aplicariam aos casos de degradação irreversível, o que não era o caso da Quinta Grande, já razoavelmente urbanizada na zona de cima, cabendo melhorar o que já existia e estender os benefícios à zona de baixo, mais degradada. Mas isso não era de interesse dos cofres públicos. A valorização do solo e a modernização do espaço tornavam inviável um processo de urbanização local que, preservando o bairro, as casas e seus moradores, pudesse preservar as formas de conviviabilidade e, com elas, os processos educativos que emergem das relações presentes no contexto social e que foram socialmente construídas, como parte da realidade de migração perante a sociedade de acolhimento.

Desarticulam-se, portanto, as referências dos indivíduos e grupos, no pressuposto de que outras referências possam vir a se colocar no âmbito do realojamento. Minimizam-se ou até desconstroem-se aí a tradição, a memória e as práticas sociais, construídas num espaço/tempo da vida antes e depois da migração, tidas por fundamentais naquilo que cada indivíduo é e entende em relação a si mesmo e em relação a outros sujeitos.

A par disso tudo, o gigantismo do realojamento, levado a efeito com os muitos bairros africanos da Charneca e que envolveu a transferência dos moradores da Quinta Grande para o bairro social, se tornou uma agravante para a vida de seus moradores. Malheiros (2001, *id.ibid*, p. 449) é muito claro quando afirma que "os gigantismos acabam por reproduzir e agravar os problemas que já vinham dos bairros de barracas ou de alojamentos precários". O que se tem, portanto, não são somente os riscos de rejeição e racismos por parte de moradores diferenciados, da área, mas também o acirramento dos problemas que preexistem ao realojamento, entre eles as diferenças entre grupos do próprio bairro e dos demais bairros africanos, todos realojados muito próximos no espaço, por vezes até no mesmo prédio de moradia ou ainda em prédios de áreas antes interditas ou de forte controle por grupos ligados ao tráfico de drogas.

Ao não potencializar os aspectos positivos da realidade-bairro por meio de um planejamento efetivo que considerasse todos os sujeitos e todas as dimensões da própria realidade, a política oficial acabou por dar lugar e evidência aos aspectos mal resolvidos da vida coletiva de antes do realojamento. O embaralhamento de sujeitos e de interesses confunde os espaços e os torna fonte de disputas na busca de redefinir territórios e domínios para os vários segmentos sociais aí presentes: as crianças, os jovens, os adultos, os velhos, os traficantes, as gangues...

Além desse cenário, provocado pela *dispersão,* a promoção da *heterogeneidade,* segundo Malheiros (2001, p. 450), consiste na instalação de novos residentes de classes sociais mais privilegiadas, tal como acontece na Charneca com os empreendimentos de venda livre. Os novos residentes, por portarem outros estilos de vida, outros valores, são vistos como sujeitos que podem e devem influenciar os moradores da habitação social para que tenham comportamentos mais "civilizados", mais em acordo com a sociedade na qual estão e vivem.[1] Devem, portanto, "educá-los". Porém, Malheiros chama a atenção para o fato de que esses novos residentes, por terem um modo de vida próprio, acabam por morar nesse espaço comum, mas utilizá-lo muito pouco, e, assim, em nada influenciam quanto a uma mudança de comportamento e nada pode acontecer, posto que os graus de conviviabilidade são fracos.

No caso da Charneca, é visível que a proximidade não cumprirá seus desígnios. Os grandes complexos condominiais de venda livre são dotados de toda infra-estrutura no interior deles mesmos e são isolados, por altos muros e por seguranças, de seus vizinhos, os realojados que habitam os prédios do outro lado da mesma rua. Há, portanto, concordando com Malheiros (2001, p. 450), limitações efetivas das idéias de *social mix* [itálico do autor] residencial. O que ocorre no espaço da Charneca mostra que a proximidade espacial ainda está por se explicitar em termos sociais e resta concordar com uma entrevistada: *"Tudo é muito recente, há que se esperar."*

A espera marca o tempo de agora, mas é esse tempo profundamente tenso e conflitivo, que, ao desterritorializar sujeitos sociais e suas relações, instaura a insegurança e o medo. Alguns moradores já afirmam que têm medo de chegar tarde em casa e de transitar pelas ruas do bairro social, e não apenas à noite, pois os tiroteios têm sido

---

[1] Em 1998, por várias vezes, fui em visita ao Alto da Loba, bairro de realojamento formado por cabo-verdianos, angolanos e portugueses. Entre os prédios de habitação social (HS) havia também prédios de venda livre. Os moradores desses prédios alegavam que os moradores da habitação social eram "incivilizados" e traziam má fama ao bairro como um todo. Em que pese a hierarquização entre os de venda livre e os de HS, cabe dizer que eram todos os moradores, em maioria, de condição social semelhante, o que não é o caso no empreendimento da Charneca, que envolve segmentos de alto poder aquisitivo, e sugere, também aqui, novos problemas.

uma constante. Há quem conte de carros que passam pela estrada atirando em direção aos prédios, até mesmo durante o dia. Quais as implicações desses fatos? O realojamento, o bairro social, poderá se configurar numa versão atualizada do "bairro de exílio" (WACQUANT, 2001) e de todos os problemas a ele atribuídos? O que isto significa no contexto social da sociedade de acolhimento?

Histórias que se contam

Os moradores da Quinta Grande, antes da mudança, ainda em 1999, já tinham a certeza de que ela era inevitável e se faria de fato; diferente de outros momentos do passado, começam a viver um intenso processo de incerteza e de angústia. Razões para tanto não faltavam, havia uma série de obstáculos, muitos problemas e perguntas, mas ninguém para os orientar.

A representante do ISU conta:

> *Ao chegar 2000... mesmo [...] havia uma série de problemas que estavam a surgir e que as pessoas, como acho que é típico da população da Quinta Grande, só se preocuparam com uma série de questões, quando viram os prédios a construir e tudo mais, não é?*

Cada casa da Quinta Grande tinha moradores vindos da África, porém não recenseados pela Câmara local, muitos deles vivendo em clandestinidade, ainda que tenham chegado a Portugal em diferentes momentos, por vezes há anos. Alguns chegados mais recentemente, ao final dos anos 1990, foram atraídos pelos parentes ou por amigos na expectativa de serem beneficiados com o realojamento. *"A família chama. 'Venha, vai ser beneficiado e tal' e na hora nem todos foram contemplados, o que suscitou muitos conflitos no interior das famílias."*

De 1993 a 2000, além dos mecanismos estabelecidos pelas redes de comunicação dos imigrantes, foram consideráveis os fluxos imigratórios para Portugal, nomeadamente dos PALOP. Isso tudo não constava do instrumento base da política oficial: o recenseamento de 1993 (ainda na época do PIMP), que, afora algumas inclusões, não foi sistematicamente atualizado pelo PER. No pensamento dos autarcas, dos políticos, o que se afigura é uma realidade imutável por quase dez anos e, evidentemente, um desconhecimento ou, no mínimo, uma desconsideração quanto à dinâmica dos processos migratórios, ou seja, sua intensa mobilidade e a Quinta Grande como lugar de passagem (realidade que não é exclusiva desse bairro). Por todos esses motivos, um contingente expressivo não constava dos registros da Câmara, mas existia e estava agora à mercê dos acontecimentos.

As situações que foram surgindo eram muitas e diversas, envolvendo um número significativo de pessoas. As entidades e instituições presentes no interior do bairro, preocupadas com o desenrolar dos fatos, reúnem-se e, coordenadas pelo ISU, fazem

> *um inquérito que pretendia saber toda a gente que vivia na Quinta Grande, quando tinha vindo, há quanto tempo lá vivia, se estava ou não recenseada.*

Pretendiam saber

> *desde o bebê de um mês até ao avô, todos os nomes, todas as idades, ocupação, se tinham autorização de residência ou não, ou seja, todos aqueles dados que seriam fundamentais para que as pessoas fossem recenseadas e pronto. Foi aí que percebemos que havia muita gente que não estava contemplada... A Quinta Grande é um local de passagem... são famílias que vão e voltam, fica um, vem uma prima, vai a avó... pronto, tá sempre em movimentação e esse foi um problema principal de ficar muita gente de fora [do recenseamento]. Alguns chegaram logo após 1993 e não informaram a Câmara... não se vai à Câmara para informar, eles chegam e ficam, não vai à Câmara tratar de uma coisa que vai acontecer daqui a dez anos [o realojamento]. Claro, não estavam legalizados, não é?...*

Ao sistematizar os resultados, descobriram que mais de 30% da população tinha algum problema a nível do realojamento. Perceberam-se também duas grandes razões para o fato: ou não estavam licenciados (autorizados legalmente em Portugal, portanto clandestinos) ou porque

> *não pertenciam bem ao agregado familiar, ou seja, o que havia na questão das barracas? As pessoas que tinham a casa construíram anexo, anexo, anexo, e viviam independentes uns dos outros, né, tinham um anexo que era completamente*

diferente da casa principal, apesar de a morada ser a mesma. E esse anexo não era considerado pela Câmara. É como se não existisse, logo, o que não havia não existe.

Ainda que não houvesse exigência de parentesco entre os moradores por parte da Câmara, o que aconteceu no momento do recenseamento e, depois, no de novas inclusões, foi o desconsiderar a presença do anexo, ou, por vezes, até considerar seus moradores, porém, "a partir daí, iriam todos para a mesma casa, o mesmo apartamento" no bairro social. A tensão não resolvida nesse contexto diz respeito às relações entre os diferentes sujeitos e à alteração do "esquema", organizado entre eles, que tornava possível a convivência no interior do bairro degradado, até mesmo para aqueles que, por um motivo ou outro, tinham uma desavença qualquer com este ou aquele morador da casa principal ou de algum dos anexos. Diz um morador:

> *Eu tenho a minha vida própria, até me dou mal com a pessoa da casa A, que não falo a dez anos, mas entro pela minha porta [no anexo] e saio e... não tenho contato. Não vivo no mesmo apartamento, né?*

Segundo o ISU, havia muita gente a dizer:

> *Mas onde é que eu vou, porque minha irmã, hã... eu vivo como se fosse na casa dela, mas vivo à parte e eu não quero ir a viver com ela e ela não quer viver comigo, que é que eu vou fazer?*

As questões, muitas vezes, colocavam situações semelhantes entre pais e filhos, entre tios e sobrinhos, netos e avós. E o ISU com as entidades parceiras sistematizam todos os dados, as preocupações em jogo, e as levam ao Grupo Comunitário da Charneca para expor e perguntar: "O que vai acontecer? Estas pessoas não vão ter alternativa?" Disto resultou uma carta para a Câmara, alertando sobre a situação e questionando como seria resolvida. Depois das reuniões com o vereador da habitação, com a própria Câmara, o que as entidades ouviram peremptoriamente foi:

> *Engenheiros observam casas e prédios o resto não conta, não interessa. A lei é a lei e lá diz que quem não está recenseado não tem nada a ver com o resto [o realojamento]...*

A posição oficial é clara em sua intenção de não se comprometer e nem resolver os problemas. A fala que encerra o diálogo é: *"Não vou abrir precedentes."* A estratégia das entidades a partir daí foi intervir junto à Câmara, mediante casos específicos, um a um, alcançando alguns sucessos com esse tipo de negociação. No entanto, quando o realojamento aconteceu de fato, o que se passou foi que *"muita gente a ficar na rua e aí foi uma avalancha porque as pessoas então, até aí, até a última hora, na esperança de que 'vão deixar que minha casa [fique] em pé'"*. Cerca de trinta famílias que ficaram na rua foram, junto com as entidades, até à Junta de Freguesia da Charneca, pedir solução. Outras foram morar, viver nas casas das pessoas realojadas, mas não sabiam por quanto tempo, já que a Câmara local controla o número de moradores autorizados a viver num mesmo apartamento – fato que, junto a outras proibições existentes no bairro social, levou uma informante a dizer que seu apartamento novo era *"uma prisão de portas abertas"*.

As muitas visitas que fiz a um outro bairro social, o Alto da Loba, permitiram-me a compreensão da fala da depoente, posto que, naquele caso, havia uma estreita vigilância da Câmara local sobre o bairro e seus moradores. Alguns dos moradores diziam que em cada prédio (HS) havia sempre um morador reformado (aposentado) ou não, por vezes até funcionário ou ex-funcionário da Câmara, que tinha por função fazer a vigilância do prédio para coibir seus moradores – em particular os africanos – de descumprirem as regras e, por exemplo, agregarem novos moradores. A renda (aluguel) dos apartamentos ligava-se diretamente ao número de moradores, e este definia o tamanho do apartamento por família realojada. Desse modo a prática de acolher os que chegam, parentes ou não, e fazer deles membros da família tornava-se impossível. Regras de convivência, de deveres e de obrigações quanto à nova morada impunham limites quanto a se receber hóspedes, parentes, amigos, e, se não fossem observadas, implicariam na perda dos direitos de moradia. Com tais critérios, a função de sociabilidade e entreajuda desenvolvida por africanos e em contexto de migração, tornava-se impeditiva de operar entre sujeitos.[2]

---

[2] Quando de minhas visitas ao bairro do Alto da Loba, carros oficiais circulavam ostensivamente, de modo a fazerem notar que minha presença não era despercebida e, por terem chamado a minha atenção, manifestei meu estranhamento à minha anfitriã cabo-verdiana, que me informou tratar-se mesmo de um controle local.

A "prisão de portas abertas", portanto, tem razão de ser, na percepção da ex-moradora da Quinta Grande que, por esses mesmos critérios e regras, não pode deixar de comparar o espaço de que dispunha no bairro de invasão – a Quinta Grande – com a limitação física dos apartamentos (HS). Compara a liberdade de antes, no bairro de invasão, com algo que se perde diante das regras e da vigilância existentes no bairro social e, finalmente, confronta-se com as regras que nem sempre compreende, mas a que tem de obedecer. O contexto se agrava pela violência de um espaço que partilha com um vizinho que é um desconhecido ou alguém de um bairro que antes não era aceite pelos moradores da Quinta Grande. Estes agora já não podem ficar à calçada para jogar conversa fora com os que passam e lhes resta apoiarem-se nos parapeitos altos de suas janelas e olharem a rua. Tudo que resta são imagens crescentes de tristeza e de solidão.

Se esse é o retrato da nova realidade para os realojados, para os desalojados o processo é bem mais difícil, posto que foram para outros lados, às vezes para lugares ainda mais afastados do perímetro urbano, recriar áreas de invasão, a posse e um novo bairro de barracas, apesar da intensa vigilância hoje existente e que dificulta sua emergência. Aos que ficaram mesmo na rua – famílias inteiras com seus poucos bens e muitos filhos –, outras associações, tal como a SOS Defesa dos Angolanos, que tem um grande *lobby* junto a Câmara, permitiram um entendimento e acabaram por realojar algumas famílias num bairro distante, ainda no concelho de Lisboa. Outras ficaram na rua mesmo.

Antes mesmo da mudança para o bairro social, muitas barracas foram sistematicamente destruídas, criando uma visão desalentadora na paisagem do Bairro da Quinta Grande, tal qual um alerta aos demais sobre o que poderia acontecer com cada um, caso as regras do realojamento não fossem aceites e cumpridas. As muitas incursões da polícia de intervenção[3] constituíam processos violentos, "terríveis", como dizem os moradores, pois os impediam de exercerem o que de mais fundamental aprenderam a fazer no contexto da pobreza imensa em que viviam – a solidariedade, a entreajuda. *"A polícia de*

---

[3] Como diz Loïc Wacquant (2001, pp.19-20), a "solução" para a polarização racial e para a pobreza tem sido a criminalização e encarceramento crescente de imigrantes não europeus e de pessoas de cor. A questão da imigração e do imigrante extracomunitário na Europa é cada vez mais uma questão de polícia

intervenção vinha com 50, 60 homens armados e fazia um círculo à volta da casa e não deixava ninguém passar, estavam todos proibidos." Não se podia nem mesmo ajudar aos vizinhos a salvarem seus pertences no tempo que lhes era dado para tal. A polícia dizia que podiam tirar o que pudessem carregar e tão-somente no curtíssimo espaço de tempo concedido até começar a demolição.[4]

A revolta, o sentimento de impotência, atingia, assim, ao bairro como um todo, crianças e jovens, adultos e velhos, brancos e negros. Afinal, os acontecimentos diziam respeito, não a um outro, distante, desconhecido, mas ao vizinho e próximo. Para fazer nossas as palavras de Wieviorka (*apud* FREIRE, 2000, p. 440), "a noção de 'insegurança' encontra-se, assim, num ponto de cruzamento de percepções, atitudes e mensagens" (neste caso, dos *mass media* sobre os realojamentos e seus moradores e também dos órgãos oficiais de governança pública). O que estava em questão era cada um e todos ao mesmo tempo. Não por acaso, no meio da noite, grupos jovens armados de paus destruíam o que restava da barraca ou mesmo destruíam barracas já vazias, destinadas à demolição, as saqueavam e muitas vezes as incendiavam, gerando medo também no interior do bairro. Na visão das autoridades, eram atos de vandalismo e exemplos de marginalidade existentes em bairros degradados.

Para Wieviorka (*apud* FREIRE 2000, p. 840-841), a questão é que "as novas violências" envolvem delinquência e criminalidade, mas não só, já que na realidade contemporânea entram em questão outras modalidades de violências, sobretudo as institucionais. Com respeito a violência contemporânea, afirma ainda ser esta uma violência social que, como tal, tem tanto de objetivo e físico, material, como de subjetivo e simbólico. Mais do que isso, considera o autor que as relações urbanas territorializadas derivam do sistema capitalista e dos processos que lhe são próprios – exclusão, discriminação e segregação; assim, o surgimento e uso da violência, o próprio sentimento de insegurança e as representações mais ou menos preconceituosas são sempre desses processos decorrentes.

---

[4] Práticas como essa são comuns também fora de Lisboa, nas regiões que congregam a presença de imigrantes africanos ou de ciganos, alvos das políticas de realojamento.

Portanto, há que se olhar os acontecimentos, buscando compreender as relações em jogo, o que não exclui a natureza das ações do Estado e, portanto, da sociedade de acolhimento. As questões postas pela política de habitação, uma política multicultural e de inclusão, permitem indagar se a política educacional, de mesma natureza, se faz como processo que moderniza a exclusão daqueles a quem se destina ou seria ela, mais efetiva em seus propósitos?

Políticas educacionais: escola e multiculturalidade

O cenário educacional português nas duas últimas décadas do século XX, em alguns aspectos centrais, revela que, "nos anos 80, Portugal adere à Comunidade Econômica e, entre as respostas exigidas como parte dos desafios dessa nova realidade, volta-se para o campo educacional, visando atender os objetivos de uma "educação para os direitos do homem" (*Entreculturas*, n.º 3, 1995, p. 14).

O processo de reforma educativa que origina a Lei de Bases do Sistema Educativo – a LBSE –, em acordo com as diretivas da Comunidade (TEODORO, 1995, p. 49), no que respeita à educação multicultural, estará voltado às minorias locais, ou seja, portuguesas, representadas por deficientes, filhos de ex-imigrantes portugueses e por mulheres. A LBSE irá ignorar por completo, diz Souta (1997), a crescente multiculturalidade da sociedade portuguesa, vale dizer, os imensos contingentes de imigrantes africanos, indianos, asiáticos e outros.

Em sua obra *Multiculturalidade e Educação* (1997), Souta afirma que Portugal é ainda preocupado com uma cultura nacional norteadora dos currículos e das práticas pedagógicas, reforçadas com a "dimensão européia", porém, nos quais a invisibilidade dos grupos étnico-culturais nos manuais escolares continua a persistir, sendo esses incapazes de superar a "cegueira" multicultural.

Por outro lado, a Comunidade Européia, diante da diversidade de povos e de culturas em toda a Europa, teme os riscos de uma construção social, jurídica e política que não assuma os diferentes "patrimônios, as heranças culturais múltiplas introduzidas pelas migrações dos últimos trinta anos" e afirma ser "necessário que a Europa tire proveito do encontro com outras civilizações". Por essa razão, o Conselho da Europa defende uma educação intercultural, "como parte integrante da educação [...] contra a intolerância e o racismo" (*Entreculturas*, n.º 4, 1995, p. 14).

Em Setembro de 1993, Portugal, reconhecendo tal fato e tomando como ponto de partida o Secretariado Coordenador dos Programas de Educação Multicultural – SCOPREM –, criado em 1991 e depois denominado "Entreculturas", colocou em andamento uma política educativa de natureza multicultural. A mesma toma por objetivo central o desafio de oferecer respostas aos "problemas da diversidade cultural, resultantes dos fenômenos de imigração mas também para encarar com outra atitude [...] os velhos problemas da escolarização das nossas tradicionais minorias" (SOUTA, 1997, p. 60). O projeto de educação intercultural,[5] diferentemente de processos semelhantes ocorridos nos EUA anos antes, não surge de movimentos de contestação social e política tal como aqueles que abalaram as estruturas da sociedade americana. Em Portugal, a questão da multiculturalidade na educação pública, além de tardia, diz Souta, será uma iniciativa do próprio aparelho do Estado (p. 60).

O projeto de educação intercultural atinge diferentes escolas em diversos bairros de Lisboa, nomeadamente aqueles em que "Aldeias d'África" ou "bairros de lata" proliferam e são tidos por "problemáticos". As escolas que integram o projeto estão basicamente contidas pelos ciclos de escolaridade obrigatória – o chamado ensino básico –, que em Portugal corresponde à educação primária, composta por três ciclos, que compreendem crianças entre 6 e 12 anos, e à educação secundária, organizada em dois ciclos que atendem a jovens entre doze e 16 anos[6].

Ainda que não tenha por exclusivo, escolas com número significativo de crianças e jovens de raízes familiares africanas, como diz Souta (1997, p. 63), sintomaticamente, os projetos que se implantam, a título de experiência, para um período de dois anos – 1993-1994 e 1994-1995 – irão contemplar em larga escala, as escolas "africanas"

---

[5] Abrantes (s.d., p. 20), afirma ser "sintomático que o termo usado seja quase sempre o de 'intercultural', conotando o contato entre culturas, e bem expressivo de uma vontade clara em se diferenciar dos fracassos multiculturais de outras décadas e longitudes". Mas será que, de fato, se diferencia?

[6] A Educação Escolar em Portugal se organiza em três níveis seqüenciais: o ensino básico (escolaridade obrigatória e gratuita); o ensino secundário e o ensino superior. As escolas de ensino básico do 1.º ciclo incluem o ensino pré-escolar (jardim-de-infância).

ou em "vias de africanização", ou seja, aquelas em que crianças e jovens africanos e luso-africanos constituem maioria.

O projeto de educação intercultural adentra a uma segunda fase, ampliando seu raio de ação para 52 escolas da rede pública lisbonense no ano escolar de 1995-1996, propondo integrar o projeto curricular definido no âmbito do Ministério de Educação e o projeto educativo. O propósito em "uma escola em que haja um certo número de alunos provenientes de minorias étnicas ou culturais" será o de "prestar especial atenção à diversidade dos seus alunos não só no que se refere às suas capacidades físicas e intelectuais, como também às suas diferenças étnicas ou culturais" (*Entreculturas*, n.º 4, 1995, p. 114), o que faz do projeto educativo uma iniciativa particular de cada escola e de acordo com suas necessidades.

Uma professora de 1.º ciclo explica:

> *a escola tem que elaborar o seu projeto educativo. Os vários órgãos de gestão, a associação de pais, o conselho pedagógico, o conselho de professores, elaboram em conjunto [itálico meu] um projeto educativo para a realidade daquela comunidade que se utiliza da escola. Se analisa quais são os problemas que a escola vive e quais são as estratégias que se deve pôr em prática para resolvê-los [...] e isso se faz para escolas integradas em uma comunidade de classe social média-alta, que tem um trabalho a realizar, mesmo sendo beneficiada em termos econômicos, sociais. Se faz em escolas situadas em regiões mais pobres, onde há problemas sérios, crianças sem acesso à educação pré-escolar, alimentação deficiente, famílias muitas vezes desagregadas, crianças com sérios problemas em casa, alguns até sem família. Os problemas são tão grandes que o projeto educativo da escola tem que estudar essa realidade, ver os problemas e os recursos que tem para ajudar os seus alunos.*

Diagnosticadas as necessidades, a escola constrói seu projeto educativo, envia ao Ministério de Educação e requer seu ingresso nos "Territórios Educativos de Intervenção Prioritária", tornando-se apta, mediante o projeto apresentado, a receber recursos e apoios diversos. Os territórios educativos abrangem as escolas com grande número de alunos carenciados, crianças estas que ganham benefícios em termos alimentícios, para aquisição de livros e material escolar. Altas taxas de insucesso escolar e a necessidade de apoio pedagógico e psicológico são critérios de definição para ingressar nos territórios educativos e, assim, a escola passa a funcionar em condição especial que implica um menor número de alunos por sala de aula – no máximo, vinte para um total de vinte e cinco nas escolas normais –, potencializa o número de professores por aluno, criando condições diferenciadas para a prática pedagógica, e ainda permite habilitar a existência de professores de apoio para problemas específicos de aprendizagem. Tais professores de apoio são agentes educativos de formação especializada na área de educação especial, que trabalham com o professor titular de uma sala, dando atenção e cuidados ao aluno que tenha dificuldades. A proposta desses territórios é defender uma educação voltada para as diferenças.

A *comunidade educativa* configura-se como uma necessidade e um avanço em relação às formas mais tradicionais de organização da escola portuguesa, posto que implica uma descentralização da gestão escolar para além do corpo docente e discente, ampliando a escola para além de seus muros. Com isso, muitas vezes, enfrenta dificuldades em relação ao seu funcionamento, o que limita a implementação do projeto educativo de uma dada escola ou o faz fracassar em seus propósitos. Alguns pontos desse problema dizem respeito à própria composição da comunidade, nas suas diferenças internas e em razão direta de que é dentre seus membros que se elegem os componentes do conselho executivo, que gere e administra a escola e seus recursos.

A nova realidade é um dos caminhos pelos quais a educação multicultural se impõe ao sistema educativo, instaurando como metas a valorização das culturas e o reforço da relação escola/meio. No entanto, como diz Abrantes (s. d., p. 20), a proposta, além de defender uma maior relação escola e famílias, busca inserir a escola em dinâmicas de desenvolvimento local como um parceiro educativo. É aqui que os objetivos do programa educativo português, ao final dos anos 1990, postulam a existência de uma comunidade educativa não restrita ao corpo docente e discente, fazendo com que aí se representem diversos segmentos sociais, entidades civis, religiosas, públicas, pais e professores, todos co-responsáveis pela gestão e administração da escola e também de seu projeto educativo.

O problema coloca-se quando a heterogeneidade dos segmentos presentes numa dada freguesia, como é o caso da Charneca, dificulta a participação e instaura conflitos entre os próprios sujeitos. Complica quando pessoas dotadas de representatividade e poder se defrontam com outras destituídas de ambas as coisas. Para alguns, trata-se de competências e de limites, nem sempre claros no que se refere até onde ir, como convergir. Dizem então: *"Muitas vezes o ponto de partida é divergir. É, por um lado, a escola achar que os pais ou as entidades estão a intrometer-se e, por outro lado, pais ou entidades acharem que a escola está a controlá-los."* Para agentes educativos, a problemática é de postura; se a escola tem *"o espírito de colaborar, os professores também estão abertos, há de fato um trabalho conjunto"*; no entanto, a ressalva é que *"aonde isto vem acontecendo é em meio menos diversificado"*. A questão parece ser então um campo de força entre sujeitos de interesses e recursos diversos, uns mais dotados do que outros e, certamente, pais imigrantes, negros e analfabetos encontram-se em desvantagem. Como em desvantagem estão seus filhos. Não é por acaso que os jovens não querem ir para as obras e, assim, reproduzir as trajetórias de seus pais.

No interior desse panorama, o que se tem em Portugal hoje é uma realidade escolar heterogênea (ABRANTES, s. d., p. 23), marcada por casos pontuais de sucesso, outros tantos sem direção e com imensos problemas a resolver. Com isso, pode-se afirmar que

> a percepção da multiplicidade de culturas, estando em constante processo relacional ou instalando-se mais fortemente numa cultura específica (neste caso, a portuguesa), tem, na sua dimensão cultural, o eixo desencadeador de confrontos e interações que se refletem no respectivo processo educacional. (KREUTZ, 1999, p. 80)

Segundo Kreutz, deve-se pensar a atuação da escola diante do desafio da diversidade de culturas, já que, como instituição ocidental "ativamente envolvida em formas de regulação social e moral, normalmente tende a noções fixas de identidade cultural e nacional", ignorando outras "narrativas, histórias e vozes de grupos cultural e politicamente subordinados" (p. 80-81).

Não se pode negar portanto, que crianças e jovens luso-africanos e novos luso-africanos vivem as injunções do processo de construção da identidade social como *português, africano* e *estrangeiro* e, com ela, as contradições, ambigüidades e ambivalências que a *encruzilhada identitária* suscita em termos de sua realidade, em termos de sua vida. No trânsito desses dois processos – o da escola e o da encruzilhada identitária – opera a subjetividade do social e de si mesmos que se encontra direta ou indiretamente ligada a fatores objetivos de vida – *a imigração e a globalização* – e as relações que lhe são próprias, entre elas a pobreza, a estigmatização e o racismo e ainda a necessidade de consumo.

Nesse sentido, a inserção na sociedade portuguesa aponta para inúmeros problemas relacionados, mas, para muitos, tal ocorre em razão da ausência clara de definição identitária em termos sociais, étnicos e raciais. Crianças e jovens luso-africanos seriam assim sujeitos de dupla cultura mal integrada (MACHADO, 1994, p. 125), que se encontra sob o risco de um processo de desenraizamento que pode conduzi-los "a fecharem-se em 'guetos culturais' que parecem congregar *o pior de dois mundos*" (ABRANTES, s. d., p. 3): África e Portugal.

Será esta a questão? Para tentar entender as regras desse jogo e suas possibilidades em termos de *escola* e *educação* [itálicos meus] busca-se recuperar aqui a natureza institucional da primeira, bem como a dimensão sócio-cultural de que é revestida. Como diz Dayrell (1996, p. 136-137):

> Analisar a escola como espaço sócio-cultural significa compreendê-la na óptica da cultura, sob um olhar mais denso, que leva em conta a dimensão do dinamismo, do fazer cotidiano, levado a efeito por homens e mulheres, trabalhadores e trabalhadoras, negros e brancos, adultos e adolescentes, enfim, alunos e professores, seres humanos concretos, sujeitos sociais e históricos, presentes na história, atores da história. Falar da escola como espaço sócio-cultural implica em resgatar o papel dos sujeitos na trama social que a constitui enquanto instituição [...] A escola como espaço sócio-cultural é entendida, portanto, como um espaço social próprio, ordenado em dupla dimensão. Institucionalmente, por um conjunto de normas e de regras, que buscam unificar e delimitar a ação de seus sujeitos. Quotidianamente, por uma complexa trama de relações sociais entre sujeitos envolvidos, que incluem alianças e conflitos, imposições de normas e estratégias individuais ou coletivas, de transgressão e de acordos. Um

processo de apropriação constante dos espaços, das normas, das práticas e dos saberes que dão forma à vida escolar. Fruto da ação recíproca entre o sujeito e a instituição, esse processo, como tal, é heterogêneo.

Assim, discutir a educação para além dos processos educativos, no caso aqui enfocado, exige resgatar a heterogeneidade presente nos traços de vida de crianças e jovens luso-africanos da Quinta Grande, buscando entender as representações em jogo. Exige ainda avaliar os ecos de uma educação multicultural a partir da proposta do Entreculturas no ano escolar de 1995-1996[7] – uma política social voltada para imigrantes em geral, particularmente africanos –, tendo por cenário o Bairro da Quinta Grande e por palco a escola de ensino básico primário EB1 n.º 66 da Charneca "do Lumiar", no período escolar posterior à experiência de um projeto educativo de cunho multicultural, ou seja, o período de 1997-1998.

Trata-se de pensar o espaço da escola de ensino básico EB1 n.º 66, uma escola de intervenção prioritária, que recebe como alunos crianças africanas e luso-africanas da Quinta Grande, Quinta do Louro e Quinta da Pailepa, e buscar compreender as atitudes em termos de situações de discriminação, promoção de ações de apoio aos alunos mais desfavorecidos e, finalmente, avaliar o quanto se cumpre do objetivo central da política multicultural que afirma que uma escola de 1.º ciclo que se decida por focar o "tratamento da diversidade" deve

> estabelecer relações equilibradas e construtivas com as pessoas, em situações sociais conhecidas, comportar-se de maneira solidária, reconhecendo e valorizando criticamente as diferenças de tipo social e repudiando qualquer discriminação baseada em diferenças de sexo, crença, raça e outras características individuais e sociais (*Entreculturas,* n.º 4, 1995, p. 115).

Da política à prática: a realidade e seu desafio

O projeto de educação intercultural do *Entreculturas* se fez presente no contexto da EB1 n.º 66 pelo período de três anos,

---

[7] Em Portugal, o ano escolar se inicia em Setembro e termina em Junho do ano seguinte, sendo designado sempre por um duplo – 1995-1996; 1996-1997; 1997-1998.

compreendidos de 1994-1995 a 1996-1997, na segunda fase da proposta iniciada pelo PEDI (projeto "A escola na dimensão intercultural"), ainda nos anos de 1990. A segunda fase visava o aprofundamento e consolidação de mudanças no plano das atitudes, das metodologias e estratégias pedagógicas, no alcance de uma escola que contrariasse o etnocentrismo da cultura escolar, reconhecendo e legitimando a presença de outras culturas na escola (GONÇALVES, 1997, p. 94-95). A EB1 n.º 66, no entanto, não tinha participado da primeira fase do projeto, tal como ocorreu com outras escolas que ingressaram na segunda fase. O fato não é tratado na literatura disponível, nos relatórios de avaliação, nas publicações do próprio *Entreculturas* ou na produção acadêmica, o que faz supor que, nestes casos, aprofundar foi também introduzir os primeiros passos ou então desconsiderá-los. Não é possível saber a preocupação das escolas a esse respeito, nem do *Entreculturas*, no encaminhamento da questão.

O que se sabe é que o projeto de educação intercultural de abrangência nacional e em vigor desde o ano escolar de 1992-1993, com 50 escolas, em 1994-1995, alargava seus horizontes com a inclusão de mais escolas, cerca de 168, a maioria no âmbito de Lisboa e entorno. O interesse das escolas era então visto como fruto dos bons resultados da primeira fase e momento de superação das falhas para avanço da proposta. Com isso, o objetivo do Secretariado Coordenador de Programas de Educação Multicultural – *Entreculturas* – mantinha-se:

> Coordenar, incentivar e promover, no âmbito do sistema educativo, os programas e ações que visem a educação para os valores da convivência, da tolerância, do diálogo e da solidariedade entre diferentes povos, etnias e culturas (GONÇALVES, 1997, p. 102).

Será a partir da esfera educativa e de uma pedagogia intercultural, entendida como "pedagogia da ação humana" e "educação para as relações intercomunitárias" (*Entreculturas*, n.º 4, 1995, p. 15), voltada para a tolerância e para a igualdade de oportunidades, que se buscarão os caminhos para uma "escola de cidadãos", entendida como "lugar de convivência e de respeito – com escrupulosa salvaguarda dos apoios sociais e humanos necessários à igualdade de oportunidades" (MARTINS, G., 1995, p. 49).

Duas pesquisas realizadas, respectivamente, por Gonçalves, Ma. (1997) e Carvalho, C. (1997), ainda no período em vigência do projeto de educação intercultural do *Entreculturas* junto a EB1 n.º 66 – de 1995 a 1997 –, informam o cruzamento dos olhares entre a academia, o Secretariado e a escola EB1 n.º 66, envolvendo a proposta política do projeto e sua repercussão no universo dos alunos e dos professores.[8] Uma breve síntese apresentando os dois trabalhos revela a natureza do pensamento social português e as representações que nele se fazem presentes.

Ma. Gonçalves e C. Carvalho entretecem a realidade da EB1 n.º 66 no pano de fundo das preocupações do projeto oficial do *Entreculturas,* ou seja, em razão de seus objetivos da segunda fase, sem, contudo, evidenciar uma preocupação com o momento anterior dessa escola fora do projeto. Com isso partem das condições diagnosticadas como próprias da escola e de sua população, altamente heterogênea e carenciada, procedente dos bairros degradados da Charneca "do Lumiar", considerando ser essa a única escola de formação básica (1.ª à 4.ª classe do 1.º ciclo do ensino básico) da freguesia.

Para Ma. Gonçalves, (*id., ibid.,* p. v), o projeto de educação intercultural – *Entreculturas* é uma política voltada para a diversidade cultural, que busca em seus aspectos mais relevantes: articular a escola com a família; solidariedade do corpo docente no projeto-escola (projeto educativo); valorização e sociabilidade fomentada entre as crianças; elevado esforço dos professores para facilitar a aprendizagem (conseqüentemente ao fraco domínio da língua portuguesa); atitude tolerante perante a diversidade existente e gestão dos conflitos.

No entanto, como diz uma professora com mais de vinte anos de magistério no 1.º ciclo, isso tudo,

> *é muito difícil. Até há pouco tempo atrás o conselho escolar de escolas primárias era formado somente pelo diretor da escola e pelos professores* [...] *Nessas escolas é mais difícil, porque os professores se isolam com suas próprias classes. Cada professor está preocupado com a sua própria turma,*

---

[8] Busco aqui cruzar os trabalhos citados com os dados obtidos em campo na escola EB1 n.º 66 em 1998 e em 2001.

não está preocupado em pensar a escola como um todo onde os problemas são de todos.

Na visão da professora, com o projeto educativo próprio de cada escola, há uma exigência em se trabalhar em grupo, porém o professor tem muita dificuldade em trabalhar com essas crianças que não conhecem bem o português, que vêm menos preparadas para a escola, *mas o problema não é o não-domínio da língua portuguesa* [itálico meu], *os grandes problemas resultam de questões sociais, como má alimentação, ou por viverem de renda mínima.*[9] Trata-se, portanto, de pobreza e carência, como fatos dados na existência de grupos sociais marcados pela exclusão.

No entanto, se para a professora a língua portuguesa não era o problema, o projeto educativo da EB1 n.º 66 daquele período – "Dizer, ler e escrever melhor em português" –, como diz o título, estava preocupado com a língua, língua portuguesa. É exatamente a partir desse projeto que C. Carvalho, (1997) construiu sua pesquisa junto ao corpo discente da EB1 n.º 66, voltando-se para dois grupos de crianças culturalmente diferentes, designadas como "lusas" e cabo-verdianas. A autora partiu ainda do princípio de que os bairros da região da Charneca, donde provém as crianças da EB1 n.º 66, são "espaços de vida degradada", com "população pouco urbanizada e com dificuldades" inerentes ao seu "mosaico étnico"[10] que afetam a vida quotidiana e o próprio sucesso escolar (p. 72-74). Trata-se de um estudo em que a perspectiva é, antes de tudo, a do *risco,* tal como já foi definida por Pais (1999a), que remete a pensar a realidade em termos de falta ou deficiência em razão da extremada pobreza e "desorganização social" (WACQUANT, 1996).

Assim, embora C. Carvalho, (1997) afirme querer fazer uma análise "distanciada e que se procurou ter sido objetiva" (p. III) – ou talvez por isso mesmo –, o princípio assumido e o uso da categoria "lusa" para uns, e não para outros, nascidos em Portugal e de origem

---

[9] Política governamental de cunho inclusivo, destinada a famílias carentes denominada rendimento mínimo garantido (Lei n.º 19-A/96).

[10] Vale a pena relembrar a passagem de Munanga quando diz que tal concepção foi usada na África para deslegitimar os diversos grupos e colocá-los numa condição de inferioridade.

africana, polarizaram e, implicitamente, consideraram de modo diverso os dois grupos. Primeiro, o grupo de crianças "lusas" seria de brancos e portugueses e o outro, os cabo-verdianos, de negros e africanos. Com isso, o trabalho cria uma realidade artificial, ao isolar dois grupos, em meio a uma realidade que é negra, mestiça, africana e européia (portugueses migrados do meio rural), em que as formas de convívio são intensamente marcadas pela vida nos bairros e na vizinhança, como já foi exposto.

C. Carvalho, (*id. ibid.*, p. 94) coloca em questão as dificuldades lingüísticas (*literacia* cultural) entre lusos e africanos, indicando de partida o grupo cabo-verdiano como o de maior probabilidade de apresentar dificuldades, ainda que crianças "lusas" vivam em situações de carência iguais à do outro grupo. Para a autora, a razão estaria no "fato de muitas crianças cabo-verdianas utilizarem em casa, como língua primeira, o crioulo, [que] ocasiona problemas ao nível de comunicação e aquisição do português na escola" (p. 88).

Algumas das conclusões desse estudo são exemplares quando afirmam que 100% das crianças de origem lusa gostam de ler e escrever, enquanto 50% das de origem cabo-verdianas assumem não gostar de tudo o que fazem na escola (p. 97); entre os que dizem que "cansa-se a estudar", uma vez mais a distância entre lusos e cabo-verdianos se impõe em termos de 50% entre os primeiros e 90% para os segundos (p. 98). De imediato coloca-se uma diferença entre os dois grupos que aponta uma característica negativa para os cabo-verdianos frente ao grupo luso. No entanto, Isabel Guerra, em entrevista a Ma. Gonçalves, (1997, p. 147), afirma:

> Do ponto de vista científico, não temos dados de que as crianças por exemplo, dos grupos étnicos, têm maior insucesso que as crianças de outros grupos, nomeadamente, se equilibrarmos a variável grupo social.

Segundo Guerra, "praticamente todos têm o mesmo nível de insucesso ou acima, têm menos insucesso, digamos assim" (p. 148). Portanto, nada prova a dificuldade maior de um grupo sobre o outro, e afirmar, ainda, que "controlando o grupo social, têm-se os mesmos índices de insucesso, porque o problema do insucesso não é *um problema de cultura minoritária* [itálico meu], é, efetivamente, um problema de condições sociais de base e de condições culturais de base, acusadoras dos processos de aprendizagem, e, portanto, aqui há às vezes um equívoco. Os professores misturam as questões da cultura com as questões da pobreza e isto acaba por dar alguma confusão mental. Mas eu diria até que esses (os negros), por serem imigrantes, insistem mais na aprendizagem dos filhos..." (p. 149).

Os resultados apresentados por C. Carvalho, (1996) são fruto dos pressupostos assumidos pela autora e expressão clara dos valores e idéias que permeiam o pensamento mais geral da sociedade portuguesa sobre os sujeitos imigrados de origem africana, com conseqüências nas práticas dos que atuam na escola e fora dela. As conclusões apontadas pelo trabalho são assim significativas, pelo que revelam existir no senso comum e pelo que contrastam com a afirmação das professoras que atuam com essas mesmas crianças quanto a não ser a língua o maior problema da aprendizagem escolar.

Nesse quadro em debate, a autora conclui sobre a necessidade de interação social entre todos os protagonistas – crianças, professores, no espaço da escola e da comunidade – "tendo em vista *produzir junto das famílias conhecimentos que criem 'abertura'* [itálico meu] e conduzam a processos de mudança. C. Carvalho, (1997, p. 196) irá ainda concluir que "elas [crianças cabo-verdianas] acomodam-se de forma restrita ao núcleo doméstico, que, no entanto, não parece estar preparado para valorizar a promoção e a participação social da criança". Uma vez mais, reafirmam-se para fora da escola, no ambiente familiar e na vizinhança, os limites para o desenvolvimento de habilidades e capacidades ao bom desempenho escolar (PATTO, 1992, p. 109). Está em jogo no meio social (e não apenas para populações africanas) as concepções e os discursos que se abstraem da realidade concreta para consubstanciarem-se em princípios gerais.

Uma vez mais, são os sujeitos que se chocam com a escola, que, tomada por centro da análise, se representa por princípios formais e curriculares e pelos projetos institucionais presentes em seu contexto, entre eles o *Entreculturas* e o projeto educativo da escola. Ainda que seja a casa, a família e a alimentação em família os temas abordados por C. Carvalho, e esta tenha realizado observação de campo junto as famílias, o mergulho na vivência de seus sujeitos de modo situado e concreto, dentro e fora da escola, não acontece, e a autora conclui que o insucesso escolar de muitos alunos corresponde ao desinteresse por parte dos pais, principalmente os pais africanos dos PALOP (p. 196). As conclusões de C. Carvalho, uma vez mais, isentam a instituição escola de olhar criticamente para si mesma. O problema, para a autora, está fora da escola, na realidade das famílias de imigrantes extracomunitários. Segundo ela, é o imigrante que deve se abrir para o mundo onde está, de modo que seja ele e a família a ter que mudar para alcançar os resultados que a sociedade espera. Ao discutir a realidade brasileira,

> o preconceito não se limita, é óbvio, às crianças, mas engloba toda a família; quando ela é o assunto, o adjetivo mais comum é "desorganizada". Vistos como fonte de todas as dificuldades que as crianças apresentam no trato das coisas da escola, os pais são frequentemente referidos como "irresponsáveis", "desinteressados", "promíscuos", "violentos"... (*id.*, *ibid.*)

Não se coloca em questão as características da sociedade portuguesa e das relações que são estabelecidas para com os considerados "estrangeiros", em termos de sua inserção e integração na sociedade de acolhimento. A questão da escola como instituição "que é identificada com um modelo cultural que procura produzir um tipo de sociedade e de indivíduo" (DUBET, 1996, p. 170), ainda que não seja apenas isso, também não se coloca.

A pergunta central do trabalho de Ma. Gonçalves, (1997) é, no entanto, saber como o professor do 1.º ciclo se posiciona diante da multiculturalidade e se o projeto de educação intercultural consciencializou os professores. Conclui que "as escolas não estão preparadas e os professores evidenciam incapacidade e limitações para dar resposta ao fenômeno da multiculturalidade" (p. 148). Aponta, porém, a falta de formação específica em educação multicultural para a maioria dos professores e que apenas os mais novos a tiveram como parte de sua formação. Por sua vez, do mesmo modo que Ma. Gonçalves, duas professoras que freqüentaram o curso de formação do *Entreculturas* diziam de sua importância e de sua insuficiência para uma aplicação prática.

Por que razão seria a formação dada pelo *Entreculturas* importante, porém insuficiente?

Na fala de duas professoras vinculadas ao projeto do *Entreculturas* e ouvidas em 2001, o problema não está apenas nas características de formação do professor ou na questão da língua, ainda que presentes. Antes de tudo, está na natureza do próprio projeto do *Entreculturas* e no que acabou por ser sua "contribuição" no âmbito da escola. Dizem elas:

> *O que de fato o "Entreculturas" que veio do Ministério proposto, o Ministério e as escolas abriram como quiseram e da melhor forma possível, a nível de verbas, de alimentação, de pessoas, tentaram junto às crianças, deu uma boa formação também aos professores que estavam diretamente envolvidos. Exatamente, foi bom porque deu lanches, deu formação aos professores, boa formação... Mas ao mínimo, não foi ao grupo todo de pessoas. Seria bom numa escola (no projeto), terem menos escolas mas **darem formação a todos os professores** [grifos meus].*

Das falas destacam-se dois pontos que se complementam: o que o *Entreculturas* proporcionou foi o mínimo e que poderia atuar com um número menor de escolas, porém com todos os professores. O que isto quer dizer?

O primeiro ponto diz respeito à natureza dos projetos institucionais que surgem como propostas transformadoras, criando grandes expectativas, acionando um processo de mudança, mas que por virem desde fora da escola, pensados no interior de um sistema educacional geral, não dão conta da realidade específica, e, neste sentido, a escola é simplesmente escola, como todas as demais que constituem o sistema educativo. Assim, prometem muito e pouco realizam. Por sua vez, a escola real, concreta, ao assumir o projeto, defronta-se com limites cruciais decorrentes de sua realidade e aí, mais que realizar os objetivos propostos, busca encontrar no projeto institucional um caminho para suprir necessidades fundamentais – recursos financeiros, formação para professores e infra-estruturas.

O segundo ponto pondera a existência do projeto em um número menor de escolas e sugere a formação em Educação Multicultural para todos. Formação e desempenho dos objetivos propostos poderiam, assim, ser mais garantidos. A perspectiva revela uma crítica a um dos pressupostos do projeto intercultural que é creditar ao professor que recebe a formação um papel de retransmissor, replicador desse conhecimento no interior da escola, que assim generalizaria os princípios de convivência e de tolerância entre diferentes para todo o corpo docente e alcançaria outras escolas de uma mesma área até, finalmente, atingir a sociedade como um todo.

A escola e o bairro social: laboratórios?

A concepção de escola que aqui se apresenta é a mesma que, de modo mais ou menos generalizado, se tem sobre educação: a de que a escola, ao praticar a educação, se faz agente de transmissão de um corpo de conhecimentos dado e possibilita a mudança de atitudes, comportamentos e valores, sempre no sentido esperado e inscrito nos objetivos do(s) projeto(s) institucional(ais) e, em acordo com a sociedade vigente.

O bairro social aparece como espaço educativo de mesma natureza. As características de ambos os processos – na escola e no bairro – são então de natureza assimiladora. Como diz Abrantes (s. d., p. 9), ainda que a escola atue como instância multicultural, capaz de integrar "realmente" os filhos dos imigrantes na sociedade portuguesa, facultando-lhes recursos para saírem da situação de marginalidade em que suas famílias se encontram, é a escola, antes de tudo, instância central de reprodução da perspectiva dominante e, como tal, tem por característica ser assimiladora. Nesse caso, a escola atua de modo a supor o "ajustamento interno de um grupo ante os valores do outro que domina ideologicamente a sociedade e, com isso, abafa, ameniza, o conflito que existe" (VALENTE, 1994, p. 85), levando a acreditar que o outro possa modificar-se, transformar-se no sentido socialmente esperado, da mesma forma que o bairro social em meio ao bairro de venda livre.

Nesta dimensão está em questão a escola como espaço institucional, mas não como espaço sócio-cultural; os alunos e os professores, como categorias genéricas, e não como sujeitos concretos socialmente determinados. O que se tem é então o professor como elemento central – o elemento-ponte –, mas não sujeito de diálogo e menos ainda de um diálogo que assuma que educar é perguntar, que "a educação é o lugar do ofício da pergunta", como diz Brandão (2000, p. 452). É preciso perceber que a pergunta deve ter condições de calar fundo no educando, no educador e nos diferentes agentes da proposta educativa, entre eles o administrador público e o próprio político.

A pergunta, que não pode cair em ouvidos moucos, necessita se fazer significante para todos os envolvidos no antes, no durante e no depois da construção e efetivação do próprio projeto. Exige, portanto, discutir o que seja a escola portuguesa em sua realidade concreta, vale dizer na sua heterogeneidade, que não se resume a ter ou não contingentes significativos dos chamados "diferentes": imigrantes, africanos, estrangeiros, ciganos e outros. Exige um processo contínuo e em movimento de permanente recriação de si mesma, que vise construir uma experiência de educação sempre aberta e não presa a pautas definidas por um saber canônico (BRANDÃO, 2000), ou, como diz Iturra (1990, p. 57), um saber textual/escrito, incapaz de compreender as explicações locais. Em ambos os autores, trata-se de um saber que nega a experiência vivida e acumulada pela memória oral de um grupo e do indivíduo que dele participa, de modo a abstrair o educando de seu contexto, o professor da condição de educador, transformando-o em alguém que apenas ensina.[11] No caso do bairro social, os agentes e agências que aí atuam se encontram igualmente desafiados pela mesma problemática e pelos impasses de uma ordem social e culturalmente complexa.

Por tudo isso, mesmo que assente na perspectiva multicultural, o que a política oficial de habitação e de educação pode prever é que a formação para uma prática pedagógica definida e dada tome por base valores genéricos e resulte por si em efeito multiplicador, isto é, capaz de generalizar os princípios de uma educação para a diversidade e pela tolerância no interior da escola e depois em outras escolas, em escalas sempre crescentes, até que possa atingir a sociedade como um todo, do mesmo modo, no bairro social, no seu entorno, e, assim, na sociedade como um todo. Um efeito cascata, dado como certo e que, no caso da escola, resulta de um investimento moderado e de uma escolha restrita: *"é a escola, ou sua direção que propõe dois ou três professo-*

---

[11] Como afirma Santos e Vargas (1998, p.28), essa é a contradição fundamental da escola como instituição, posto que separa *educação* de *ensino,* ou ainda, como diz Iturra (1990, p.31), em que *ensino* e *aprendizagem* encontram-se rompidos, impedindo uma relação de comunicação.

res, não podem entrar mais", no projeto institucional. O possível não sucesso do projeto, sua não-generalização na própria escola, passa então a ser uma questão de escolha adequada ou não, de bom desempenho ou não, de envolvimento ou não, do professor que assume o desafio, ou seja, o projeto. Daí dizerem os autarcas que as agências e os agentes que atuam no bairro também não estão cumprindo seu papel – o de fazer o imigrante sentir-se realizado e feliz com o que lhe é oferecido institucionalmente, uma dádiva do sistema social.

A ausência de sucesso é, portanto, explicada como de escolha inadequada dos agentes formadores ou de seu pouco comprometimento. Aqui se deixa de fazer a crítica quanto a serem os critérios de desempenho socialmente construídos. E colocar o indivíduo como centro exige dos demais a solidariedade, a troca e a ação com base no coletivo. Nesse caso, a escola deve atuar como co-partícipe de cada passo de desenvolvimento do próprio projeto e não apenas *locus* de sua realização. Exige dos bairros e de seus moradores a mesma co-participação, uma vida compartilhada em busca do entendimento de cada passo. Não se considera que o que ocorre seja um desencontro entre professores e estudantes, entre docência e saber, entre corpo discente e prática de vida (VIEIRA, 1998, p. 13), no caso da escola e também no caso dos envolvidos diretamente com o espaço e vida dos bairros, vistos como espaços educativos. O que de mais comum acontece é o atribuir a responsabilidade de sucesso ou insucesso do(s) projeto(s) ao professor, ao agente educativo, ao alunado e aos próprios realojados, em razão de suas características pessoais, sociais, marcadas por faltas, ausências, carências de todos os tipos.[12] No caso do professor, conta a boa vontade, sua formação e a necessidade de que o mesmo mude de mentalidade, entendida esta como atitudes e valores, e que o português comum e o próprio professorado muitas vezes concordam, sem fazerem a devida crítica frente aos demais elementos em jogo.

Os professores que participaram do *Entreculturas* na EB1 n.º 66 consideram, de maneira muito clara, que existem limites quanto a

---

[12] Patto (1992, p. 112), discute a questão da teoria da carência cultural no campo da psicologia e de como esta afirmava a patologia generalizada das crianças pobres em termos de suas dificuldades escolares.

generalizar o que foi aprendido no curso para seus outros colegas que ficam na escola, uma vez que esses não se interessaram antes e não se interessam depois e, portanto, não acompanham o processo. Alegam então que *"o projeto deveria abranger, ser mais abrangente... é um bocado difícil um cara [o professor que participa do projeto] transmitir a todos seus colegas..."* o que aprende. Nesse sentido, pensar em mudança de mentalidade envolve muitas coisas que não são dimensionadas: da formação dos professores às condições de exercício de seu trabalho, passando ainda pelas subjetividades que os envolvem como sujeitos sociais e concretos que são.

Por outro lado, há também, por trás dos objetivos do *Entreculturas,* a idéia da escola como uma comunidade de fato. A mesma idéia parece se fazer presente no projeto do bairro, supondo que sua heterogeneidade possa vir a compor uma comunidade de fato, mais homogênea. Ma. Gonçalves, (1997, p. 70) afirma: "A escola é ela própria uma comunidade e um laboratório para a aprendizagem de uma participação em comunidades a nível local, nacional e global." Mas a escola real, concreta, a do cotidiano dos sujeitos, é de fato uma comunidade? A EB1 n.º 66 e o bairro social poderiam ser pensados como "comunidades"? Qual o significado e as conseqüências de se pensar a escola e o bairro como "laboratórios"?

A escola como laboratório

No caso da EB1 n.º 66, o tratamento educativo proposto pelo *Entreculturas,* ou seja, a problematização das diferenças culturais, só acontecia por parte de dois professores, suas turmas respectivas e, portanto, no interior de suas salas de aula. A escola, como um conjunto, não estava envolvida, a não ser nos momentos de festas, o que, segundo uma professora, é o momento que faz com que todas as salas participem, mas sem a preocupação de um projeto educativo que faça todos os professores trabalharem em equipe com os pais, com outras associações da comunidade, planejando e executando seus objetivos no antes, no durante ou no depois da festa. Com isso, muito se perde, já que a fragilidade do social acaba por acentuar-se.

A atuação do ISU é um exemplo do como isso ocorre, já que como organização parceira da comunidade educativa, por muitos anos, organizou e realizou, desde fora, com toda a escola e com todas as turmas, a Semana da África e depois, a partir de 1998, a Semana do Mundo. A participação dos professores nesses momentos se não-ausente, fosse pelo menos restrita e ainda assim, apenas se dava nos dias dos eventos, a título de colaborar organizar as crianças, mas não as atividades. Alguns contributos em sala de aula acabavam por ficar limitados às professoras do projeto do *Entreculturas*, pois estas se esforçavam por discutir o que era o folclore dos países considerados, suas comidas, crenças etc. No mais, a festa era um momento de "descanso" para a dura faina de ensinar a língua, a matemática, a geografia... Os conteúdos formais em nada dialogavam com os conteúdos trabalhados no interior das festas pelos monitores do ISU e seus convidados, e menos ainda com a explosão de fatos que a participação da criança e do jovem, em meio a intensa sociabilidade, fazia acontecer.

Por sua vez, o trato educacional da diversidade e sua problematização com datas marcadas, dias ou semanas especiais, do ponto de vista das professoras comprometidas com o *Entreculturas,* era um equívoco que o próprio *Entreculturas* não percebia. Diziam elas:

> *De repente, e pronto. O que ficou do Entreculturas foi isso, "de repente, ah, temos um dinheiro vamos festejar o não sei das quantas, o dia de não sei o quê", temos um dinheiro... aí por exemplo o dia da África, o dia de Angola. Não gosto desse tipo de coisa, porque não considera as pessoas, porquê o dia da África? Dia da África sim senhor, é uma chamada de atenção, vamos conhecer melhor, mas não se faz isso. Teria também que ter forçosamente uma continuidade. Ou havia o dia da África porque houve um trabalho anterior que foi ter o dia da África ou havia o dia da África que disputava uma continuidade para frente. Agora o dia da África e ponto final... não...*

O que acontece, segundo Souta (1997, p. 55), é que, apesar das políticas e reformas no campo da educação, "continuamos ao arrepio das realidades e das grandes tendências modernas, com currículos etnocêntricos e eurocêntricos (estes últimos viram-se reforçados com as preocupações de introdução da 'dimensão européia')". Para o autor, só com o Projeto de Educação Intercultural – do *Entreculturas* – em 1993-1994, se intentou contrariar esta 'cegueira' multicultural, mas ainda persistem nos manuais escolares e nas opções pedagógicas os estereótipos e a invisibilidade dos grupos étnicos-culturais. É preciso ver que a educação multicultural não pode ser entendida como opção para certas escolas – as que possuem grandes contingentes de imigrantes, por exemplo – aos programas para os "outros", destinados a um certo tipo de aluno, nomeadamente os africanos, os ciganos e agora até os ucranianos, os iugoslavos etc. A educação não pode ser relegada "a celebrações pontuais, tipo 'Semana de Cabo-Verde'" (p. 56), ou como acontece na EB1 n.º 66, Semana da África e agora, Semana do Mundo. Ampliar a temática não resolve o problema, pois não se trata *do que* tratar no processo pedagógico, mas do *como* tratar os fatos da realidade social e principalmente, de considerá-los como parte do cotidiano e não como dias ou semanas especiais.

Por essa razão, acreditavam as professoras da EB1 n.º 66 que o *Entreculturas* trouxera muito dinheiro à escola mas, dizia uma delas, *"não sei se trouxe mais alguma coisa, mas dinheiro... É caiu assim muito de pára-quedas nos sítios"*. As políticas educativas são pensadas a partir da estrutura educacional, ou seja, do conjunto de escolas e órgãos que a compõem e cuja gestão se dá em torno de problemas gerais. Caem, assim, de *pára-quedas,* posto que o sistema é único, mas as escolas são heterogêneas quanto a sua própria realidade e dificuldades, exigindo "projetos pequeninos" e locais. É necessário pensar as particularidades que envolvem cada unidade básica do sistema, cada escola concretamente determinada. As micro-realidades que não são fechadas sobre si mesmas podem permitir a partir delas atingir-se o sistema como um todo.

Quando as coisas são pensadas desde fora, podem ser altamente bem-intencionadas, mas não funcionam. No caso das professoras da EB1 n.º 66, a experiência junto ao projeto do *Entreculturas,* de dois anos por parte de uma, e de três anos no caso da outra – *"não foi por um dia"* –, como elas mesmas dizem. No entanto, apesar do empenho e do compromisso com a educação, com a escola e com os alunos, acabam por abandoná-lo antes de seu término. A perda de sentido, a desmotivação e certamente as dificuldades não reveladas, mas sugeridas por suas falas, remetem-se à fragilidade do projeto e às relações no interior da escola, que parece se tornaram cada vez mais conflitivas. Com isso, a primeira professora a ter abandonado o projeto que durou três anos – de 1994-1995 a 1996-1997 – alega que foi *participando, não posso dizer que participei, fui participando. Eu até que tentei que as coisas não fossem assim, mas pronto. E o que eu acho é que as coisas vêm sempre muito de fora, tem muito pouco a ver com o que se pretende. A nossa escola tem características próprias, tem problemas próprios e por que não as coisas desenvolverem-se aqui e depois se podem entrosar com outros projetos? E eu acho que o que passa com o Entreculturas, é um bocado de pessoas que querem fazer coisas, têm vontade de fazer coisas, mas que coisas? Agora vai chegar o dia da criança, o que se faz para o dia da criança? Parece que se passa assim, ao contrário, é preciso criança para se cumprir projetos e não ao contrário, esses projetos para se chegar às crianças. Parece que está tudo invertido um bocado, é o que eu penso.*

Em questão: a experiência vivida da criança e do professor, suas mentalidades e o trânsito entre elas, representativas da dimensão de interculturalidade tão pretendida, porém difícil de se realizar, já que consistem num desafio. As professoras do projeto afirmam que a experiência construída pela convivência e pela realidade heterogênea das diferentes *classes* ou turmas, no tocante a série escolar, revelam que "as crianças são um desafio permanente à nossa capacidade de estarmos aqui e lidarmos com elas".

A multiculturalidade no discurso oficial do *Entreculturas* parece encontrar-se reduzida às diferenças culturais ou étnicas, menosprezando outras diferenças, tais como gênero, idade, religião etc..., apesar de apontá-las em seus escritos e documentos. Assim, a heterogeneidade não se coloca como própria da realidade multicultural da escola a não ser em alguns aspectos, vale dizer, quando há negros, africanos, imigrantes, ciganos, e estes são pensados tão somente como diferença.[13] Evidentemente, tal perspectiva sugere um vício do olhar e acaba por não operar uma mudança na percepção do próprio corpo docente quanto a sua prática, afinal, os que ali

---

[13] A *diferença* é para Ortiz (2000, pp. 165-166) algo que nos remete a alguma coisa outra, que é produzida socialmente e porta um sentido simbólico e histórico, porém que não se faz equivalente à noção de *diversidade,* principalmente *diversidade cultural* que conduz a pensar situações concretas e mergulhadas em campos de interesses e de conflitos sociais, tal como os que emergem no interior do capitalismo e da globalização.

estão são *alunos,* não qualquer aluno, mas um aluno pobre, carente social, culturalmente diferenciado, com dificuldades de aprendizagem, sobretudo, porque não domina o português. O que lhes deve ser ensinado é o saber, o conhecimento previsto em sua formação como parte do ensino do 1.º Ciclo, e, principalmente considerando que em maioria são africanos ou luso-africanos, cabe ensinar-lhes a língua douta de uso social no país de acolhimento, onde estão e vivem.

Por outro lado, o fato do projeto maior, do *Entreculturas,* ser pensado como experimental, não obrigatório e destinado a um pequeno grupo de professores e suas turmas, pode ter aqui algum significado.

A maior parte do corpo docente na EB1 n.º 66, em 2001, era de professores temporários ou ainda em constante mobilidade, principalmente por parte dos professores mais novos.[14] Nesses casos, a questão do aluno que tem dificuldades e daquele considerado "diferente" pela origem, pela condição social, fica comprometida e igualmente se compromete o projeto educativo – da turma, da escola, do Ministério da Educação. Por não serem considerados todos os fatos, limitou-se a participação docente no projeto do *Entreculturas,* dado que este não considera a realidade das relações existentes no interior da escola e compromete a generalização dos objetivos pretendidos institucionalmente, mas compromete, sobretudo, as possibilidades da educação como *aprendizagem* para todos os envolvidos.

As falas das professoras do projeto em tela mostram, claramente, que suas práticas em sala decorrem de suas experiências pessoais acumuladas no tempo, e não da formação obtida pelo projeto institucional, ainda que reconheçam sua validade. Os muitos anos que passam com uma mesma turma – do primeiro ao quarto ano – as fazem solicitar, sempre, a permanência com seus alunos e, por isso, suas turmas são sempre seriadas, tendo aluno do 2.º, 3.º e 4.º ano e múltiplas idades, por vezes, até bem mais velhos que o próprio para o ciclo (14, 16 anos). Aprendem com eles e, nesse sentido, a atitude do professor

---

[14] As dificuldades de iniciar o ano letivo de 2001-2002 na EB1 n.º 66, em setembro, era justamente decorrente de não se ter professores para todas as turmas, em razão da mobilidade dos docentes e a demora da nomeação de novos docentes pelos órgãos competentes.

dentro da sala, aproveita-se o que cada um dá de si e faz um todo bastante, bastante bom não é... Precisa é estarmos atentos e aproveitar o fato daquilo que cada criança... (trás) das suas vivências de seus aprendizados... Eu não noto isso, de ser diferente, porque normalmente me acostumas do primeiro ao quarto ano, isso contribui para que seja criado dentro da sala um ambiente de estabilidade, de união, nunca lhe faz sentir que são diferentes ou ...pronto. Tento criar um espaço onde se sintam à vontade todos, sejam unidos, onde os problemas são todos da turma, são todos nossos, temos que resolver e aqui dentro o que tentamos de novo. Perante todos, eles falam, a maior parte fala das coisas que sentem, aproveitamos essas histórias que fazem para comentar, para falar, para conhecermos, com todos, fazemos isso com todos, com as histórias, as vezes até com coisas, como a alimentação.

Assim, o curso de formação do *Entreculturas*, feito com bons formadores, *"foi uma coisa excelente. Mas ao nível da escola e do conjunto de pessoas, quer dizer, o trabalho direto na sala de aula com essas crianças não me parece que tenha dado, assim grandes resultados..."* Na prática cotidiana não acrescentou algo mais que se pudesse trabalhar em sala de aula e não alterou porque não se colocou como prática refletida na e para a escola e, de e para seu corpo docente como um todo, criando efetivamente um campo de troca e aprendizagem, não só para professores e alunos, mas também entre professores. Assim, no caso considerado, dizem as professoras: *"pois é, não... não alterou muito, não é muito diferente daquilo que eu já vinha aprendendo de outras coisas, de outras situações, de outros momentos que tenho feito isso mas..."*. As professoras chamam a atenção para suas experiências e para a aprendizagem delas decorrentes, num processo contínuo de refletir com os acontecimentos e melhorar a própria prática como anterior ao *Entreculturas*. Daí, por melhor que fosse o curso de formação, para o caso delas, pouco acrescentou e, para os demais professores da escola, pouco ou nada contribuiu. O *Entreculturas* não era com eles, era *"coisa do diretor, mais duas ou três professoras"*, como disse uma informante.

Aqui, um outro aspecto relativo às políticas deve ser considerado. Os professores que assumem um projeto novo, um desafio à sua prática, são em geral aqueles que já se encontram desafiados pelo seu quotidiano. Não é por acaso que também são os escolhidos pela direção de uma escola para integrar as propostas institucionais. Caberia portanto, a pergunta: a escolha do professor entre aqueles mais dispostos e atuantes, seria o melhor caminho? No interior de uma proposta educativa quem precisaria ser seduzido? Quem de fato precisaria das orientações do projeto? Aqui se compreende a razão pela qual o projeto deveria ser mais abrangente na fala das professoras, assumido pela escola como um todo, não responsabilizando os mais atuantes por sua adoção e extensão.

No entanto, pensar um projeto extensivo à partida custa caro aos cofres públicos, exige investimentos nem sempre disponíveis e, por isso mesmo, quase sempre, a natureza dos projetos que são propostos institucionalmente assume o caráter de optativo, não obrigatório e acontecem experimentalmente (laboratório) não com toda escola, mas com algumas de suas turmas. O necessário para que a escola desprovida de recursos, possa recebê-los e deles se beneficie, mas beneficia o sistema educativo como um todo? Cabe perceber que, apesar de toda a crítica e a despeito de bons resultados, são os discursos e sua eficácia que de fato movem a política institucional, são eles, de longo alcance.[15]

Com isso, *"mesmo os projetos que não vem do alto, que são gestados na escola, acabam por ser projeto de um ou dois professores e o diretor pode apoiar (ou não), mas a responsabilidade do início ao fim é dele, do professor. O professor então desiste de participar"*, em razão das muitas dificuldades que enfrenta e de tudo o que isso significa.

Assim, são sempre os mesmos professores que querem melhorar e com o tempo desanimam porque os outros não aderem, porque as barreiras se colocam no interior da própria escola. Isso também aconteceu com as professoras da EB1 n.º 66, tal como contam:

---

[15] Atualmente é intensa produção acadêmica e institucional em torno da Educação Multicultural em Portugal, bem como, projetos ligados à temática são alvo de interesse e financiamento pelo Estado português e pela EU, gerando, assim, discursos competentes e legitimados.

Eu sou um caso suspeito nesse aspecto do Entreculturas, porque eu estive diretamente envolvida e portanto estive nos dois anos para o que me propus a trabalhar no projeto e saí. E pensei em continuar uma outra história. Eu saí porque achei que não estava a dar aquilo que eu precisava, que estava a dar talvez pouco, porque eu pensava a dar, já eu tinha mais ... Eu só tenho a dizer que já tive hipóteses de ir para outros lados, para outras escolas, mas o fato é que não me atrevo a sair daqui, gosto muito de estar, trabalhar com crianças com todas essas diferenças, com todas essas diferenças. Umas vezes mais desanimadas, outras muito eufóricas, umas vezes a correr e andar para frente e outras vezes a vir para traz...

Em 2001, as duas professoras, comprometidas com o Projeto do *Entreculturas* anos antes, apesar dos muitos anos de trabalho e de serem efetivas, não se encontravam com classes na EB1 n.º 66[16] e a escola estava sem projeto educativo, desde 1998.[17] No caso das agências dos agentes educativos do ISU e de outras agências não escolares, após o realojamento, o tempo e o contexto social dos imigrantes e seus filhos, bem como os seus próprios, eram de desarticulação. A falta de perspectiva e o compasso de espera dos acontecimentos, ambos cheios de incertezas e receios, impediam qualquer iniciativa de interesse coletivo, junto aos realojados, visando reorientar suas vidas e novas ações sociais de cunho educativo. A necessidade de retomada de rumos e de reordenação das relações sociais dos grupos, afetados pelas políticas sociais voltadas para a educação e para o realojamento, revelam então que, além da escola, o bairro social também se faz como uma incógnita de um novo tempo, um tempo de muitas promessas, de poucos resultados e de muita violência.

---

[16] As professoras se afastaram para exercerem cargos administrativos, mas por relatos pessoais, deixam clara sua desilusão com a escola em tela.

[17] Em setembro de 2001, alguns voluntários do ISU, mais alguns dos jovens da ex-Quinta Grande e uma professora da EB1 n.º 66 começavam a se reunir na tentativa de elaborar um novo projeto educativo, previsto no Programa do Ministério da Educação como voltado para o ensino do "Português como Segunda Língua". Uma vez mais não é a escola como um todo que intenta buscar seus próprios rumos.

*O bairro social e os jovens:
uma problemática em polaroid*[18]

A história de um bairro e seu fim é aqui contada a partir de episódios, que envolvendo os jovens, contam dessa modalidade de violência que diz também da sociedade na qual vivem e de um momento singular do próprio bairro: o pré-fabricado e os quatro dias de terror na Quinta Grande. Maio de 2001.

Trata-se de um retrato instantâneo que se pode traçar de modo tênue e fugaz, já que "tudo é ainda muito recente", mas é possível captar nos muitos acontecimentos que envolveram e envolvem os ex-moradores da Quinta Grande os subtextos presentes na marginalidade e violência. A mais significativa que aqui se propõe à reflexão é a violência que envolveu justamente o "Espaço Jovem", um pré-fabricado de propriedade do ISU e que era o lugar por excelência de encontros dos grupos jovens e de desenvolvimento de suas atividades – de educação, lazer e convivência – no interior do bairro.

Em fevereiro de 1999, o ISU finalmente conseguiu concretizar um projeto acalentado por mais de cinco anos, o de ter no interior do bairro da Quinta Grande um espaço destinado ao uso de sua população, nomeadamente crianças e jovens atendidos pelo ISU. A dificuldade decorreu do fato de ser a Quinta Grande um bairro destinado ao realojamento e nada se podia construir por ordem da Câmara. Mas um ano de eleições autárquicas, *"um mês antes das eleições (1998), já conseguimos. Aí foi mais um ano para arranjar dinheiro para o pré-fabricado pois foi muito caro e, finalmente, esteve a funcionar, em 1999 com o ATL – Atividades de Tempos Livres [Apoio Escolar]"*. O pré-fabricado foi construído no mesmo terreno da antiga barraca da Associação dos Moradores, emprestada para o ISU e para o Grupo de Jovens e que depois foi destruída, obrigando-os a serem acolhidos num espaço – sala de aula – emprestado pela Escola EB1 n.º 66. O pré-fabricado significava a volta dos jovens para o interior do bairro. Uma volta agora com recursos

---

[18] O título se inspira em expressão usada por Vitor Sérgio Ferreira em seu texto "Uma polaroid sóciográfica", *in* Jorge Vala, (Coord.), *Diversidades, simetrias, e identidades* – jovens negros em Portugal. Relatório de Pesquisa, ICS, Lisboa, Portugal (inédito).

próprios, sem dependência de outros grupos internos, inclusive a Associação. A única relação de responsabilidade era para com o ISU.

Desde 1997, quando surgiu o primeiro grupo de jovens, os quais elaboraram as regras de quem fazia parte do grupo, quem não podia fazer, dois fatos se sucederam: outros grupos jovens foram surgindo e pedindo ao ISU para ajudá-los. Os voluntários do ISU diziam o que deveriam fazer para serem um grupo de jovens e mostravam que para sê-lo não precisavam do ISU, pois dependia apenas deles mesmos. Com isso, surgiram cerca de quatro novos grupos, e outros voluntários do ISU os assumiram em colaboração. Todos compostos por jovens entre treze e dezesseis anos. Ainda assim, muitos ficaram de fora e a revolta era imensa. Daí que viviam saqueando e destruindo a barraca cedida pela Associação e ocupada pelos grupos e pelo ISU. Na época, os voluntários do ISU foram aconselhados a chamarem a polícia, como modo de coibir as violências praticadas por esses jovens. Jovens que eram amigos dos que faziam parte dos grupos de jovens, mas que mesmos estes diziam:

> *Olha, a partir do primeiro assalto... a primeira vez que se assalta, isso vai ser agora todos os dias. O que custa é a primeira vez daí...*

Era assim, diz a informante, um aviso. O mesmo aconteceu com o pré-fabricado. De fevereiro de 1999 até novembro de 2000, quase dois anos de vida ativa, o pré-fabricado nunca foi assaltado. *"E de repente a partir de novembro começou ... o primeiro assalto... E aí os assaltos começaram a suceder-se. Nossa primeira reação foi simples: nunca chamar a polícia, 'nós não estamos aqui para chamar a polícia', pelo contrário, já que fomos ao tribunal para defendê-los (aos jovens com problemas por assalto, roubo). Vamos tentar conversar com as pessoas que achamos fizeram isso. Assim pensando, assim se procedeu. Claro, que não acusamos ninguém, mas perguntávamos 'por quê? O que é que se passa? O que é que querem?' e fizemos isso."*

O ISU fez também um comunicado aos jovens do bairro: *"Queremos saber vossas idéias e sugestões para o pré-fabricado e saber o que é que tu gostavas que este espaço fosse"*.

O que receberam dizia o seguinte:

eu estou a fazer isso (assaltos) porque acho que o espaço não está a servir os jovens da Quinta Grande como deve ser. Está a servir só a alguns grupos que são privilegiados, mas não os jovens todos. Está a excluir alguns. Então é só por isso que eu estou a fazer isso.

O ISU chama então uma reunião geral dos jovens para discutir o que querem fazer e muitos jovens confirmam as respostas recebidas, afirmando que não podia continuar assim *"isto não pode ser assim, tudo só prá eles, é tudo prá eles, não pode ser"*. A partir daí, um voluntário passou a estar duas noites por semana no pré-fabricado, posto que os assaltos eram sempre à noite e o objetivo dos assaltos era ficar toda noite dentro do pré-fabricado, beber e destruir. *"Era para mostrar que se aquele espaço era para os jovens, então é para os jovens e eu vou entrar. É meu e se é meu então não me dizem quando entrar, a que horas eu entro. Entro quando eu quiser"*. Esta é a hipótese que o ISU levanta como explicação dos fatos. Trata-se de jovens excluídos que protestam pela exclusão.

Assim, o que ficou combinado naquela reunião é que todos podiam freqüentar o pré-fabricado para jogar cartas, conversar, ouvir música, o que pudessem querer fazer, mas sempre com a presença de um voluntário do ISU. Ficou combinado então, que se houvesse outro assalto, suspenderiam-se as atividades e pronto. Todos concordaram. *Foi assim até março (2001) e as atitudes e comportamentos dos piores (entre os jovens) foram as mais incríveis, desde responsabilizar-se pelo material todo que usavam, assinar embaixo a dizer: usamos isto, usamos aquilo, a escrever numa folha. Desde colocar uma placa de basquete para todos poderem jogar ali ao pé e pronto.* A cada dia, o animador do ISU se aproximava e conversava sobre o que estavam a fazer, trabalhar e estudar. Incentivava a que buscassem por isso e, finalmente em *Março*, uma atividade tradicional do ISU iria acontecer – a Semana da Juventude.

Uma série de atividades foi programada com os jovens de sempre (os dos grupos constituídos e criticados pelos outros) como monitores, posto que esses tinham feito o curso de formação de animadores junto ao ISU. Tudo correu relativamente bem até que numa festa a noite no pré-fabricado, a tensão reapareceu e de modo crescente até explodir *numa pancadaria incrível. Foi uma pessoa completamente de fora do bairro que estava na festa, era africano também, já devia ter ido ao bairro várias vezes, mas estava bêbado e foi se meter com o Chico (o da carrinha), que todos gostam muito, mas que também estava bêbado. Todos os jovens do bairro foram bater nesse que era de fora, bateram tanto que ele ficou em coma. A festa é claro, acabou automaticamente. Os ânimos estavam exaltados e quando os do ISU disseram 'vamos acabar com a festa', uns aceitaram bem e começaram a sair, outros começaram a partir as janelas do pré-fabricado e a dizer: 'Por quê isto? Este espaço é nosso vocês não podem nos mandar embora'. Começaram então a partir os vidros e a mandar-lhes pedras.*

Com os acontecimentos, o ISU suspendeu todas as atividades da noite, como disseram que fariam. A partir daí *"foram assaltos todos os dias, todos os dias mesmo. Nós fechávamos a porta e mesmo com cadeados, abriam novamente"*. Foi um medir forças dia-a-dia. As crianças do ATL (Apoio Escolar) chegavam pela manhã e encontravam tudo de pernas para o ar e tinham que ajudar a arrumar o lugar para então terem suas atividades. Depois de alguns dias, *"os miúdos pequeninos disseram 'eu não agüento mais, eu não quero saber, são os maiores que fazem isso..."*. As crianças também começaram a destruir,

sentiam que o pré-fabricado era um pouco deles. Pronto, as coisas foram num crescendo até que em Abril houve um dia que partiram tudo, tudo completamente e foi aí, que arrombaram as portas, destruíram janelas, retiraram as grades, puseram os livros pelo meio do chão, colocaram tinta em cima e destruíram tudo, portas, janelas, mesas, cadeiras e foi o último dia então, em que desistimos (o ISU)."

Abril, não por acaso. Em *Abril de 2001*, o bairro já sabia que seria realojado em maio, mas as pessoas continuavam sem saber para onde, só sabiam que ia ser dali a um mês. Foram comunicados em quatro de maio que teriam quatro dias para fazer a mudança e para onde iriam na grande área de prédios sociais e de vendas livres – espalhados pela grande área da Charneca. Começou então o que muitos chamaram de "inferno" – os quatro dias em que os jovens destruíram a Quinta Grande.

Muitos jovens, depois dos acontecimentos que serão aqui narrados, foram unânimes em afirmar que *"é obvio que se não houvesse o realojamento não iam destruir o espaço porque iam precisar dele não é?* Mas dado estava que era para destruir, já começava haver muitas demolições de barracas, vai tudo prá frente..."*.

Os agentes do ISU e outras pessoas contam que assaltaram, destruíram tudo e tiraram portas e janelas. Pessoas estranhas começaram a rondar o bairro por causa das demolições em busca de sucata para vender. Dizem os voluntários que o pré-fabricado era um paraíso para eles. Era tudo de ferro, toneladas de ferros e, além dos jovens tinha-se agora os homens da sucata: *"a arrancar o telhado, arrancar as paredes, pronto, para vender"*. O ISU pede ajuda para a Câmara para tentar resgatar o que restou e doar às outras entidades, mas a Câmara alegava não ter transporte disponível. Nesse ínterim começou uma onda de incêndios no bairro, as barracas estavam a ser desocupadas gradualmente e *"os jovens a fazerem aquilo, ter prazer de ver um incêndio, vir os bombeiros e aquela história toda... começaram a incendiar e pronto, o nosso pré-fabricado derreteu"*.

O curioso disso tudo, diz a representante do ISU,

> é que na mesma rua do pré-fabricado, havia mais duas instituições com posições muito distantes em relação aos jovens. Era a Associação dos Moradores, com a qual sempre tiveram conflitos e a SOS Defesa dos Angolanos que não tivera muita paciência de trabalhar com eles (jovens). Eu acho que não foi por acaso que eles vieram fazer isso, precisamente na associação mais ligada a eles...".

Quando dos acontecimentos, muitos jovens do grupo de jovens, se não participaram, também não impediram. Nos encontros ocasionais que ainda acontecem em visita que um ou outro jovem faz à sede do ISU no centro de Lisboa, eles dizem ter uma teoria sobre os fatos. O ISU também tem a sua teoria sobre a questão.

Na voz dos jovens, o que houve é que a pessoa mais ligada por anos a eles jovens, os abandonara, abandonara o Espaço Jovem, vinha poucas vezes ao Espaço e estava mais ligada ao primeiro grupo, considerado privilegiado pelos demais. Por outro lado, as associações e entidades presentes no bairro eram, para eles, dotadas de muitos recursos e não faziam tudo que podiam por eles, nem faziam acontecer as atividades que queriam que tivesse. No fundo, diz a representante, acreditavam que todos ganhavam dinheiro às custas deles e eles não tinham proveito de nada, diziam então que *"o que havia entre eles era desilusão..."*.

O abandono e a desilusão são sentimentos intensos que invadem os sujeitos, revelando-lhes a precariedade de seu mundo e de suas vidas. Em que e em quem acreditar? O sonho ainda é possível?

A violência que gera violência

> *O realojamento tem o quê? Quatro meses. Há tiroteios todos os dias como nunca vi na Quinta Grande. Todos os dias. Já mataram um lá há dois meses, um mês e tal, mas por quê? Não é só a questão da rivalidade de bairros ou uma questão negro e branco. Acho eu. Tem a ver com o tráfico de drogas e tem a ver com o realojamento ter sido feito de tal maneira mal planeado (planejado) e mal feito, que só quem não conheça nada da zona podia ter feito isso, desta forma.*

Enquanto o bairro da Quinta Grande existia, era possível aos seus moradores uma identificação com o *lugar*, com o *território*. Os jovens diziam de modo a expressar um orgulho próprio: *"aqui mandamos nós. Quando saímos para fora (do bairro) todos juntos, estamos protegidos e não só isso, aqui (no bairro) mandamos nós e nos defendemos"*. Isso agora desapareceu. *"Tá cada um prá seu lado"*.

A situação atual é de ausência de referências que incide, principalmente sobre os jovens imigrantes dos vários bairros realojados e, particularmente, no caso dos jovens da ex-Quinta Grande, as coisas se complicam. Parte dos moradores foi realojada na antiga área da Musgueira que não mais existe. Parte dos antigos moradores da Musgueira foram para uma área muito próxima da Cruz Vermelha, local onde já havia um realojamento mais antigo e que é conhecido como ligado ao tráfico de drogas. No emaranhado criado pelo processo recente, os da Musgueira, área tida como o segundo maior ponto de drogas de Lisboa (o 1.º é o Casal Ventoso), ocupam agora o mesmo espaço dos jovens da Cruz Vermelha e entre eles se estabelece uma guerra para definição do "pedaço"[19] e de seu domínio. A meio caminho entre um e outro, estão os da Quinta Grande. Antes do realojamento havia rivalidades entre esses e os outros dos dois bairros citados. No entanto, para muitos, a rivalidade não era entre os bairros, era uma questão de racismo, coisa de brancos e de negros, *"como se a Musgueira fosse branca (de portugueses brancos), a Cruz Vermelha fosse negra (africanos)"*. A Quinta Grande, como realidade compósita de brancos e negros colocava-se ao meio, com pretos, com brancos, mestiços e outros. No novo contexto – o bairro social –, os da Quinta Grande, estão novamente ao meio, no meio do espaço físico e no meio das relações entre a Cruz Vermelha e a Musgueira.

Os jovens se vêem, então, entre "os maus grupos" da Cruz Vermelha e da Musgueira, sentem-se obrigados, de alguma forma, a se defenderem e já começam a recriar "pequenos grupos", entre aspas, posto que ainda não são grupos propriamente ditos. O que está acontecendo, é que começam a procurar uns aos outros, mesmo os que ficaram distantes, longe no espaço do realojamento. O que buscam é criar um jeito de se encontrarem para tentar reavivar "um bocadinho" a Quinta Grande, ou seja, seu espírito (solidariedade e defesa de grupo). A pergunta é: a *dispersão* proposta pela política oficial estaria recriando em novas bases as antigas rivalidades de bairro? Caso isso ocorra, não se pode esquecer que agora o espaço não está mais delimitado por fronteiras claras de bairro, que implicações pode ter o fato? Quais suas conseqüências? Não há, ainda, respostas.

O que já é possível saber é que *"o negócio (das drogas) está estragado para uns e para outros. Andam a disputar ruas e clientes, com armas"*. Os que estão ao meio, os da Quinta Grande, nunca tiveram tradição com as drogas, nunca tiveram um quotidiano de muitos assaltos (embora existissem ambas as coisas) e, assim, *"estão lá a apanhar um bocadinho por tabela. Estão no meio do fogo cruzado!"*.

Diante dos fatos, os jovens da Quinta Grande estão se armando para que possam se defender e podem não parar por aí. É bom lembrar

---

[19] Empresto o termo de Magnani, entendendo tratar-se de um espaço físico, marcado por relações entre sujeitos e definido por um conjunto de regras e códigos que orientam tais relações, definindo quem é e quem não é do "pedaço", quem pode e quem não pode dele fazer parte. José G. Magnani, *Festa no Pedaço*, São Paulo, Brasiliense, 1984.

que, no contexto ainda da Quinta Grande, muitos jovens manifestavam sua admiração ao traficante do bairro. Viam nele alguém bem sucedido. Tinha um bom carro, era dono de um café e os jovens diziam: *"daqui a alguns anos eu gostava de ser como ele"*. Se o jovem insubmisso, transgressor, era o modelo para a criança, no caso em tela, o traficante era o modelo de adulto, modelo daquilo que os jovens gostariam de ser – riscos que não estão fora da mentalidade juvenil e que podem encontrar um terreno fértil no contexto do realojamento.

Assim, vindos de um contexto pensado como de "amizades interculturais", a população da Quinta Grande enfrenta um novo contexto de tensões e de conflitos, mas que transcendem em muito as tensões do antigo bairro, principalmente, porque sobre estas não se tem controle. *"Agora as pessoas... já tem as portas fechadas, não vão à rua, nem à janela... têm medo dos tiros..."*. A violência, que vem crescendo entre os realojados, pode ainda intensificar a idéia de que há problemas associados ao "ser preto", "ser branco" ou mestiço; ser da Musgueira, da Cruz Vermelha ou da Quinta Grande.

As entidades parceiras, da época da Quinta Grande, não sabem ainda como prosseguir o próprio trabalho, se vêem perdidas e sem orientação. No entanto, são unânimes em dizer que tudo que está acontecendo era muito previsível.

> *Há dois anos* (1999), *as pessoas estavam a dizer, se o realojamento for feito assim* (como foi feito), *vai acontecer isso, isso e isso... Toda gente, o povo e as pessoas que estavam a trabalhar* (os operários das obras) *falavam, mas a Câmara não quis ouvir nada, absolutamente nada.*

As pessoas responsáveis da Câmara diziam que ir às reuniões do Grupo Comunitário era se expor a ataques e críticas e eles *"tinham trabalho a fazer, não estavam prá isso..."*. A quê ou a quem tal atitude responde?

Repetindo o que já foi dito, relembro Mário Soares (1999, p. 21):

> um mundo prestes a explodir em múltiplas revoltas sociais e políticas, guerras e conflitos de toda natureza, não aproveita a ninguém. Nem aos ricos e poderosos deste mundo, nem àqueles que Franz Fanon chamou os "condenados da terra". Não aproveita em última análise, à humanidade.

Se não aproveita a ninguém, como diz o autor, como explicar a visão dos funcionários e autoridades da Câmara que afirmavam antes do realojamento que as afirmações e prognósticos das entidades, que atuavam diretamente com os grupos sociais desfavorecidos, eram resultado de "uma capacidade de dramatização das classes populares, e porque as entidades e instituições são alarmistas e a *população é como é* [grifo meu]. As entidades – são elas mesmas que influenciam, em vez de prepararem e sensibilizarem as pessoas para a mudança. Deve-se dizer-lhes como *é fantástico o que vai lhes acontecer na vida* [grifo meu], estão já a dizer que vai haver problemas que certos problemas acontecem".

As políticas "tapa buracos" ou destituídas de visão resultam de objetivos que não se encontram expressos nelas mesmas, mas que invisíveis são a verdadeira razão do que é proposto. E aqui, que mudem os destituídos, o "outro", acreditando no *fantástico* do que lhe é oferecido, o que não pode mudar são as regras do jogo político e as mentalidades que as colocam em movimento. Afinal, *a população é o que é* e ponto. Na visão das autoridades, cabe às instituições parceiras fazerem o trabalho miúdo, de se misturar ao povo e levá-lo a acreditar no que é prometido, independente ou não de existirem condições reais e efetivas de realização das promessas. Cabe a tais entidades, "educar" o outro, para fazê-lo assimilar o projeto institucional, pensado sem ele, apesar dele e independente dele, ainda que nos discursos oficiais seja ele, sua razão central. Na medida em que as entidades e instituições ouvem e compreendem as demandas do "outro", daqueles com quem trabalham, passam a ser "alarmistas" e insufladoras dos problemas sociais, *"que assim acontecem"*.

Como fica, portanto, as falas dos autarcas quanto a serem as entidades, pontes entre o poder público e a população, interlocutoras que deviam colaborar no processo do realojamento, apontando as dificuldades e dizendo dos caminhos para resolvê-los, para que o PER não "fosse apenas construção de casas"? Para que o *Entreculturas* não seja apenas um discurso de interculturalidade?

Pode-se dizer que, entre o discurso e sua prática instauram-se vazios reveladores da natureza do sistema e de sua lógica. Nesse movimento, o real torna-se irreal e este, por sua vez, se faz realidade. Mas o que é o real e o que é a realidade?

Sociedades como a nossa encontram-se demarcadas por classificações e hierarquias que comportam diferentes níveis de poder e, segundo Iturra (1992), é assim, porque essa sociedade necessita se reproduzir da forma mais perfeita possível, de modo constante e equilibrado em termos de sua natureza e de seus objetivos. É aqui que se pode discutir o que é o real e o que ele significa.

O real, diz Iturra, é parte de uma interação constante em que se desenvolvem alegrias, frustrações, vontades, sentimentos, subjetividades, para além daquilo que é esperado de todos enquanto obrigações e deveres. Neste sentido, diz o autor que "o real muda conforme a pessoa que se é, seu contexto, seu meio social, seu trabalho e sua classe de pertença" (1997b, p. 33). Assim, o simples ato de viver envolve a interação de vontades diferentes, de realidades diversas. O real é, então, lugar no qual a heterogeneidade se expressa, manifestando nossas diferenças. É no real vivido como realidade, que a violência explode, em razão das hierarquias e de um poder dividido, que faz de uns menos que outros, uns são cidadãos, com direitos e voz, outros são não-cidadãos e têm suas vozes e seus direitos negados.

No âmbito da realidade, o que resta às entidades e às instituições ligadas aos destituídos de voz e de direitos é então "quebrar com as resistências" existentes nas relações quotidianas para com aqueles que, no realojamento, serão "os novos vizinhos", para dizer apenas que possuem "costumes diferentes", que não são pessoas más. O problema está em como fazer valer o discurso frente ao que é a realidade efetiva do realojamento, com suas indefinições e com seus limites. O tempo de agora, pensado como um tempo de espera, não é apenas isso, é também um tempo confuso para todos os envolvidos no processo de realojamento – dos realojados aos voluntários e entidades parceiras. Em particular, aquelas ligadas à Quinta Grande e à população que lá vivia.

A questão que envolve as entidades parceiras é em tudo semelhante àquelas que dizem respeito à população. Elas também foram realojadas, o que significa que foram distribuídas no espaço do bairro social, porém nem sempre, próximas da população com as quais trabalhavam. Esse é o caso das Irmãs do Bom Pastor, do ISU, ambas deslocadas para a Cruz Vermelha. O ISU comenta:

A Câmara nos deu espaço ali, não ao pé da população da Quinta Grande, apesar de nós termos pedido. E então, estamos assim um bocadinho... o que é que a gente faz? Deixamos a população com que trabalhamos há oito anos? Com a qual temos uma grande articulação, mas junto a qual não temos espaço ou trabalhamos com quem não conhecemos e que tem dezenas de instituições a trabalhar com elas [Cruz Vermelha]? *Seremos mais uma?*

Colocar aos antigos moradores da ex-Quinta Grande a continuidade do trabalho nesse novo espaço é colocá-los em risco, pelo fato de que teriam que se deslocar num espaço que não é o deles e que está em permanente disputa pelo tráfico de drogas, e isso não pode ser feito, diz o ISU.

A problemática exemplar do caso do ISU abre um campo de indagações sem respostas. Novamente se pergunta: por que disso tudo? Seria mesmo apenas falta ou equívocos de planejamento? Como ficam as razões que motivaram, na última década, o aparecimento de tantas instituições voltadas para as ditas "minorias"? O quanto de suas propostas pode se realizar, se elas próprias não são efetivamente autônomas com relação aos Estados-nacionais ou ao bloco da União Européia? Teriam razão, os jovens, quando justificam os atos de violência – contra o pré-fabricado, o bairro etc. – dizendo que eles não contam, que eles não são ouvidos, que há coisas que querem que sejam feitas e não o são?

A representante do ISU pensa que a primeira geração de imigrantes, mesmo estando há muitos anos em Portugal, ainda tem *"um tantinho de sonho de alguma forma ser bem sucedido"*. Pensa que é uma ilusão, já que aqui contam com coisas que sequer sonhavam em ter nas terras de origem. Comparam e podem sonhar. Os da "segunda geração", os jovens luso-africanos e novos luso-africanos, diz o ISU,

> *não sabem disso, não têm elementos ou critérios para avaliar as coisas à sua volta, o que podem representar por pior que sejam as condições, não podem sonhar com uma melhoria... Os pais não são de todo uma referência para eles, pelo contrário é uma vergonha até. Eles expressam isso, até mesmo na resistência e não querer de todo, como último recurso que o pior lhes aconteça – ir para as obras. É o aceitar que*

não há mais caminho. E aí, ficarem tantos anos pelas ruas, naquela expectativa, não sei bem de quê, acho que não têm grandes esperanças, nem nada. É uma situação de que estagna às tantas... vive só o dia, bebe-se umas cervejas, fuma-se uns charros e tásse por ali. Ir para as obras, não. Ir para a escola, nunca. Outra vez?*

Outra vez porque já foram à escola e desistiram. Ela também é uma desilusão.

É assim que, por vezes, se percebe em um ou outro jovem, em um ou outro grupo de jovens, *"que eles tem imenso para dizer, mas não sabem como... então sempre foi a destruição"*.

O vendaval que literalmente coloca ao chão o bairro de Quinta Grande afigura-se com um turbilhão na lógica que ordena a vida vivida e do qual não se sabe, ainda, nem a magnitude, nem as suas conseqüências. Os jovens, acostumados a desafiar a ordem social do mundo onde estão e vivem, desafiando as legislações de fronteiras, fechadas legalmente para eles e enfrentando diferentes espaços sociais a partir do bairro, encontram-se agora vis-à-vis com um novo momento, um momento em que se embaralham os espaços, o lugar de pertença e de acolhimento – o bairro não mais existe. O desafio então é ter que reinventar tais espaços, e recompor os lugares de pertença e acolhimento, e isto envolve um novo campo de batalha, a necessidade de conquista em termos que desconhecem, que não dominam, posto que envolvem novos sujeitos, outras lógicas e novos campos de poder.

Por tudo isso, como afirma J. Martins (2001, p. 21-22)

> mais do que caracterizar peculiaridades étnicas e culturais, importa compreender os processos sociais que põem o filho do (i)migrante em face de dilemas culturais na constituição de sua identidade. E compreender, também, a continuidade [e reinvenção] dos valores de referência da sociedade de origem e de seu modo de vida no destino de seus membros ausentes, os filhos pródigos da diáspora moderna.

Para Bonal (2000), está em questão o fato de que o multiculturalismo (presente nas políticas de inclusão no bairro e na escola], com base no intervencionismo público e com o objetivo de evitar a formação de guetos, por meio da aprendizagem da língua e adoção de estratégicas pedagógicas de compensação, tem um caráter retórico e oficial que "não corresponde a uma realidade educativa" capaz de integrar a dimensão grupal e coletiva presentes e necessárias na prática pedagógica (p. 10). Para o autor, "o multiculturalismo não é um problema social em si, mas apenas o resultado de uma construção social e política sobredimensionada, que funciona como um discurso retórico eficaz para resolver determinados problemas sociais e dissimular outros" (p. 9). Até porque, diz Bonal, o multiculturalismo, que tem por base as diferenças culturais, "se aplica única e exclusivamente para referir as diferenças étnicas e raciais, traços que caracterizam as migrações recentes" (*idem*), no mundo europeu e, nomeadamente, em Portugal".

(In)Conclusão:

De fronteiras étnicas, educação e antropologia

> Ser europeu no início do século XXI é participar num amplo espaço de multiculturalidade onde as identidades culturais necessitam de ser compreendidas não como "pertenças exclusivas", mas como "pertenças múltiplas".
> Recomendação n.º 2/92 do Conselho Nacional de Educação, Portugal (*apud* SOUTA, 1997, p. 18)

Ser europeu e participar de um espaço em que as diversidades sociais e culturais buscam expressar-se mostra existir um processo em que, segundo Ribeiro (1993), "o acolhimento do mundo revela intensamente que a dinâmica é a de criar homogeneidade e heterogeneidade simultaneamente". Nesse sentido, afirma também que a busca de "um mundo mais integrado onde, apesar das forças homogeneizantes, a diversidade persistirá" deve afastar-se da "idéia romântica de sujeito orgânico e holisticamente resolvido e se aproximar de uma concepção de sujeito (individual ou coletivo) descentrado e fragmentado, mas não por isto desarticulado. Admitir, enfim, que, no presente, o dilema é ser e não ser" (p. 16-20).

Diante desse dilema, o presente trabalho se perguntou: como articular um campo de tensão posto pela heterogeneidade das situações que emergem com os processos de migração – comunitários e extra-comunitários – e os processos homogeneizantes requeridos pela emergência de grandes blocos econômicos, mas que não se reduzem a isso, como no caso da UE?

As migrações internacionais características de um processo histórico contemporâneo, tal como acontece no caso português, encontram-se marcadas por uma contradição que se realiza simultaneamente no espaço geográfico global: de um lado, na Europa, encontra-se a constituição da União Européia – UE – que pressupõe o desenvolvimento de um certo nível de homogeneidade a ser construída, entre os Estados – membros perante o processo de globalização; de outro lado, crescem as reivindicações de diferenciação étnica e cultural específica que se contrapõem e que reagem ao processo de homogeneização. A realidade dos fluxos migratórios na Europa se traduz em movimentos populacionais contínuos nos sentidos sul-norte e leste-oeste convergindo, fundamentalmente, para os grandes centros urbanos, o que resulta em uma crescente diversidade cultural no interior das sociedades européias. Nesses centros coabitam grupos populacionais etnicamente diferentes que, embora sujeitos a uma mesma ordem política e social (em obediência às leis próprias da sociedade na qual se inserem), diferenciam-se uns dos outros e, sobretudo, da sociedade receptora maioritária. Esses grupos são conhecidos e constantemente referidos como grupos étnicos e, segundo Rocha-Trindade (1995), as diferenças étnicas raramente assumem um caráter neutral, posto que se encontram comumente associadas a desigualdades de acesso à riqueza e ao poder econômico, bem como a diferenças de estatuto e de prestígio social na comparação com perfis homólogos da sociedade envolvente. Desse modo, os contrastes étnicos estão freqüentemente associados a relações de tensão e à eclosão de conflitos de raiz implicitamente racial (p. 222).

Por sua vez, Souta (1997) afirma que a Europa se apresenta como multicultural a partir da contradição que emerge da intenção de coesão de um bloco econômico e político – a UE – e a partir da emergência de movimentos preocupados com as minorias tradicionais, culturas nacionais e regionais, bem como povos refugiados e populações imigrantes que têm acentuado e demarcado a heterogeneidade sócio-cultural crescente de uma Europa pretensamente homogênea, porém que é, cada vez mais, "uma sociedade muito mais variada, aberta e diversa" (p. 28). Iturra (2000) lembra que a Europa de hoje está "unida no setor econômico, mas dividida no cultural", e que "uma manta de retalhos de grupos diferenciados obrigados a serem uma nação", num futuro próximo, teria "cada retalho a reivindicar a sua unicidade" (p. 25). O desafio aqui proposto foi então, como quer Iturra (2000), o de compreender que "a multiculturalidade não é apenas a coexistência de diversas etnias dentro de um mesmo território e com uma mesma lei. É [...] a coexistência de grupos com lógicas diferentes e, *in extremis*, com histórias diferentes, unificados pela decisão da maioria eleita que manda e tem a ilusão de podermos ser pessoas que coexistem da mesma maneira" (p. 27).

Nesse contexto, segundo Souta (1997), os movimentos migratórios tornaram-se motivo de preocupação dos governos que tendem a estancar os fluxos de imigração, enquanto na sociedade civil crescem e incitam-se sentimentos de animosidade, rivalidade, segregação e racismo contra populações imigrantes, principalmente de outros continentes. Assim, os movimentos populacionais contribuem para o contato entre culturas, já que cada indivíduo ou grupo social que migra traz consigo vivências de quotidiano, tradições, língua, valores, nível de desenvolvimento econômico e tecnológico diferenciados. Porém, fruto do encontro, do contato entre culturas, a diferenciação gera, por um lado, situações de tensões e conflitos e atitudes de rejeição, por outro lado, gera um discurso a favor da diversidade cultural baseada na questão das identidades e respeito pelas diferenças, conhecido como multiculturalismo.

Em razão dos fatos, neste trabalho, a discussão em torno do multiculturalismo revelou existir uma concepção que vê os processos multiculturais como parte integrante das políticas de igualdade e, portanto, para além da constatação da diversidade cultural de grupos e sociedades. No entanto, levou em conta também o que B. Santos (1995) aponta como limite dessa concepção perante as chamadas políticas de identidade. Para o autor, a política de igualdade não está preocupada com a eliminação da exclusão que atinge determinados grupos, mas tem por meta a gestão controlada das diferenças, de modo a sujeitá-las, subjugá-las, num processo de integração subordinada, vale dizer, de controle, pela transferência dos grupos portadores de diferenças do "sistema de exclusão" para o "sistema de desigualdade". Afirma o autor que a gestão controlada não impede que as diferenças continuem existindo, mas as confina a determinados espaços – na família, no lazer, no bairro etc.

Assim, mesmo que a homogeneização cultural, que acompanha a política de igualdade, possa descaracterizar as diferenças, não consegue alcançar uma norma identitária única, seja em termos de uma identidade nacional ou em termos de representações sociais tidas por universais. Com isso, determinados valores, atitudes, comportamentos etc., tidos como de "civilidade" e supostos como comuns e necessários aos diferentes grupos que se contatam e que coexistem num mesmo espaço geográfico e político, como a nação portuguesa, revelam existir relações de força e de enquadramento que não realizam seu intento de modo pleno e que, ao mesmo tempo, engendram reações a uma ordem que iguala a partir de cima, ou seja, a partir do modelo dominante.

Com isso, enquanto a globalização objetiva-se na unificação, há, segundo Souta (1997), um nacionalismo crescente por toda a Europa, reafirmando as identidades nacionais e também regionais e grupais.[1] Tal movimento denota a fragilidade do Estado-nação, que tem dificuldades em enfrentar os desafios da multiculturalidade. Da mesma maneira, diz o autor, os sistemas educativos mostram-se incapazes de atender a uma população escolar cada dia mais plural e heterogênea. Por essa razão, o breve resumo que se segue da obra de Souta (1997), mostra que o CE (Conselho da Europa) delegou às escolas a atribuição de promoverem a harmonia nas sociedades heterogêneas, estabelecendo pontes de comunicação e compreensão entre os diferentes grupos da comunidade. Daí o investimento nos currículos multiculturais que pudessem atender a uma sociedade cada vez mais diversificada em termos étnicos, lingüísticos, religiosos e culturais, mas que privilegiaram e que privilegiam o étnico como sinônimo de multiculturalidade, esquecendo outras dimensões que, de igual modo, caracterizam tal fenômeno.

Assim, ainda segundo Souta, a ligação entre educação e etnia consiste na percepção do "outro", diferente como um horizonte novo

---

[1] Como, de resto, atestam os recentes resultados de políticas locais dos países membros que defendem restrições aos imigrantes, principalmente extracomunitários, servindo esses princípios para eleger políticos de visão nacionalista, que se imaginava erradicada em solo europeu. Algumas obras acadêmicas de cunho positivista e falas do senso comum não ficam isentas ou distanciadas dessa tendência, ainda que se mascare a problemática nacional sob a figura do cultural. Hoje tudo é, eufemisticamente, um "problema de cultura".

de compreensão que obriga a uma revisão dos conceitos e dos enclausuramentos teóricos para se chegar ao entendimento de como ocorrem as dinâmicas culturais construídas pelos diferentes grupos. Mas, propor esse tipo de mudança nos processos educacionais significa também propor uma ruptura com os próprios princípios que fundamentam a escola, pois essa foi concebida de acordo com as idéias de progresso social, justiça e igualdade, que são os pressupostos da Revolução Francesa. Concluindo, diz o autor, a escola sempre teve um papel central na configuração da identidade nacional, deixando em segundo plano as diferentes referências étnicas existentes dentro de um país e às quais Portugal, como aqui se viu, nunca foi imune, apesar de não reconhecê-las.

Com isso, a visão de Portugal como um país pequeno e, por essa razão, bastante homogêneo ou, ainda, a postura mais recente de que Portugal só é multicultural em algumas áreas ou regiões revelam a dificuldade de aceitação das diferenças no pensamento português em geral e também na academia. Por outro lado, consciente ou inconscientemente, acabam por enfatizar, como conseqüência, que a imigração, nomeadamente a extra-comunitária, a dos chamados "outros", seja responsável pela alteração da homogeneidade portuguesa. Apresentam-se em questão a identidade própria da nação e dos portugueses e o fato de que a imigração se faz, assim, intimamente (para não dizer absolutamente), ligada a multiculturalidade como fato e como conceito. Do mesmo modo, por ser a imigração africana dos PALOP a mais significativa no caso português, acaba por estabelecer uma correspondência direta entre a dimensão étnica dos migrantes e a multiculturalidade, com conseqüências sobre o próprio conceito e sobre a realidade por ele informada. É assim que os debates, as discussões e as políticas sociais e suas práticas se voltam para os imigrantes africanos e seus filhos, denotando esforços de uma educação que, como sugere Souta (1997), necessita revisar os conceitos próprios e os enclausuramentos teóricos.

Na discussão dos impasses presentes nas vivências de crianças e jovens negros portugueses de origem africana – chamados de luso-africanos ou novos luso-africanos – moradores de um bairro de lata – a Quinta Grande –, foi assumida por vetor a postura de B. Santos (1995) de que as políticas de igualdade não correspondem às questões identitárias e de pertença dos sujeitos aos quais se destinam;

que geram expectativas que não se cumprem e, com isso, resultam em desilusão e violência. Buscou-se também recuperar o conceito de educação multicultural, a partir da qual o Estado português construiu e constrói suas políticas de igualdade – as políticas multiculturais –, para entender como isso é feito na prática e, assim, mapear tal realidade em alguns de seus muitos aspectos.

A problemática da diversidade cultural, para ser resolvida, colocava, já nos anos de 1960 (século XX), o conceito de *educação multicultural*. Naquele momento, seus defensores alegavam que "a educação multicultural é um movimento popular cujos maiores suportes e possibilidades vêm dos professores, estudantes e pais que estão lutando para superação das desigualdades e a construção de um mundo presente e futuro, cultural e etnicamente diverso" (BANKS, *apud* SILVA, 1993). Essa tendência surgiu de início nas escolas de primeiro grau dos EUA e conseguiu unir a antropologia à pedagogia num mesmo propósito: a educação multicultural.

Em contraposição, surgiram muitas críticas a esse modelo educacional, todas apontando para as distorções que provocava ao tentar focalizar diferentes grupos étnicos de forma parcial e sempre colocando o modelo anglo-saxônico como o único reconhecido e socialmente valorizado. Com isso, atentava-se basicamente para as relações de poder existentes entre as diferentes culturas quando se tem por referência a educação multicultural. Mesmo hoje, o termo multicultural é muito questionado, pois se entende que ele sugere a idéia de um grande "mosaico" de referências culturais na sociedade e, assim, não consegue caracterizar com clareza a dinâmica dos processos culturais, as relações de força e poder existentes. Seria mais um conceito de constatação da diversidade do que sua explicação. Nesse sentido, o conceito de educação multicultural pode ser visto e entendido como um conceito "fraco" para sustentar políticas de intervenção, pois facilmente conduz aos erros e limites já detectados no passado. As críticas conduzem, então, à emergência de um novo conceito – o *interculturalismo* – como uma perspectiva mais global de entendimento dos contatos culturais, vistos agora pelo ângulo da reciprocidade, que não objetiva submeter lógicas culturais diversas. Os objetivos do interculturalismo repousam nos princípios democráticos, quais sejam, o respeito pela diferença, o direito à livre expressão das culturas, a tolerância, dentre outros. Seus princípios baseiam-se, assim, numa educação para o respeito pela diversidade; educação entendida de modo amplo e não só no âmbito escolar.

O princípio do *interculturalismo* é então mobilizado pela União Européia, especialmente ao tratar da questão educacional e como tentativa de superação dos limites já denunciados do multiculturalismo. Tal preocupação se apresenta, sobretudo, porque a Europa, além dos antigos contingentes migratórios que já recebia tradicionalmente, vindos da África, Ásia e América, a partir da unificação dos países europeus no bloco da União Européia, vê intensificar-se o trânsito de pessoas entre os países membros que muitas vezes se instalam no país receptor, ali permanecendo indefinidamente. O fato vincula diretamente a multiculturalidade à imigração comunitária e extracomunitária ou não comunitária e faz com que esta última se torne o foco central das políticas sociais e de intervenção, num processo de ação que se pode denominar de *multiculturalismo,* ou seja, uma realidade constatável, delimitada e sobre a qual se pode intervir.

Assim, a diversidade cultural, discutida sob o rótulo de multiculturalismo, segundo Ribeiro (1993, p. 11), além de uma questão teórica e de pesquisa, é também uma questão política central no mundo contemporâneo e, em seu bojo, as políticas educativas de caráter multicultural na escola e fora dela se fazem como desafios para a Europa e para os países membros da UE. Por essa razão, a discussão em torno do multiculturalismo buscou aqui demonstrar que, em contextos em que a tensão heterogeneidade-homogeneidade se coloca e, nomeadamente, em países de desenvolvimento intermédio, como Portugal, demanda-se, segundo B. Santos (1995), a gestão controlada dos processos de exclusão, visando a assimilação por meio de uma política cultural orientada para a homogeneidade, cuja peça central é a escola e seus processos educativos. No entanto, o que foi possível perceber é que gestão controlada de exclusão ocorre por meio de discursos e de intenções de caráter multicultural, tidos por inclusivos, não só na escola, mas também no bairro social.

A contradição dos fatos implicou, neste trabalho, o assumir que o campo do debate era e é, sem dúvida, político e que a política como prática revela-se, concretamente, como ação e intervenção de ordem social e pública. Na maioria dos estudos europeus, principalmente a partir dos anos de 1990 do século XX, a visão intervencionista tem sido a tônica da noção de multiculturalismo, em razão de o "problema" de a imigração ter se tornado mais intenso em vários países da UE. No entanto, como e por que a imigração se torna um problema social e a política multicultural sua resposta?

Santamaria (1998) afirma que no caso da Espanha, como no de Portugal, o processo de incorporação à CEE exigiu deles uma tomada de posição como países membros, que tornou necessária a regulamentação de fronteiras de acordo com as políticas vigentes na Comunidade. Nesse sentido, diz ele, será a regulamentação sócio-jurídica da imigração não comunitária que irá transformá-la num problema social. Com tais processos, os imigrantes ganham visibilidade, principalmente a partir do final da década de 1980, quando o papel funcional da migração e dos migrantes muda não apenas em termos econômicos mas também simbólicos. Entra em jogo, não tanto a constatação demográfica, quantitativa, desses grupos e sua sobrevivência, como atestam inúmeros trabalhos acadêmicos e não acadêmicos,[2] mas o perfil identitário dos países que, como Espanha e Portugal, deixam de ser de emigração para se tornarem de imigração. Diante disso, reagem a UE e seus países membros, no receio de que os mesmos "se convertam nas passagens subterrâneas das amuralhadas fronteiras francesas, alemãs..." (SANTAMARÍA,1998, p. 49-50).

O mundo globalizado, de fronteiras abertas ou mesmo sem fronteiras, institui outras fronteiras de acordo com os sujeitos em presença e o faz porque a Europa comunitária "(re)presenta as migrações, mas ao mesmo tempo manifesta, de forma reflexa e complementar, a auto-representação identitária [...]" (*id., ibid*, p. 60). No interior desses processos, entre nacionais e imigrantes não comunitários, o que se explicita são imagens de si e do outro, em que o "outro" é estranhado e convertido em *outsider,* estrangeiro de uma ordem social que não o reconhece, mesmo que tenha nascido e vivido uma vida inteira

---

[2] Teses, dissertações acadêmicas e artigos se multiplicaram nos últimos anos e, em maioria, realizados a partir de inquéritos e *surveys,* apresentam uma tendência que, além de quantitativista, assume um caráter de diagnóstico e de prescrição quanto à realidade que se investiga, consistindo sua natureza em conhecimento aplicado, muito próximo das chamadas "ciências de serviço" (cf. BALANDIER, *apud* SANTAMARIA, 1998).

no país de acolhimento. "Transmite-se uma idéia da diversidade (qualificada sempre como *cultural*) [grifo do autor], como algo recente e anômalo, como algo que vem exclusivamente de fora e que, por conseguinte, é sempre perturbador" (*id., ibid*, p. 61-62). Com isso, um dos mitos das sociedades européias contemporâneas – o "fundamentalismo da tecnociência" – em que se assentam *o bem-estar e o desenvolvimento europeu* [itálicos do autor] – reduz a "questão social" a um acúmulo de "problemas sociais", e estes se tornam passíveis de diagnóstico e solução técnica (*id., ibid.,* p. 61).

É com esse espírito que a produção acadêmica e os órgãos de atuação pública da UE e também de Portugal financiam grandes inquéritos em torno de várias questões e segmentos, em particular os que envolvem os imigrantes de várias nacionalidades presentes em solo europeu, preocupados com as possibilidades de instaurarem uma ordem social mais equilibrada por meio das chamadas políticas de igualdade. No caso português, as políticas de habitação e de educação se tornam exemplares dessa postura e envolvimento, ensejando não só uma produção acadêmica significativa, mas também ordenando um corpo de informações que, veiculadas pelos *media* – sejam eles a imprensa escrita ou falada –, atuam como formadoras de opinião para o conjunto da sociedade.

Assim, em razão dos "problemas sociais" que afetam a sociedade, o governo português criou o programa de educação intercultural do Ministério da Educação – o *Entreculturas* e a Câmara Municipal de Lisboa deu consistência ao PER – Plano Especial de Realojamento. Na base de ambas estão as políticas, o desafio da diversidade cultural, representada pelos contingentes migrantes e seus filhos, entre outros grupos tradicionais da realidade européia, tal como os ciganos; a exigência da UE aos países membros no sentido de responderem às pressões de uma realidade multicultural, sem colocarem em jogo a proposta de progresso econômico e social equilibrado e sustentável dos povos europeus e da Comunidade Européia que dela fazem parte.[3]

---

[3] No caso da educação, tais princípios se fazem explícitos nos artigos A e B do Tratado da União Européia (*Eurostat,* 1, 1993). No caso da habitação, os mesmos estão expressos no projeto URBAN – Revitalização Urbana nas Cidades Portuguesas – e foram veementemente defendidos durante a IV Conferência do Programa Internacional Metropolis, em Dezembro de 1999, pelo Alto Comissariado para a Imigração e Minorias Étnicas de Portugal (MALHEIROS, 2001, p. 449).

A "questão social", pensada por esses termos, colocou em jogo o que os imigrantes representam e são, o que são os portugueses, o que representa Portugal diante da UE e, deu consistência a um discurso a favor das políticas multiculturais, conformadoras de práticas sociais de intervenção – o PER e o Projeto de Educação Intercultural, o *Entreculturas* –, que intervieram na realidade do Bairro da Quinta Grande, em Lisboa, e alteraram a lógica ordenadora do quotidiano de famílias, grupos e indivíduos, entre eles jovens e crianças, bem como alteraram suas identidades e pertenças, num exemplo que, embora particular, não se limita à realidade empírica aqui analisada.

A educação intercultural é eleita o instrumento privilegiado para lidar com essa nova realidade, devendo ter seus princípios seguidos pelos países membros da UE. No entanto, a educação intercultural, tal como se apresenta na proposta oficial dos governos, tem sido alvo de críticas de diferentes autores que se debruçam na análise da questão educacional na Europa. O principal problema para esses críticos estaria no fato de que tais propostas assumem uma atuação equivocada para a realização dos princípios da educação intercultural que acabam por não serem efetivamente desenvolvidos.

Um caso exemplar pode ser visto em Rocha-Trindade [s.d.], ao afirmar que o caso dos imigrantes provenientes dos países africanos que entram em solo português revela serem eles mais vulneráveis a problemas de conflito, já que se diferenciam da sociedade receptora pelo tipo físico, língua, religião, normas e práticas sociais; tornando-se imediatamente reconhecíveis como diferentes, podendo ser mais facilmente vítimas de rejeição e preconceito. Por essa razão, em defesa dos princípios da educação intercultural, Rocha-Trindade (1998) afirma o intercultural como espaço de educação que deve se estender para todo o corpo social, pela promoção de encontro e conhecimentos mútuos entre indivíduos das diversas culturas, pela formação de profissionais de diferentes áreas, para atuarem enquanto agentes educativos em busca da "promoção do bom relacionamento intercultural, da confiança e respeito mútuos" (p. 44-45). Nesse sentido, Rocha-Trindade deixa explícito o papel funcional da educação intercultural como "providência cautelar contra as possibilidades de conflito interétnico ou de intolerância latente" (s.d., p. 72).

A perspectiva de Rocha-Trindade permeia em grande medida a produção acadêmica e o pensamento social mais abrangente do mundo português e aponta para uma dimensão própria da ação educacional, mais prática e prescritiva, o que faz pensar o papel da educação intercultural, questionando sua efetividade quando se confrontam as políticas em vigor, tidas como políticas sociais e com fins educativos, e a realidade concreta em que atuam. No caso exemplar de uma escola, a EB1 n.º 66 e de um bairro, a Quinta Grande, uma "Aldeia d'África" em Lisboa, cujos moradores se encontram realojados no bairro social, pergunta-se: estariam as práticas interculturais correspondendo aos objetivos a que se propõem? Aqui cabe, portanto, relembrar outras perspectivas mais críticas.

Xavier Lluchl, em texto com o sugestivo título *Uma leitura crítica da interculturalidade* (1998), fala da incompatibilidade entre o princípio e a prática intercultural no âmbito da educação. Para ele "a educação intercultural pressupõe a interação de culturas em plano de igualdade, a configuração de uma realidade cultural dinâmica, em constante transformação, na qual a diversidade é percebida como um elemento enriquecedor para todos". Porém, o que se tem assistido na prática é que "em geral a gestão e a organização da escola não são configuradas pensando-se na aceitação de diferentes realidades, mas são propostas a partir da perspectiva da homogeneização" (p. 54).

Luíza Cortesão (1993), outra crítica do discurso intercultural, falando sobre Portugal, afirma que ali, como na Europa, embora exista uma perspectiva de educação intercultural, percebe-se que "se trata mais de uma intenção, muitas vezes ambígua, do que de uma realidade" (p. 54).

Valente, citando Gaudier (1997), corrobora tais assertivas na medida em que entende o termo intercultural como uma alternativa que corresponderia melhor à realidade vivida, mas que se torna mais uma ideologia construída pelas ciências humanas para os propósitos de controle e dominação dos povos que são tomados como "objetos" de estudo.

Os três autores divergem de Rocha-Trindade, por pensarem a educação e sua prática no interior do campo educacional de caráter mais amplo e crítico, pois se afasta da visão da educação como ação educativa. A questão posta no campo educacional assume, por base, o paradigma do conflito, colocando em jogo uma concepção mais interpretativa e crítica, em que se discute o ser e o dever ser da realidade e seus múltiplos significados. No caso da ação educativa, a diversidade aparece definida pelo viés liberal e pela idéia de tolerância, resultando a educação como um conhecimento aplicado, em busca da convivência entre diferentes. No caso do campo educacional, a diversidade se expressa por meio das possibilidades identitárias coletivas e culturais, mediadas pelo político e pela emergência de novas sociabilidades. A educação resulta, assim, num espaço sócio-cultural por excelência, no qual contam não só as experiências sociais vividas, mas também a apreensão das mesmas como forma de aprendizagem. Vale dizer que, nesse movimento, resgata-se a *mentalidade,* ou a *mente cultural,* que forma e informa a vida social e também as experiências e os experimentos presentes nas diferentes histórias de vida, sejam elas individuais ou coletivas. Com isso, resgata-se a diferença como princípio de igualdade e direitos, não hierarquizáveis e subsumidos por uma lógica única tida por universal. Cabe, porém, não esquecer a afirmação de Valente, de que o termo educação intercultural é aquele que expressa o sentido mais positivo das propostas educacionais voltadas para a diversidade cultural, mas que esta sempre se encontra marcada por algum tipo de dominação.

Assim, os dados e acontecimentos analisados, no caso particular dos imigrantes dos PALOP, evidenciam que a cultura do país hospedeiro sempre estará em posição de dominação em relação às suas expressões culturais de origem e que a escola, mesmo que atenta à diversidade, por mais que tenha as portas abertas para o "outro" e diferente, permanece uma instância de reprodução desse tipo de dominação, como é visível na "Semana da África" e na "Semana do Mundo", entre outras práticas pedagógicas do quotidiano escolar. Explicitam-se, assim, as dificuldades entre um discurso que avança e a prática pedagógica que se reproduz tal como no passado. Com isso, a política educativa e a política habitacional, especificamente no tocante à Lisboa e à Quinta Grande, exigiram que se buscasse entender como e de que maneira a educação multicultural em Portugal foi concebida.

O que parece ter ficado ressaltado a partir do discurso e da prática de tais políticas é que a educação multicultural, no espaço da escola e no espaço do bairro social, foi concebida como forma de controle daquelas etnias vistas como indesejáveis e, assim, buscou se fazer legítima como ação por meio do próprio discurso. Esse fato constituiu o suporte e referência para se pensarem as contradições do multiculturalismo e sua prática, permitindo que os resultados obtidos em realidades micros, como a aqui considerada – o Bairro da Quinta Grande –, sejam representativos de processos mais amplos.[4]

No final dos anos 1990, na Europa e em Portugal, a proposta interculturalista não teve e não tem, pelo menos em certa medida, a pretensão de servir como meio de controle estatal sobre as minorias étnicas. O que pretende é promover uma integração na sociedade hospedeira por meio do reconhecimento e respeito das diferenças culturais. No entanto, parece não ter ainda conseguido tal intento, já que sua prática encontra-se fortemente definida pelas possibilidades de controle, tal como aqui foi visto para o caso da Quinta Grande e sua gente.

Como diz Cohen-Emerique, psicóloga francesa, citada por Valente (1997), a educação intercultural só é possível se os educadores estiverem preparados para: (*a*) descentralizarem-se para tomarem consciência de seus próprios quadros de referências e valores; (*b*) compreenderem o sistema do outro; (*c*) negociarem em vista de construírem uma plataforma comum. Os fatos que envolvem a realidade do bairro social e da EB1 n.º 66 mostram a dificuldade de se atingirem os itens básicos apontados acima. A etnia e a pobreza, fatores constituintes das práticas sociais, se inserem no âmbito educacional, trazendo os conflitos de valores culturais para o bairro e seus diferentes espaços educativos e os traz também para a escola e seus agentes, os professores. Como, portanto, realizar de modo efetivo os pontos tidos como necessários numa educação intercultural?

Muitas mudanças ocorrem, hoje, na educação dos filhos dos imigrantes, por vezes gerando desequilíbrios e tensão entre as antigas e as novas práticas culturais, como evidenciam, no presente

---

[4] Relembro aqui Claudia Fonseca quando afirma que em Antropologia "é o dado particular que abre o caminho para interpretações abrangentes" (v. Claudia Fonseca, Quando cada caso NÃO é um caso – pesquisa etnográfica em educação, *in Revista Brasileira de Educação*, n.º 10. Janeiro-Fevereiro-Março-Abril, 1999, p. 60.

trabalho, as falas e depoimentos dos agentes educacionais e dos professores. Tanto a escola como os professores ainda não sabem o que e como fazer com a recente autonomia, concedida através da flexibilização dos currículos, voltados para as questões locais e próprias de cada unidade escolar. Assim, fazer algo inteiramente novo é uma possibilidade, mas gera muita incerteza, já que, como diz uma experiente professora, *"a escola não é um espaço de abertura e muitos professores ainda vêem o aluno como o grande inimigo. Alunos não são vistos como aqueles que estão ali precisando de nós e nós deles"*. Cabe, portanto, concordar com o que diz Cortesão (1993), que, apesar das medidas adotadas pelo sistema educativo português, sob o pretexto de oferecer igualdade de oportunidades, o que se promove é, na verdade, um modelo de "criança tipo" (portuguesa, católica, branca etc.), pela qual todas as demais deverão se pautar. Trata-se, pois, de um processo que termina penalizando muitas crianças com o insucesso escolar ao se afastarem desses modelos. Do mesmo modo, encontra-se em jogo um modelo de cidadão "civilizado" e em acordo com os moldes europeus, que penaliza o diferente, principalmente, o jovem, atribuindo-lhe características negativas nas relações próprias do convívio social.

Compartilhando com a visão de Lluch (1998) sobre as escolas européias – homogeneizadora em suas práticas –, Cortesão coloca em questão a própria natureza da instituição escolar, pautada por um modelo capitalista "de estímulo ao individualismo e à competição", pois esse impossibilita a prática efetiva do interculturalismo; se baseada em tais princípios, como receberá, por exemplo, "crianças que culturalmente resolvem seus problemas no coletivo e partilham tudo quanto têm"? (1993, p. 60). Por essa razão, Cortesão está certa ao afirmar que a educação capaz de possibilitar o conhecimento mútuo das culturas em contato, seguido de um enriquecimento recíproco por meio da interação, é o tipo de educação que a própria democracia põe como imperativo, mas sua efetiva aplicação é dificultada pela natureza da própria escola, não só a portuguesa, que "privilegia a cultura dominante" (*id., ibid.*, p. 55). E – complementando – o faz em consonância com o sistema social e político imperante na ordem social, de mesma natureza, que, além disso, submete a si os diferentes agentes sociais que atuam no campo educacional e, portanto, atuam na escola e no bairro como aqui se viu.

No caso da escola, por não ser possível modificar a própria estrutura escolar, relega-se a educação intercultural para o plano discursivo, impossibilitada de ser posta em prática. Parece ser de mesma natureza o caso do bairro social, já que as idéias que sustentam o realojamento são contraditórias com as práticas de intervenção de tal empreendimento. Portanto, em ambos os casos aqui analisados, a proposta intercultural resulta numa prática que não supera os limites já anunciados e criticados do multiculturalismo. A questão, difícil e contraditória, remete-se, assim, à estrutura do próprio sistema capitalista em sua fase atual globalizada, porém heterogênea e conflitiva. Mais do que a harmonia e o equilíbrio pressupostos na ação educativa, está em questão o campo educacional como um campo de poder e conflito, na escola e fora dela, colocando em jogo as possibilidades identitárias dos diferentes sujeitos sociais e seus direitos. Em jogo, a igualdade e a diferença como fatos relacionais e de alteridade.

Com tais pressupostos e olhar, ter adentrado o espaço da escola EB1 n.º 66, no período escolar de 1997-1998, imediatamente após a experiência de um ensino intercultural, exigiu compreender as atitudes decorrentes desse aprendizado em termos de situações de discriminação, a promoção de ações de apoio aos alunos mais desfavorecidos, e, finalmente, avaliar o quanto se cumpre do objetivo central, que afirma que uma escola de 1.º ciclo que se decida por focar o "tratamento da diversidade" deve

> estabelecer relações equilibradas e construtivas com as pessoas, em situações sociais conhecidas, comportar-se de maneira solidária, reconhecendo e valorizando criticamente as diferenças de tipo social e repudiando qualquer discriminação baseada em diferenças de sexo, crença, raça e outras características individuais e sociais. (*Entreculturas*, n. 4, 1995, p. 115)

Dessa maneira, tornou-se inviável discutir tais pontos sem olhar a escola, sem ver seu entorno e assim, etnograficamente, dimensionar a realidade do Bairro da Quinta Grande (e depois do bairro social), a exemplo de muitos outros na Charneca e em Lisboa, fazendo uso dos recursos da Antropologia e estabelecendo as relações desse campo de saber com o espaço pedagógico e político das práticas sociais. Por esse caminhar tornou-se possível compreender fatos não presentes à partida: a exclusão social, a violência e seu outro lado, o sentimento de insegurança que surge da "formação e gestão de populações *frágeis* ou *perigosas* [itálico do autor], a divisão do espaço urbano", como afirma L. Wacquant, citado por Fernandes e Carvalho (2000, p. 75). Como dizem esses últimos, trata-se de "processo de construção histórica [...] bem como, na atualidade, dos emissores que em primeira instância os nomeiam e manipulam [aos imigrantes – as populações frágeis ou perigosas]: as instâncias sociopolíticas" (p. 81).

Nesse processo, segundo Fernandes e Carvalho (2000), o que produz ruído é o "resíduo social", constituído por muitos habitantes da cidade fragmentada e dessolidarizada na periferia desqualificada, tida por perigosa (p. 81), e na qual crianças e jovens aqui ouvidos constroem sua vida. São eles *estranhos* "(à escola, ao trabalho, aos dispositivos de normalização clássicos), o *alien* que vem de fora e insecuriza (de fora e de longe: o migrante, a etnia; de fora e de perto: o desqualificado de periferia social, que habita um lugar na cidade fora da cidade). Eis, enfim, como convergem de novo hoje exclusão social e sentimento de insegurança" (p. 82), como fatos que atingem a todos, cidadãos e não-cidadãos. Eis, enfim, como a violência se torna a linguagem com que pode os jovens da Quinta Grande falarem de si mesmos, do que os habita em profundidade enquanto realidade concreta, enquanto sentimentos e emoções, vale dizer, enquanto parte da vida no bairro, na escola, em Portugal. Compreende-se, assim, como e porquê jovens luso-africanos e novos luso-africanos, negros e portugueses, seja qual for a designação que se lhes atribua, vivem a *ambigüidade* e a *ambivalência* de suas vidas, jogando com elas, ora ganhando, ora perdendo. Compreende-se, também, como na maioria das vezes, perdem mais do que ganham. Não por acaso, eles têm *"muito a dizer"*, mas, tolhidos nesse direito, o que dizem e como dizem é da desilusão e, com ela, o que lhes resta – *"destruição"*.

Significativamente, a destruição e as pilhagens começam pelo que mais desejam e que mais os acolhe, os espaços educativos existentes no bairro, quais sejam o pré-fabricado do ISU e a EB1 n.º 66, que, em diferentes momentos, acolheram o Grupo Jovem e o ATL – Atividades de Tempo Livres –, além do fato de terem estudado na EB1 n.º 66 pais e filhos, mais recentemente, alguns filhos dos filhos de imigrantes dos PALOP.

Assim, infância e juventude, crianças e jovens, moradores da Quinta Grande e agora do bairro social, desafiam a compreensão de si mesmos perante a ordem instituída, na medida em que suas atitudes e comportamentos nem sempre correspondem ao que deles se pensa ou se espera. Seus atos, concepções e valores, muitas vezes incompreensíveis, são um desafio paradoxal e presente. Constituem, antes de tudo, aos olhos da sociedade, um enigma que coloca em risco a reprodução do mundo moderno e a segurança de sua continuidade. Podem, porém, significar uma busca por outras possibilidades de vida e existência, ou seja, um desejo e busca de transformação da realidade social, a busca de uma nova ordem instituinte. Por essa razão, a violência parece ser a única linguagem de que dispõem.

Caberia, portanto, perguntar o que cabe à *Educação?* A manutenção da ordem ou sua transformação? Pode a Antropologia contribuir na compreensão das múltiplas linguagens do social, sua natureza e razão? Pode a Antropologia contribuir para que, nos processos educativos, efetivamente, se alcancem práticas esclarecidas e verdadeiramente democráticas?

Os pontos aventados por Cohen-Emerique (*apud* Valente, 1997) como necessários ao educador, em termos de uma *educação intercultural,* já citados, permitem que seja traçado um paralelo com princípios possíveis de uma *Antropologia da Educação.*

Antes de qualquer coisa, segundo Iturra (2001, p. 27),

> a Antropologia da Educação é a ciência que pretende entender os padrões da interação social. Interação social ou comportamento que se aprende nesse quotidiano incutido na memória de um grupo. Memória que diz o que fazer, quando e com quem e com quem não. Memória definida pelos indivíduos e pelas instituições a observar o cumprimento do padrão social. Pelos indivíduos, para o seu objetivo de vida pessoal. Pelas instituições, para a harmonia de lidar entre pessoas, dentro e fora do lar, na rua ou na escola, na conversa a dois, ou no trabalho. Em conseqüência, no pensamento que diz a todo o indivíduo o que fazer consigo próprio ou com os outros. Padrões de interação organizados através do tempo, esse conceito processual que estrutura a vida dos grupos. Grupos a viverem em etnias, em aldeias, ou em toda uma nação.

Por essa razão, sem saber o contexto dentro do qual vivem os sujeitos, diz Iturra, a Pedagogia não existe (p. 34). Não existe também, se não soubermos quem somos nós, aqueles que educam.

O aspecto a ser considerado é então a nossa própria memória ou nossa *mente cultural,* aquilo que nos forma e enforma como sujeitos sociais e que precisa ser conhecido, para em seguida ser possível conhecer o *outro e a sua* mente cultural. No entanto, conhecer o "outro" é algo "altamente complexo, complicado e perigoso. O 'eu' vai ao 'outro' com a sua identidade completa, com o seu etnocentrismo bem agarrado ao seu ego, com um conjunto de teorias e etnografias bem guardadas nos sentimentos e na cabeça" (ITURRA, 2001, p. 28). A tudo isso é preciso relativizar, como condição de tomar a própria subjetividade na subjetividade do "outro" para melhor compreendê-lo. No processo, o "eu" e o "outro" se espelham e se revelam, de modo que o caminho "reflete a forma individual e subjetiva do encontro de si mesmo a partir do encontro com o "outro" (GROSSI, 1992, p. 16). Aqui, a questão do professor e do educador se coloca como desafio do processo de ensinar, aprender e educar.

Partilhar é a essência de uma educação intercultural e emancipadora; nela não se nega o "outro" fazendo-o à nossa imagem e semelhança, mas, parafraseando Carlos R. Brandão (*apud* MARCELLINO, 2001), assume-se o que somos de modo a nos fazermos sujeitos significantes uns com os outros, uns através dos outros, por meio de nossos símbolos – o mundo da cultura –, de nossos poderes – o mundo da política – e de nossas instituições sociais, entre as quais se insere o espaço educacional com as práticas que lhe são próprias.

No caso analisado, a Quinta Grande e suas crianças e jovens, descobre-se que existem outras formas de apreensão do mundo, capazes de estabelecer possibilidades e horizontes de outra ordem, diversa daquela constituída pela ordem dominante. Olhar para esses sujeitos, de modo a lhes ouvir as vozes e a descobrir-lhes seus traços de vida, significa vê-los como protagonistas da história e, em suas vidas, a potencialidade de uma história inteiramente nova. Mas significa também transformar a nossa própria história, perguntando: quem somos e quem são os outros? Como agimos com o outro, diferente de nós? Onde exatamente reside a violência? O que a destruição e a violência que crianças e jovens praticam querem dizer?

A destruição pode ser uma linguagem que está por exigir uma outra aprendizagem por parte daqueles que ensinam. Para tanto é preciso relativizar o próprio saber e se colocar numa postura de troca que, mediante a atitude de comparar, abre espaço para a pergunta, a reflexão e o questionamento entre sujeitos diferentes, sem negá-los por aquilo que são ou representam. Com isso, confronta-se o real no cotidiano dos sujeitos, resgatando-se as possibilidades do experimento e de novas experiências. Dessa forma, torna-se possível deflagrar a emergência de uma nova ordem, numa aprendizagem múltipla, mais complexa, menos linear e autoritária, na qual o professor e demais agentes educativos sejam eles também sujeitos de aprendizagem, se fazendo plenamente como educadores.

Educar é então o maior desafio na construção de uma sociedade de aprendizagem, com base em relações de intercâmbio e de partilha entre diferentes saberes e culturas, uma sociedade intercultural. No entanto, o professor formado pelo sistema das sociedades modernas, que separam o ensino da aprendizagem, encontra limites à sua prática, posto que não está devidamente instrumentalizado em sua formação para responder ao desafio proposto.

Assim, a herança ocidental, ao cindir ambos os processos – o de ensino e o da aprendizagem – para alunos e professores, colocou e coloca questões fundamentais para uma transformação qualitativa da educação. Processo no qual a Antropologia, ao diferenciar-se por sua história, por seus pressupostos e por seus instrumentos, poderia contribuir, enquanto ciência de referência que tem por seu objeto a diversidade social humana. Porém, como bem lembra Souta (1997), encontra-se impedida de fazê-lo, entre outras coisas, em razão de como essa ciência é percebida e representada na academia e no pensamento mais geral[5] e pelo fato de que, no caso português, medidas legais que orientam a reforma educacional portuguesa retiram a disciplina de antropologia cultural dos currículos de formação dos

---

[5] A Antropologia em Portugal (mas não só) é tida como uma ciência voltada para universos vistos como já mortos ou residuais, tais como as realidades de grupos indígenas fora da Europa (não são necessariamente residuais), ou ainda presa ao estudo do mundo do rural, de modo saudosista, conservador e ultrapassado. Seria, assim, uma ciência que não se modernizou e nem faz parte de um modo objetivo de pensar o presente, além de, por vezes, ser entendida em seu fazer como "folclore". Perde-se aqui a compreensão de que, tal como as demais ciências humanas, ela também se transformou ao longo do tempo e cresceu com a crítica de seus próprios passos, ampliando e fazendo avançar o alcance de seu aparato teórico e metodológico.

professores e do ensino secundário, bem como afastaram da docência os licenciados em Antropologia (p. 103).

Assim, como criar o diálogo e o trânsito entre saberes na prática quotidiana dentro da escola? Como se fazer não apenas um professor que ensina mas que também educa?

Como bem lembra Munir Fashed (apud GUSMÃO, 1999), um educador sem a imaginação daqueles que educa, em confronto com a sua própria imaginação, não compreende a natureza do que observa, vê e experimenta na relação com esse outro sujeito que com ele partilha a vida. Cabe ao educador um exercício constante de compreender-se a si mesmo, resgatando sua infância na infância do "outro", resgatando as experiências vividas por ele e pela criança, pelo jovem e também por adultos significativos que mediaram seus caminhos em busca de outros horizontes. Cabe, ainda, procurar compreender a razão de suas práticas e também seus limites, questionando o que acredita ser correto e abrindo seu espírito a outras narrativas, em particular aquelas contadas pelo mundo da infância e da juventude.

A reflexão permanente sobre o "outro" exige o pensar constante sobre si mesmo para então dimensionar o "outro" como algo que inquieta e que surpreende, mas é preciso deixar-se surpreender e querer ser surpreendido. Nessa medida, a criança e a infância, o jovem e a juventude, são enigmas que nos desafiam e desafiam o nosso conhecimento, colocando-nos diante da circunstância de termos de admitir que não sabemos tudo, não detemos todo o conhecimento disponível sobre a realidade e as coisas. Com isso, somos levados a ter que relativizar nossas convenções, crenças e valores, a ter que "desnaturalizar" a infância e a juventude, para compreendê-las para além de seu escopo biológico e psicológico, para compreendê-las enquanto construção da vida em sociedade.

No entanto, é preciso ter claro que a sociedade em que estamos e vivemos não é uma sociedade qualquer. Falamos de sociedades modernas que, segundo Giddens (1995), são "sociedades cerradas", sociedades da negação, que discriminam e separam por estereótipos diferentes sujeitos sociais. É preciso ver que isto constitui uma ideologia que precisa ser desvendada e implodida para apreender a realidade social em nova dimensão.

Adultos significativos, entre eles o professor que educa, podem ser responsáveis pela compreensão da realidade como um mundo que não é simplesmente o que imaginamos, mas o resultado de nossas práticas e fruto de uma ordem que opera social e politicamente as relações entre os homens. Uma ordem complexa, múltipla, permeada de interesses que se complementam e se conflitam, colocando em jogo e em risco a própria possibilidade de humanidade.

Assim, "saber quem se é, quem se quer ser e como e quem são os outros" (VIEIRA, 1999a, p. 140) com os quais vivemos e com os quais experimentamos o mundo a nossa volta exige investigar. Investigar é uma forma de transgredir as coisas dadas, questionando-as e refletindo sobre elas, indo em busca de outras possibilidades de entendimento. Essa atitude é a que importa para o adulto que educa e é nesse sentido, que seu papel não é o de fornecer respostas fixas e consolidadas, mas é o de ser mediador entre o saber produzido pela sociedade e aquele produzido por diferentes grupos que nela constroem a vida. Resgata-se, portanto, o "texto"[6] e o contexto de que fala Iturra [s. d.], resgata-se o saber consolidado pela ciência e mesmo pela ideologia, colocando em movimento a compreensão e relativização de nossas atitudes, do campo de poder que é aí constituído, de modo a ter delas uma maior consciência.

Segundo Brandão (2000):

> Um saber que está na mente e precisa ser acordado, tornado refletido, aceso na consciência. [...] um saber frágil, efêmero, transformável, aperfeiçoável sempre. Algo que está entre as mentes, entre as inteligências, entre as pessoas, pois seu lugar de criação é o diálogo [...] O único lugar onde ele pode ser buscado e encontrado é no trabalho coletivo da vivência solidária do diálogo. Buscadores do aprender, alunos e educadores são criadores de seu próprio saber coletivo e da experiência pessoal de tornar seu, com um momento e uma dimensão pessoal, um conhecimento construído através do jogo e também do rito do ofício da pergunta livre e da busca

---

[6] Para Iturra, o "texto" fundamental do saber é compreendido como sendo o próprio grupo social e também o texto escrito, fruto do entendimento das regras semânticas e do discurso lógico-dedutivo (s. d., p. 33).

solidária de resposta. Eis quando surgem, a um só tempo, a filosofia em seu pleno sentido e também a educação. Uma educação construída como diálogo [p. 451].

O adulto, seja ele um professor ou não, para se fazer significativo na relação com o outro, com aquele que aprende, deve se fazer mediador dessa relação, pois, ao fornecer os elementos para o pensar e não respostas dadas e absolutas, reconhece que não detém todo o conhecimento, permite o trânsito e a comunicação de seu mundo com o mundo da escola e com o mundo daquele que tem vontade de saber. A transgressão como fonte de saber e aprendizagem por parte da criança e do jovem deve ser entendida como busca de comprovação para os próprios julgamentos, como procura do entendimento daquilo que se encontra posto como verdade, como legítimo pela sociedade em que está e vive. Não consiste em "desordem" ou desobediência, mas é uma "maneira de colocar pessoas e objetos ao tamanho, à escala da compreensão infantil", como "parte do conhecimento experimental da criança que compara o real do que lhe acontece com o real introduzido pelos adultos que ou reduzem o real unificando-o ou inventam histórias onde a criança não se vê ou se reconhece" (ITURRA, 1992, p. 496- 497). Como de resto, também o faz o jovem.

O conhecimento experimental da criança e do jovem, como caminho pelo qual comparam o real que lhes acontece com o real introduzido pelo mundo à sua volta, não pode ser reduzido a um saber abstrato e formal, no qual não se vejam ou não se reconheçam. Nesse sentido, resgatar a experiência vivida e a mentalidade construída ao longo da infância e da juventude, em meio ao seu grupo e lugar, permitem estabelecer referentes para a mente, que pensa e reflete a própria realidade. Permite àquele que ensina e àquele que aprende compreender o lugar que ambos ocupam como um lugar comum e partilhado. Para Brandão (2000, p. 451), trata-se de "uma educação construída como e através do diálogo. De uma interação entre pessoas em busca do conhecimento que deverá, a partir de então, ser não somente uma estratégia pedagógica da aprendizagem, mas a origem e o destino dela própria, a educação".

A educação supõe assim, o que é defendido por Iturra (1992, p. 497), que a autopedagogia da criança consiste em comparar o que vê, ouve e experimenta e que é ela "um caminho por onde o adulto que educa pode penetrar na mente que ensina". Portanto, um adulto transgressor é, ele próprio, um educador pleno, capaz de unir *ensino e aprendizagem*, na medida em que busca, de modo constante, refletir sua história de vida e a incorpora em sua prática pedagógica, tornando-se um *trânsfuga*.[7] Como trânsfuga, não renega sua história de vida, sua origem, as culturas e mentalidades que a atravessam, tira partido disso, pois as usa como *background* cultural de e com seus alunos. Como diz Vieira (1996), antes de tudo, é assim porque, enquanto ator social que é, reconhece suas experiências, reconhecendo no "outro" essa mesma condição e, como tal, reconhece sua condição de sujeito da história e produtor de cultura, seja esse outro uma criança, um jovem, um adulto ou um velho, seja homem, mulher, branco, negro, amarelo, rico, pobre, gordo, magro, o que for.

O professor que não procede como trânsfuga é um *oblato,* já que, feito professor, passa a entender o espaço dominante da sociedade como dotado de "cultura" em detrimento daquele de sua origem e realidade, considerado como sendo dos "sem cultura" e, universo no qual, na maioria das vezes, estão aqueles a quem quer ensinar e retirar da "ignorância", "civilizar". Nega, assim, sua história de vida, sem dela tirar proveito, comparativamente a outras histórias possíveis, sem ver nelas a dinâmica da cultura e a heterogeneidade do social. Desse modo privilegia a cultura dominante, assumindo um modelo de ensino que vê a realidade como monocultural, sem ver a natureza da sociedade de classes e a realidade de exclusão dos grupos que nela são considerados diferentes.

Por todos os caminhos aqui aventados, o pensamento, como a vida que lhe dá consistência, não é um ponto qualquer, sua natureza, razão e funcionamento cabe ao educador, ao adulto, mediar de modo crítico e reflexivo nas relações que se tem com o mundo. Desloca-se, portanto, o olhar e sua centralidade; instaura-se a reflexividade e a comparação – *instrumentos fundamentais da ciência antropológica* –, tornando possível a descoberta da alteridade e, com ela, a compre-

---

[7] A discussão de Pierre Bourdieu sobre a noção de *trânsfuga* empresta ao termo outro sentido, pois a vincula à questão da herança paterna e sua superação, que é, também, de certa forma, negação dessa mesma herança e sua plena realização [v. Pierre Bourdieu, As contradições da herança, *in* Alice Nogueira e Afrânio Catani (orgs.), *Escritos de educação*, Petrópolis, R. J., Vozes, 2.ª ed., 1998].

ensão do que cada um tem a dizer sobre si mesmo – crianças, jovens e adultos –, porém de modo contextualizado, social e historicamente dado, como indivíduos sociais e membros ativos de um coletivo. Isso exige uma abertura para pensar o que somos e o que não somos, reconhecer o mundo do "outro" no nosso mundo, a vida do "outro" como parte de nossa vida, e estabelecer pontes, abrir portas para que o trânsito no espaço comum seja solidário e democrático. Para que possa uma cultura buscar a comunicação com outras culturas, num ato claro de aprendizagem e de interculturalidade.

Alternativa à monoculturalidade existente no processo educacional, a interculturalidade, como diz Vieira (1999a), exige de todos e, em particular, daquele que educa, que tenham a atitude e postura de querer aprender a ensinar para a diversidade e aprender a ser professores interculturais. Vale dizer, "professores que possam contribuir para a construção também de crianças [e de jovens] interculturais que, podendo ser diferentes, possam no entanto comunicar-se" (p. 368). Isso quer dizer que a interculturalidade é uma construção diária em que se aprende a ser intercultural, aprende-se a aprender a ensinar e educar. Nesse ponto, a *Antropologia* pode, por intermédio de seu aparato teórico e de sua prática – *a investigação, a reflexividade e a comparação* –, contribuir para que o profissional da educação e demais agentes que atuam no campo educacional se façam educadores de fato. Ou seja, que se coloquem em posição de ampliar a compreensão do processo educativo, de modo a garantir que a educação não se transforme "em um discurso técnico educativo" (LLUCH, 1998, p. 58), reificador de verdades entronizadas e legitimador da desigualdade e da exclusão. Aqui a *Antropologia* tem muito a dizer à *Educação* e, certamente, a aprender com ela.

Assim, o exemplo português aqui analisado, visto pelo ângulo de um bairro e de seus moradores, por sua história e experiência, mostra claramente os limites interpostos pela ordem social vigente, e com ela fica comprometido o entendimento da diversidade étnico-sócio-cultural, no interior de uma visão intercultural de existência humana. Essa história particular revela, portanto, a dimensão mais geral de um processo contemporâneo, desafiador da ordem social inclusiva e multicultural mas revela também as imensas possibilidades e potencialidades de uma *Antropologia da Educação,* moderna e contemporânea.

REFERÊNCIAS

ABDALA JR., Benjamin. *História social da literatura portuguesa.* 2. ed. São Paulo: Ática,1985.

ABRANTES, Pedro. *A escola multicultural:* ficções e realidades. Lisboa: Instituto Superior de Ciências do Trabalho e da Empresa (ISCTE)/Universidade de Lisboa, [s.d.a.]. (mimeo)

ALMADA, José Luís H. Editorial. In: *Pré-Textos. II, Idéias e Culturas. Comentários à mesa redonda Afro-luso-brasileira.* Cabo Verde, n° especial, p. 4-6, nov. 1996.

ALMINO, João. *A idade do presente - tempo:* autonomia e representação política. Rio de Janeiro: Tempo Brasileiro, 1985.

AUGÉ, Marc. *Não-lugares:* introdução a uma antropologia da sobremodernidade. Lisboa: Bertrand, 1994.

_____. *O sentido dos outros*: a atualidade da antropologia. Petrópolis: Vozes, 1999.

AYMARD, Maurice. As minorias. In: BRAUDEL, Fernand (Dir.). *A Europa.* Lisboa: Terramar, 1996.

BAGANHA, Maria Ioannis. Migrações internacionais de e para Portugal: o que sabemos e para onde vamos? *Revista Crítica de Ciências Sociais,* n° 52/53, p. 229-280, 1998/1999.

BARRETO, António. Portugal na periferia do centro: mudança social, 1960 a 1995. *Análise Social,* Lisboa, série 4, v. 30, n° 5-4, 1995.

BASTOS, José Gabriel; BASTOS, Suzana P. *Portugal multicultural.* Lisboa: Fim de Século, 1999.

BENEVENTE, Ana *et al.* (Orgs.). *Renunciar a escola:* o abandono escolar no ensino básico. Lisboa: Fim de Século, 1994.

BONAL, Xavier. O multiculturalismo interno e externo em Espanha: funções de legitimação e recontextualização educativa. Educação, Sociedade & Culturas. *Revista da Associação de Sociologia e Antropologia da Educação,* Porto, n° 14, p. 7-24, 2000.

BRANDÃO, Carlos Rodrigues. A antropologia social. In: MARCELLINO, Nelson C. *Introdução às Ciências Sociais.* 10. ed. Campinas: Papirus, 2001.

_____. Ousar utopias: da educação cidadã à educação que a pessoa cidadã cria. In: AZEVEDO, J. C.; PABLO, G.; Krug, A. (Orgs.). *Utopia e democracia na educação cidadã.* Porto Alegre: Editora da UFRGS, 2000.

_____. A turma de trás. In: MORAIS, Régis. *Sala de aula:* que espaço é este? Campinas: Papirus, 1986.

CACHADA, F. (Coord.). Apresentação, os números da imigração africana: os imigrantes africanos nos bairros degradados e núcleos de habitação social dos distritos de Lisboa e Setúbal. *Cadernos CEPAC,* Lisboa, n° 2, p.2-5, jun. 1995.

CARDOSO, Ana. *A outra face da cidade:* pobreza em bairros degradados de Lisboa. Lisboa: Câmara Municipal de Lisboa, 1993.

CARREIRA, Henrique Medina. As políticas sociais em Portugal. In: BARRETO, Antônio (Org.). *A situação social em Portugal, 1960-1965.* Lisboa: ICS/Universidade de Lisboa, 1996. p. 365-498.

CARVALHO, Edgar de Assis. Identidade e projeto político: notas para a construção teórica do conceito na Antropologia. In: BASSIT, A. Z.; CIAMPA, A. C.; COSTA, M. R. *Identidade:* teoria e pesquisa. São Paulo: EDUC/Editora da PUC/SP, 1986. p. 15-22. (*Cadernos PUC/SP,* n° 20).

_____. Reflexões sobre identidade étnico-cultural. In: SEMINÁRIO INTERDISCIPLINAR, 1982. São Paulo: PUC-SP, 1982.

_____. As relações entre educação e os diferentes contextos culturais. *Didática,* Marília, v. 25, n° 19-26, 1989.

CARVALHO, Conceição dos Santos Rios. *Permanência, adaptações e sincretismos culturais: vivências de dois grupos de alunos das escolas do 1° ciclo do ensino básico,* Charneca, Lisboa. 1996. Dissertação (Mestrado) - Universidade Aberta, Lisboa. vol.. I e II.

CASANOVA, Pablo Gonzales. Globalidade, neoliberalismo e democracia. In: GENTILI, Pablo (Org.). *Globalização excludente:* desigualdade, exclusão e democracia na nova ordem mundial. Petrópolis: Vozes/CLASCO, 1999.

CASTORIADIS, Cornélius. *Reflexões sobre o racismo.* [S.l.], [s.d.], Edição fac-similar.

CIDAC. *A comunidade africana em Portugal.* Lisboa: Colibri, 1992.

CLASTRES, Pierre. *Arqueologia da violência.* São Paulo: Brasiliense, 1982.

CONTADOR, António Concorda. *Cultura juvenil em Portugal.* Oeiras: Celta, 2001.

CORTESÃO, Luíza; PACHECO, Natércia Alves. O conceito de educação intercultural: interculturalismo e realidade portuguesa. *Revista Forma,* n° 47, p. 54-61, 1993.

COSTA, Alfredo Bruto. Contra a solidariedade das sobras. *Notícias do Milênio – Jornais do Grupo Lusomundo,* Lisboa, 08 Jul. 1999. Sessão Modos de Estar. Edição Especial. p. 290-291.

COSTA, Sérgio. A mestiçagem e seus contrários: etnia e nacionalidade no Brasil contemporâneo. *Tempo Social – Revista de sociologia da USP,* São Paulo, v. 13, n° 1, p. 143-158, maio, 2001.

DAYRELL, Juarez. A escola como espaço sócio-cultural. In: *Múltiplos olhares sobre educação e cultura.* Belo Horizonte: Editora UFMG, 1996.

DEPARTAMENTO DE EDUCAÇÃO E JUVENTUDE DA CÂMARA MUNICIPAL DE LISBOA. *Estudo sobre a integração das crianças de minorias étnicas nas escolas do 1° ciclo do ensino básico.* Lisboa: Conselho Municipal das Comunidades Migrantes e Minorias Étnicas, 1995.

DORFLES, Gilles. *O deus das artes.* Lisboa: Publicações Dom Quixote, 1998.

DUBET, François. *Sociologia da experiência.* Lisboa: Instituto Piaget, 1994.

ENTRECULTURAS - SECRETARIADO COORDENADOR DOS PROGRAMAS MULTICULTURAIS. *Educação Intercultural, abordagens e perspectivas.* Lisboa: Ministério da Educação, n° 3, 1995.

_____. *Educação Intercultural, concepções práticas em escolas portuguesas.* Lisboa: Ministério da Educação, n° 4, 1995.

_____. *Projeto de Educação Intercultural:* 1993/94 - 1996/97. Relatório de execução. Lisboa: Ministério da Educação,[s.d.]. (Relatório).

FERNANDES, Luís; CARVALHO, Maria Carmo. Problemas no estudo etnográfico de objetos fluídos - os casos de sentimento de insegurança e da exclusão social. *Educação, Sociedade & Culturas –* Revista da Associação de Sociologia e Antropologia da Educação, Porto, n° 14, p. 59-87, 2000.

FERRÃO, João. Rede urbana portuguesa: uma visão internacional I e II. In: JANUS 2001. *Anuário de Relações Exteriores.* Lisboa: Público/Universidade Autônoma de Lisboa, 2000. p. 54-57.

FUNDAÇÃO CALOUSTE GULBENKIAN. Interculturalidade e coesão social na intervenção educativa. *Revista Educação e Sociedade,* nova série, n° 1, out. 1997.

GARCIA, Ramón. A propósito do outro: a loucura. In: LARROSA, José; LARA, Nuria (Orgs.). *Imagens do outro.* Petrópolis: Vozes, 1998.

GEERTZ, Clifford. Estar lá, escrever aqui. *Diálogo*, Rio de Janeiro, v. 22, nº 3, p. 58-63, 1989.

_____. *A interpretação das culturas*. Rio de Janeiro: Zahar, 1978.

GIDDENS, Anthony. *Sociología*. Madrid: Alianza Editorial, 1995.

GÓMEZ, José Maria. Globalização da política: mitos, realidades e dilemas. In: GENTILI, Pablo (Org.). *Globalização excludente*: desigualdade, exclusão e democracia na nova ordem mundial. Petrópolis: Vozes/CLASCO, 1999.

GOMES, Nilma L. Educação cidadã, etnia e raça. In: AZEVEDO, J. C.; PABLO, G.; Krug, A. (Orgs.). *Utopia e democracia na educação cidadã*. Porto Alegre: Ed. da UFRGS/Prefeitura de Porto Alegre, 2000.

_____. Educação e relações sociais: refletindo sobre algumas estratégias de atuação. In: MUNANGA, Kabengele (Org.). *Superando o racismo na escola*. Brasília: Ministério da Educação/Secretaria da Educação Fundamental, 1999.

GONÇALVES, Albertino J. Ribeiro. *Imagens e clivagens*: os residentes face aos imigrantes. Porto: Afrontamento, 1996.

GONÇALVES, Maria Amália S. Martins. *Iniciar a arquitectura da multi/interculturalidade*: análise da realidade actual numa escola do 1º Ciclo do Ensino Básico (estudo de caso). 1997. Dissertação (Mestrado em Relações Interculturais) - Universidade Aberta, Lisboa.

GRAÇA, Pedro Borges. Fundamentos culturais dos países africanos lusófonos: o legado da colônia. *Revista Africana*, Porto, nº 19, p. 59-84, set. 1997.

GROSSI, Mirian Pillar. Na busca do "outro" encontra-se o "si mesmo". In: GROSSI, Mirian Pillar (Org.). *Trabalho de campo e subjetividade*: grupo de estudos de gênero e subjetividade. Florianópolis: PPGAS/UFSC, 1992.

GUSMÃO, Neusa Maria Mendes de. Abandono escolar: função da escola que temos? *Contemporaneidade e Educação*. Rev. Sem. *Temática de Ciências Sociais e Educação*, Rio de Janeiro, v. 2, nº 1, p. 173-179, maio 1997b.

_____. Socialização e recalque: a criança negra no rural. *Cadernos CEDES*, Campinas, v. 14, nº 32, p. 49-84, 1993.

_____. Antropologia e educação: origens de um diálogo. *Cadernos CEDES*, Campinas, v. 18, nº 43, p. 8-25, 1997.

_____. Fundo de memória: infância e escola em famílias negras de São Paulo. *Cadernos CEDES*, Campinas, v. 18, nº 42, p. 53-74, 1997.

_____. Linguagem, cultura e alteridade: imagens do outro? *Cadernos de Pesquisa*, São Paulo, nº 107, p.41-78, 1999.

_____. *Terra de pretos, terra de mulheres*: terra, mulher e raça num bairro rural negro. Brasília: Fundação Palmares, 1995/1996.

_____. *Diversidade, cultura e educação*. Olhares cruzados. São Paulo: Biruta, 2003.

_____. Antropologia, processo educativo e oralidade: um ensaio reflexivo. *Pro-Posições. Revista quadrimensal da Faculdade de Educação da UNICAMP*. v. 14, n. 1 (40), p. 197-213, jan./abr. 2003.

GUSMÃO, Neusa M. M. de; RODRIGUES, Herbert; MIRANDA, Idenilza Moreira. Os filhos de África em Portugal: a vida entre dois mundos. *Travessia – Revista do imigrante*, São Paulo, v. 12, n° 35, p. 24-31, set./dez. 1999.

HOBSBAWN, Eric. Eric Hobsbawn y el conflicto étnico hacia el fin de milenio. *CADERNOS del CLAEH* – Revista Uruguaya de Ciências Sociales, série 2, v. 20, n° 75, p.7-14, 1996. Entrevista concedida a Fernando Erradonea.

IANNI, Octávio. *Escravidão e racismo*. 2. ed. São Paulo: Hucitec,1988. (Série Estudos Brasileiros).

_____. A racialização do mundo. *TEMPO Social* – Revista de Sociologia da USP, n° 8, p.1-23, maio, 1996.

INSTITUTO DE SOLIDARIEDADE E COOPERAÇÃO UNIVERSITÁRIA - ISU. *Projecto de solidariedade social*: crianças e jovens, Bairro da Quinta Grande, Charneca, Lisboa, 1995.

INSTITUTO DE SOLIDARIEDADE E COOPERAÇÃO UNIVERSITÁRIA – ISU. *Projeto Solidariedade na Quinta Grande*: iniciativas jovens. Lisboa: Acção A. II.1/J.P.E, [s.d.].

ITURRA, Raúl. *O caos da criança*: ensaios de Antropologia da Educação. Lisboa: Livro Horizonte, 2001.

_____. *Fugirás a escola para trabalhar a terra*: ensaios em Antropologia Social sobre o insucesso escolar. Lisboa: Escher, 1990.

_____. *O imaginário das crianças*. Os silêncios da cultura oral. Lisboa: Fim de Século, 1997b.

_____. Jogo e a experimentação pessoal na infância: uma hipótese exploratória. *Revista Portuguesa de Pedagogia*, Lisboa, v. 26, n° 3, p. 493-501, 1992.

_____. Nós e os outros. *Educação, Sociedade & Culturas* – Revista da Associação de Sociologia e Antropologia da Educação, Porto, n° 14, p. 25-36, 2000.

_____. A oralidade e a escrita na construção do social. *Educação, Sociedade & Culturas* – Revista da Associação de Sociologia e Antropologia da Educação, Porto, n° 8, p. 7-20, 1997a.

_____. O processo educativo: ensino ou aprendizagem. *Educação, Sociedade & Culturas – Revista da Associação de Sociologia e Antropologia da Educação*, Porto, n° 1, p. 20-50, [s.d.].

KREUTZ, F.C.C. Identidade étnica e processo escolar. *Cadernos de Pesquisa*, São Paulo, n° 107, p. 79-96, jul. 1999.

LAGROU, Elsje Maria. A sedução do objeto. In: SILVA, Vagner G. da et al. *Antropologia e seus espelhos*. São Paulo: FFLCH/USP, 1994.

LARROSA, Jorge; LARA, Núria Perez de (Orgs.). *Imagens do outro*. Petrópolis: Vozes, 1998.

LOVISOLO, Hugo Rodolfo. Antropologia e educação na sociedade complexa. *Revista Brasileira de Estudos Pedagógicos*, n° 65, p. 56-69, jan./abr. 1984.

_____. Portugal, Espanha e as nossas razões. CONGRESSO LUSO-AFRO-BRASILEIRO, 1996, Rio de Janeiro. (mimeo)

LLUCH, Xavier. Interculturalismo: uma leitura crítica da interculturalidade. *PÁTIO – Revista Pedagógica*, v. 2, n° 6, p. 53-57, ago./out. 1998.

MACHADO, Fernando Luiz. Contornos e especificidades da imigração em Portugal. *Sociologia – Problemas e Práticas*, Lisboa, n° 24, p. 9-44, 1997.

MACHADO, Fernando Luiz. *Contrastes e continuidades*: migração, etnicidade e integração dos guineeses em Portugal. 1999. Tese (Doutorado em Sociologia) – Instituto Superior de Ciências do Trabalho e da Empresa (ISCTE), Universidade de Lisboa, Lisboa.

_____. Etnicidade em Portugal: aproximação ao caso guineense. *Provas de aptidão pedagógica e capacidade científica*. Lisboa: ISCTE, 1991.

_____. Etnicidade em Portugal: contrastes e politização. *Sociologia – Problemas e Práticas*, Lisboa, n° 12, p. 134-136, 1992.

_____. Da Guiné-Bissau a Portugal: luso-guineenses e imigrantes. *Sociologia – Problemas e Práticas*, Lisboa, n° 26, p. 9-56, 1998.

_____. Luso-africanos em Portugal: nas margens da etnicidade. *Sociologia – Problemas e Práticas*, Lisboa, n° 16, p. 111-134, 1994.

_____. Os novos nomes do racismo: especificação ou inflação conceptual? *Sociologia – Problemas e Práticas*, Lisboa, n° 33, p. 9-44, 2000.

MADEIRA, Carlos. Na luta pelo reconhecimento: cidadania, espaço e identidade numa comunidade luso-angolana. In: BASTOS, Suzana P. (Coord.). *Portugal plural*. Lisboa: Projeto JNCT/ANT/855/95, relatório n° 4, 1999.

MALINOWSKI, Bronislaw. *Argonautas do Pacífico Ocidental*. São Paulo: Abril Cultural, 1976. (Os Pensadores, v. 43).

MALHEIROS, José Macaista. *Arquipélagos migratórios: transnacionalismo e inovação*. Lisboa: Faculdade de Letras/Universidade de Lisboa, 2001.

MARTINS, Guilherme O. Tolerância, cidadania e cultura da paz. In: CONFERÊNCIA EDUCAÇÃO PARA A TOLERÂNCIA, 1995, Lisboa. Actas... Lisboa: Secretariado Coordenador dos Programas de Educação Multicultural – Entreculturas, Ministério da Educação, 1995.

MARTINS, Humberto M. dos S. *Ami Cunhá Cumpadri Pitécu*: uma etnografia da linguagem e da cultura juvenil luso-africana em dois contextos suburbanos de Lisboa. 1997. Dissertação (Mestrado) – Instituto de Ciências Sociais, Universidade de Lisboa, Lisboa.

MARTINS, José de Souza. Por uma pedagogia dos inocentes. *Tempo Social – Revista de Sociologia da USP*, v. 13, n° 2, p. 21-30, nov. 2001.

MONTEIRO, Paula. O problema das diferenças em um mundo global. In: MOREIRA, Alberto da Silva (Org.). *Sociedade global*: cultura e religião. Petrópolis: Vozes; São Paulo: Universidade São Francisco, 1998.

MONTES, Maria Lúcia. Mesa-redonda etnografia: identidades reflexivas. In: SILVA, Vagner Gonçalves et al (Orgs.). *Antropologia e seus espelhos*: a etnografia vista pelos observados. São Paulo: PPGAS/ FFLCH/USP/ FAPESP, 1994.

MUNANGA, Kabengele. Etnicidade, violência e direitos humanos em África. In: OLIVEIRA, Iolanda (Org.). *Relações raciais e educação*: a produção de saberes e práticas pedagógicas. Niterói: EDUFF, 2001.

_____. Mestiçagem e identidade afro-brasileira. In: OLIVEIRA, Iolanda (Org.). *Relações raciais e educação*. Niterói: Intertexto, 1999. p.9-20. (Cadernos PENESB, n° 1).

_____. *Negritude*: usos e sentidos. São Paulo: Ática, 1986.

_____. (Org.). *Superando o racismo na escola*. Brasília: Ministério da Educação, 1999.

NÓVOA, Antônio. Tempos da escola no espaço Portugal-Brasil-Moçambique: dez digressões sobre um programa de investigação. *Revista Brasileira de História da Educação*, Campinas, n° 1, p.161-186, jan./jun. 2001.

NUNES, João Arrisca do. Encontro de culturas na submissão do outro. *Notícias do Milênio – Jornais do Grupo Lusomundo*, Lisboa, Sessão uma corrente de lembranças. Edição Especial. 08 Jul. 1999. p. 70-74.

OBOLER, Suzanne. Etnicidades no exílio - identidades cindidas: literatura latina dos Estados Unidos. *Revista Brasileira de Ciências Sociais*, São Paulo, v. 13, n° 5, p. 85-101, jun. 1990.

OLIVEIRA, Roberto Cardoso de. *Identidade, etnia, e estrutura social*. São Paulo: Pioneira, 1976.

_____. O trabalho do antropólogo: olhar, ouvir, escrever. *Revista de Antropologia*, v. 39, n° 1, p. 13-37, 1986.

ORTIZ, Renato. *Um outro território*: ensaios sobre a mundialização. São Paulo: Olho d'Água, 2000.

PACHECO, José Emílio. Transparências de los enigmas. In: ARENDT, Hannah. *Entre o passado e o futuro*. São Paulo: Perspectiva, 1992.

PAIS, José Machado. *Consciência histórica e identidade*: os jovens portugueses num contexto europeu. Oeiras: Celta, 1999b.

_____. *Culturas juvenis*. Lisboa: Imprensa Nacional, 1993.

_____. (Coord.). *Traços e riscos de vida*: uma abordagem qualitativa a modos de vida juvenis. Porto: Ambar, 1999a.

PATTO, Maria Helena. A família pobre e a escola pública: anotações sobre um desencontro. *Psicologia*, São Paulo, v. 3, n° 1-2, p. 107-121, 1992.

PEREIRA, João Batista Borges. Diversidade, racismo e educação. In: OLIVEIRA, Iolanda (Org.). *Relações raciais e educação:* a produção de saberes e práticas pedagógicas. Niterói: EDUFF, 2001.

PINA CABRAL, João de. *Racismo ou etnocentrismo.* [S.l.]: [s.n.], 1997. (mimeo)

PINTO, Manuel; SARMENTO, Manuel (Coords.). *As crianças: contextos e identidades*. Portugal: Centro de Estudos da Criança/Universidade do Mundo, 1997.

PISELLI, Fortunata. *International Migration in Southern Europe (Italy and Portugal)*: Theoretical Approches and Methods of Inquire in Southern Europe. Trad. de Alice Beatriz Lang. In: WORLD CONGRESS OF SOCIOLOGY, 14. 1998. p. 1-8.

PORTUGAL. Ministério da Educação. Educação e diversidade. *Inovação, Lisboa*, v. 9, n° 1-2, 1996.

REIS, João José dos. Aprender a raça. *Veja, 25 Anos*: reflexões para o futuro, São Paulo, abr. 1993.

RIAL, Carmen Silva. Os fast-food, uma homogeneidade contestável na globalização cultural. *Horizontes Antropológicos* – Diferenças Culturais, Porto Alegre, v. 3, n° 5, p. 140-180, 1997.

RIBEIRO, Gustavo Lins. Ser e não ser: explorando fragmentos e paradoxos das fronteiras da cultura. In: FONSECA, Cláudia (Org.). *Fronteiras da cultu-*

ra: horizontes e territórios da Antropologia na América Latina. Porto Alegre: Editora da UFRGS, 1993.

ROCHA-TRINDADE, Maria Beatriz. Educação multi/intercultural. In: ALVES, Natália *et al*. *Escola e comunidade local*. Lisboa: Ministério da Educação/Instituto de Inovação Educacional, 1997.

_____.Inserção, exclusão, educação. *Educação Ensino*, v. 7, n° 10, p. 10-11, maio/jun. 1995.

_____. Multiculturalismo e educação. In: ROCHA-TRINDADE, Maria Beatriz. *Sociologia das migrações*. Lisboa: Universidade Aberta, 1995.

_____. Perspectivas sociológicas da interculturalidade. *Análise Social*, v. 28, n° 123-125, p. 869-878, 1993.

_____.Viver com a diversidade cultural. *Enfermagem*, série 2, n° 9, p. 42-47, jan./mar. 1998.

SAINT-MAURICE, Ana. *Identidades reconstruídas*: cabo-verdianos em Portugal. Oeiras:Celta, 1997

SAINT-MAURICE, Ana; PIRES, Rui Pena. Descolonização e migrações: os imigrantes dos PALOP em Portugal. *Revista Internacional de Estudos Africanos*, Lisboa, out./nov. 1989.

SANTA CASA DE MISERICÓRDIA. *Caracterização social da Quinta Grande – Charneca. Diagnóstico*. Lisboa, s.d.

SANTAMARIA, Enrique. Do conhecimento de próprios e estranhos (disquisões sociológicas). In: LARROSA, Jorge; LARA, Núria Perez de (Orgs.). *Imagens do outro*. Petrópolis: Vozes, 1998a.

_____. La educación escolar, es como es. In: SANTAMARIA, H.; GONZALES, F. (Coords.). *Contra el fundamentalismo escolar:* reflexiones sobre educación, escolarización y diversidad cultural. Barcelona: Virus, 1998b.

SANTOS, Boaventura de Souza. A construção multicultural da igualdade e da diferença. CONGRESSO BRASILEIRO DE SOCIOLOGIA. Rio de Janeiro, 7. 1995.

_____. A descoberta dos lugares: o oriente entre diferenças e desencontros. *Notícias do Milênio* – Jornais do Grupo Lusomundo, Lisboa. Seção Uma corrente de lembranças. Edição Especial. 08 Jul. 1999. p. 44-51.

_____. Modernidade, identidade, e a cultura de fronteira. *Tempo Social* – Revista de Sociologia da USP, São Paulo, v. 1-2, n° 5, p.31-52, nov. 1994.

_____. *Pela mão de Alice*: o social e o político na pós-modernidade. São Paulo: Cortez, 1996a.

_____. Por uma pedagogia do conflito. In: SILVA, Luiz Heron *et al* (Orgs.). *Novos mapas culturais*: novas perspectivas educacionais. Porto Alegre: Sulina, 1996b.

SANTOS, Joel Rufino; VARGAS, Eduardo V. (Orgs.). *Literatura e Criança*. Encontro Local do Programa Quanto Vale Uma Criança Negra, 1, Rio de Janeiro, 1989.

SANTOS, Milton. *A natureza do espaço*: técnica e tempo, razão e emoção. São Paulo: Hucitec, 1996.

SARTRE, Jean-Paul. *Questão de método*. São Paulo: Difusão Européia do Livro, 1967.

SAYAD, Abdelmalek. Colonialismo e migrações. *MANA – Estudos em Antropologia Social*, Rio de Janeiro, v. 2, n° 1, p. 155-170, 1996. Entrevista concedida a Federico Neiburg; José Sérgio Leite Lopes; Afrânio Garcia Jr.

_____. *A imigração ou os paradoxos da alteridade*. São Paulo: Edusp, 1998.

_____. O retorno, elemento constitutivo da condição do imigrante. *Travessia – Revista do imigrante*, São Paulo, v. 13, n° especial, jan. 2000.

SILVA, Maria Manuela Machado da (Coord.). *A educação escolar e a mudança*. Lisboa: ICS, 1998a. vol. 1.

_____. Integração e exclusão social: Portugal e duas Europas. In: PORTUGAL NA TRANSIÇÃO DO MILÉNIO - COLÓQUIO INTERNACIONAL, Pavilhão de Portugal, EXPO. 98. Lisboa: Instituto de História Contemporânea/Fim de Século, 1998b. p. 273-287.

SILVA, Petronilha B. Gonçalves. Diversidade étnico-cultural e currículo escolares – dilemas e possibilidades. *Cadernos CEDES*, Campinas, n. 32, p. 25-34

SIMMEL, Georg. O estrangeiro. In: MORAES FILHO, Evaristo (Org.). *Sociologia*: Simmel. São Paulo: Ática, 1983.

SOARES, Mario. Incertezas e esperanças. *Notícias do Milênio – Jornais do Grupo Lusomundo*, Lisboa, Sessão Uma corrente de lembranças. 08 Jul. 1999. Edição Especial. p.18-21.

SOS RACISMO. *Relatório sobre a situação do racismo e xenofobia em Portugal*. [S.l.]: [s.n.], [s.d.].

SOUTA, Luís. *Multiculturalidade & educação*. Porto: Profedições, 1997.

SPÓSITO, M. P. Juventude: crise, identidade e escola. In: DAYRELL, Juarez (Org.). *Múltiplos olhares sobre educação e cultura*. Belo Horizonte: Editora UFMG, 1996.

TEIXEIRA, Inês Castro. Os professores como sujeitos sócio-culturais. In: DAYRELL, Juarez (Org.). *Múltiplos olhares sobre educação e cultura*. Belo Horizonte: Editora UFMG, 1996.

TEODORO, Antônio. Reforma educativa ou a legitimação do discurso sobre a prioridade educativa. *Educação, Sociedade & Culturas*, Porto, n° 4, p.49-70, 1995.

THERBORN, Göran. Dimensões da globalização e a dinâmica das (des)igualdades In: GENTILI, Pablo (Org.). *Globalização excludente*: desigualdade, exclusão e democracia na nova ordem mundial. Petrópolis: Vozes/ CLACSO, 1999.

THOMAZ, Omar Ribeiro. *Ecos do Atlântico Sul*: representações sobre o terceiro império português. 1997. Tese (Doutorado em Antropologia Social) - Faculdade de Filosofia, Letras e Ciências Humanas, Universidade de São Paulo, São Paulo.

THOMPSON, E. P. *Poverty of Theory*. Londres: Martin, 1978.

_____. O termo ausente: a experiência. In: THOMPSON, E. P. *A miséria da teoria ou um planetáro de erros*: uma crítica ao pensamento de Althusser. Rio de Janeiro: Zahar, 1981.

TINHORÃO, José Ramos. *Os negros em Portugal*: uma presença silenciosa. Lisboa: Editorial Caminho, 1988.

VALLA, Jorge (Coord.). *Diversidades, simetrias e identidades*: jovens negros em Portugal. Lisboa: ICS/Universidade de Lisboa, 2001. Relatório.

VALENTE, Ana Lucia E. F. Por uma Antropologia de alcance universal. *Cadernos CEDES*, v. 18, n° 43, p. 58-74, dez. 1997.

_____. *Ser negro no Brasil hoje*. 13. ed. São Paulo: Moderna, 1994.

_____. *Em terreno escorregadio*: educação intercultural na capital da União Européia. *Ensaio de Antropologia da educação*. [S.l.]: [s.n.], [s.d.]. (mimeo)

VELHO, Gilberto. O próximo e o distante. *Antropologia Social* – Comunicação do PPGAS, Rio de Janeiro, p.1-9, 1995.

VIEIRA, Ricardo. *Entre a escola e o lar*: o curriculum e os saberes da infância. Lisboa: Fim de Século, 1998.

_____. *Histórias de vida e identidades*: professores e interculturalidade. Porto: Afrontamentos, 1999.

_____. Da infância à adultez: o reconhecimento da diversidade e a aprendizagem da interculturalidade. In: ITURRA, Raúl (Org.). *O saber das crianças*. Lisboa: Instituto das Comunidades Educativas, 1996. (Cadernos ICE).

_____. Mentalidades, escolas e pedagogia intercultural. *Educação, Sociedade & Culturas – Revista da Associação de Sociologia e Antropologia da Educação*, Porto, n° 4, p. 127-147, 1995b.

_____. Da multiculturalidade à educação intercultural: a antropologia da educação na formação de professores. *Educação, Sociedade & Culturas – Revista da Associação de Sociologia e Antropologia da Educação*, Porto, n° 12, p. 123-162, 1995a.

VEIGA, Manuel. O português: espaço aberto. O crioulo: espaço identitário. *PRÉ-TEXTOS II*, Idéias e Culturas. Comentários à *IV Mesa Redonda Afro-Lusa-Brasileira*, Praia, Cabo-Verde, AEC/Fundo Nacional da Cultura/INAC, número especial, novembro de 1996

WACQUANT, Loïc J. D. Gueto, banlieue, favela: ferramentas para se repensar a marginalidade urbana. In: ENCONTRO ANUAL DA ANPOCS, 25. 2001, Caxambu. (mimeo).

_____. Três premissas perniciosas o estudo do gueto norte-americano. *Mana*, Rio de Janeiro, v. 2, n° 2, p. 145-161, 1996.

WIEVIORKA, Michel. Será que o multiculturalismo é resposta? *Educação, Sociedade & Culturas – Revista da Associação de Sociologia e Antropologia da Educação*, Porto, n° 12, p. 7-46, 1999.

_____. Violence en France. Paris: Seul, 1999. *apud*: FREIRE, João. Resenha. *Análise Social*, Lisboa, n° 156, p. 838-843, outono, 2000.

AUTORA

Antropóloga e professora associada do DECISE – Departamento de Ciências Sociais na Educação e do Programa de Pós Graduação em Educação – FE/UNICAMP e da Pós-Graduação - Doutorado em Ciências Sociais (Antropologia) do IFCH/UNICAMP. É pesquisadora do CNPq e do CERU/USP. Dedica-se ao estudo da Antropologia da Educação e das questões étnicas e raciais em diferentes contextos como Membro da ABA – Associação Brasileira de Antropologia –, integrou o grupo de trabalho sobre "Terras de Quilombo" e atualmente integra a Comissão Nacional de Ensino de Antropologia da mesma associação. Além de artigos referidos à antropologia, educação, relações raciais, infância e velhice, organizou e publicou diversas coletâneas. Entre estas, destaca-se a coletânea *Diversidade, cultura e educação. Olhares cruzados*. São Paulo; Biruta, 2003. Publicou os seguintes livros: *Terra de Pretos, Terra de Mulheres – terra, mulher e raça num bairro rural negro*. Biblioteca Palmares N°. 6. Ministério da Cultura – Fundação Cultural Palmares, Brasília, V. 6. 1995/1996 e *Os Filhos da África em Portugal. Antropologia, multiculturalidade e educação*. Imprensa de Ciências Sociais/ ICS – Instituto de Ciências Sociais da Universidade de Lisboa. Lisboa, 2004 (edição portuguesa).

CONHEÇA OUTROS TÍTULOS DA
COLEÇÃO CULTURA NEGRA E IDENTIDADES

- **Afirmando direitos – Acesso e permanência de jovens negros na universidade**
Nilma Lino Gomes e Aracy Alves Martins
As políticas de Ações Afirmativas, dentro das quais se insere o Programa Ações Afirmativas na UFMG, apresentado e discutido neste livro, exigem uma mudança de postura do Estado, da universidade e da sociedade de um modo geral para com a situação de desigualdade social e racial vivida historicamente pelo segmento negro da população brasileira. A concretização da igualdade racial e da justiça social precisa deixar de fazer parte somente do discurso da nossa sociedade e se tornar, de fato, em iniciativas reais e concretas, aqui e agora.

- **Afro-descendência em *Cadernos Negros* e *Jornal do MMU***
Florentina da Silva Souza
A escolha de uma produção textual que se define como "negra", como objeto de estudo, evidencia a opção por lidar mais detidamente com uma outra parte da minha formação identitária, o afro, marcado pela cor da pele e pela necessidade de tornar patente a impossibilidade da transparência. Os textos de Sociologia, História, Antropologia, Estudos Culturais, Estudos Pós-coloniais e Black Studies se entrecruzam com debates, reflexões, aulas, seminários, leituras, discursos vários, dos quais me apropriei, atribuindo-lhes valores diferenciados – uma apropriação que faz adaptações, realça o que se configura pertinente para o estudo dos periódicos, explorando as possibilidades de remoldar e trair ou abandonar idéias e conceitos que não se enquadrem nas nuances por mim escolhidas.

- **O drama racial de crianças brasileiras – Socialização entre pares e preconceito**
  Rita de Cássia Fazzi
  O tema central deste livro é o preconceito racial na infância. Entender como crianças, em suas relações entre si, constroem uma realidade preconceituosa é de fundamental importância para a compreensão da ordem racial desigual existente no Brasil. É este o objetivo deste trabalho: descobrir, em termos sociológicos, a teoria do preconceito racial, sugerida pela forma como as crianças observadas estão elaborando suas próprias experiências raciais. A conquista da igualdade racial passa pelo estudo dos mecanismos discriminatórios atuantes na sociedade brasileira.

- **Rediscutindo a mestiçagem no Brasil – Identidade nacional *versus* Identidade negra**
  Kabengele Munanga
  É à luz do discurso pluralista ermegente (multiculturalismo, pluriculturalismo) que a presente obra recoloca em discussão os verdadeiros fundamentos da identidade nacional brasileira, convidando estudiosos da questão para rediscuti-la e melhor entender por que as chamadas minorias, que na realidade constituem maiorias silenciadas, não são capazer de contruir identidades políticas verdadeiramente mobilizadoras. Essa discussão não pode ser sustentada sem colocar no bojo da questão o ideal do branqueamento materializado pela mestiçagem e seus fantasmas.

Qualquer livro da Autêntica Editora
não encontrado nas livrarias pode ser
pedido por carta, fax, telefone ou pela Internet.

Autêntica Editora

Rua São Bartolomeu, 160 – Bairro Nova Floresta

Belo Horizonte-MG – CEP: 31140-290

PABX: (0-XX-31) 3423 3022

e-mail: vendas@autenticaeditora.com.br

Visite a loja da Autêntica na Internet:
www.autenticaeditora.com.br
ou ligue gratuitamente para
0800-2831322
